오영철 선교사의
카렌 선교 이야기

카렌!
그들을 통해 배우다

선교 상황이 변하고 있다.
파송 교회의 상황도 변했고 선교지도 변했다.
이런 상황은 선교사의 책임과 자리에 대한 변화를 요구하고 있다.
선교사가 해야 할 일은 하나님이 어떻게 그들 가운데
역사했는가를 배우는 것이다.

요단
JORDAN PRESS

오영철 선교사의 카렌 선교 이야기

카렌!
그들을 통해 배우다

제1판 1쇄 2020년 4월 5일
제1판 2쇄 2020년 7월 20일

지은이 오영철
발행인 이요섭
펴낸곳 요단출판사
기획 편집 강성모
디자인 디자인이츠
제작 박태훈
영업 김승훈 김창윤 이대성 정준용

등록 1973. 8. 23. 제13-10호
주소 07238 서울특별시 영등포구 국회대로 76길 10
기획 문의 (02)2643-9155
영업 문의 (02)2643-7290
팩스 (02)2643-1877
구입 문의 요단인터넷서점 www.jordanbook.com

Copyright ⓒ 2020 요단

값 15,000원
ISBN 978-89-350-1809-3 03230

• 이 책은 저작권법에 따라 보호를 받는 저작물입니다. 무단전재와 복제를 금합니다.
• 파손된 책은 구입하신 서점에서 교환해 드립니다.

오영철 선교사의
카렌 선교 이야기

카렌!
그들을 통해 배우다

오영철 지음

요단
JORDAN PRESS

추천사

필자 오영철 선교사가 신학교 사역과 카렌 마을을 방문하면서 경험한 것들을 기록한 이 책은 선교지에서 평범하게 지나칠 수 있는 상황들을 현장감 있게 기록한다. 동시에 현장 선교사가 아니면 찾아내기 어려운 선교적 이슈들을 선교학자 안목으로 독자들에게 질문을 던진다. 이 책은 선교적 이슈의 정답이 현장에 있다는 것을 보여주는 책이다.

후방의 교회는 선교사에게 선교 후원비를 주고, 선교사는 현지인의 필요에 따라 재정을 후원하는 것이 일반적 선교의 패턴이다. 하지만 저자는 카렌 교회의 현장 이야기를 통해 "그것은 건강한 선교가 아닙니다."라고 완곡하게 말한다. 가난한 카렌족 교회를 통해 건강한 선교현장을 보여주는 이 책은 독자로 하여금 '건강한 선교' 에 대한 고민과 해답을 동시에 보여준다. 어떻게 선교해야 할까 거룩한 고민하는 분들에게 일독을 권한다.

강대흥 선교사/ KGAM 설립자, 태국 선교학교 원장, GMS 전 사무총장.

오영철 선교사님의 선교수필집 『카렌! 그들을 통해 배우다』를 강추합니다.

오 선교사님은 제가 가장 사랑하고 존경하는 후배 선교사들 중에 한 분입니다. 그는 태국에 파송 받은 GMS 소속 선교사로서 20년 이상 성육신적 삶과 사역을 수행하고 있습니다. 그는 예수님의 눈으로 태국 카렌 사람들을 보고, 세밀하게 섬기면서 경험한 모든 것을 진솔하게 글로 옮겼습니다. 그는 대선배 선교사 바울의 심정으로 현장의 영혼들을 위해 기도하면서 마음의 눈물을 머금고 글을 썼습니다. 그의 손과 발과 마음은 아가페 사랑으로 가득 차 있습니다.

그의 선교수필집 『카렌! 그들을 통해 배우다』는 그의 삶이요 사역입니다. 그의 글을 읽으면 나의 마음에 잔잔한 감동이 가득 찹니다.
저는 이 책을 모든 선교사님, 목회자님, 성도님, 청소년들에게 강력히 추천합니다.

강승삼(은퇴)교수/ GMS 원로선교, 전 나이지리아 선교사(신학대학 설립)
전 총신대학교 선교대학원장, 전(사) 한국세계선교협의회 사무총장/대표회장

　　　　선교는 사람들과 얼굴과 얼굴을 마주하는 인격적 만남이다. 선교는 예수 그리스도 안에 있는 소망에 대해 공동적으로 증언하는 부르심에 응답하는 하나님의 백성들의 삶의 여정을 담은 이야기이다. 이 책에는 우리 보다 먼저 카렌에서 일하시는 하나님을 발견하고, 영원한 복음을 상황 속에서 재해석하기 위해 때로는 몸부림치는 참여자로, 때로는 한 발자국 떨어진 관찰자로서의 선교행전이 기록되어 있다. 그는 고아와 같은 한의 민족, 그러나 하나님께서 선교를 위해 선택한 민족인 카렌 공동체의 한 가족이 되었다. 또한 그들의 문화와 역사, 그리고 영성 속에서 단단하지만 깊은 통찰과 따뜻한 시선, 아름다운 헌신이 있는 질그릇으로 빚어졌다. 그리고 그 증언들이 이 책에 기록되어있다. 새벽 미명에 커피나무 사이로 밥짓는 연기가 솟아 오르는 국경 마을 판자집 이층 난간에 서있는 그를 본다. 예수를 따르는 종의 형체(둘루 모르페)를 본다. 지난 20년 동안 그와 함께한 선교적 만남과 대화, 기도와 격려에 감사 드리며, 가장 존경하는 선교사의 연약한 주변부로부터의 겸손하지만 예언적인 성찰을 적극 추천 드린다.

금주섭 박사/ 장로회신학대학 선교학 교수, 전) 세계선교와 전도위원회(CWME) 총무 겸 IRM 편집장

오영철 선교사님을 처음 만난 건 2014년 6월 태국 치앙마이에서 열린 선교사 힐링캠프에서였습니다. 이 만남을 계기로 오선교사님의 선교지 소식을 톡을 통해 전해 듣는 중보자가 되었습니다. 그 동안 선교사님께서 보내주시는 선교지의 소식을 접할 때마다 혼자 보기에 너무 아깝다는 생각을 많이 했습니다. 너무 큰 울림과 감동이 있는 내용이라서 더 많은 사람들에게 전해지면 좋을 것 같다는 생각을 해왔습니다. 기독교 출판사를 소개해드려야 하는 것은 아닌지 고민을 해보기도 하였습니다. 그러던 중 선교사님의 소중한 이야기들이 책으로 출간된다는 소식을 접하게 되었습니다. 참으로 기쁜 소식이었습니다.

이 책은 우리에게 복음의 능력을 보여줄 것입니다. 카렌족의 초라한 시골 산간의 교회, 교육도 제대로 받지 못한 목회자, 가난한 성도들의 이야기들은 예수 그리스도의 복음이 얼마나 위대한 것인지 보여주고 또 보여줍니다. 선교사님의 이야기 속에서 우리는 십자가 피로 가득한 예수님의 복음을 눈으로 보게 될 것입니다.

이 책은 우리에게 감동과 회개의 눈물을 흘리게 해줄 것입니다. 진정한 성도, 진정한 목회자들의 모습을 보면서 가슴이 뭉클한 감동을 느끼는 순간, 그것을 잃어버리는 자신의 모습을 발견하고, 가슴을 치면서 회개하게 될 것입니다.

이 책이 한국교회와 성도들에게 복음과 교회와 신앙의 아름다움을 일깨우는 파장이 되어 주기를 기대해봅니다. 이 책을 접하는 모든 사람의 그리스도 예수를 향한 첫 사랑이 회복되는 은혜를 경험하게 될 것을 기대합니다.

김여호수아 목사/ 서울드림교회

오영철 선교사의 카렌 선교 이야기 『카렌! 그들을 통해 배우다』의 출판을 크게 환영하는 바이다. 이 책은 GMS 파송 선교사로 태국 북부 지방에 살면서 카렌족을 섬겨온 오영철 선교사의 카렌족 선교에 관한 이야기이다. 그는 카렌족 선교 사역을 진행하며 줄곧 현장의 특파원처럼 지인들에게 카렌족들의 이야기를 생생하게 전해주었다. 그리고 소식을 전해 듣는 사람들에게 감동을 주었으며, 카렌족을 이해하고, 그들에 대한 존경심을 갖도록 해주었다. 이 책은 그 모든 이야기들을 한 권의 책으로 엮은 것이다.

카렌족은 나라가 없이 주로 동남아 태국, 미얀마 변두리 산간지역이나, 난민으로 세계 각처에 흩어져 사는 소수 민족이다. 그러나 그들은 하나님의 나라와 복음을 위하여 헌신된 위대한 민족이다. 오영철 선교사의 소개로 카렌족을 알게 되면서 나는 카렌족 그리스도인들을 사랑하고, 존경하게 되었으며, 하나님께서 카렌족을 세계선교를 위하여 귀하게 사용하실 것이라는 확신을 갖게 되었다.

저자가 말하는 것처럼 오늘날의 선교환경은 크게 변했다. 기독교 국가에서 비기독교 국가로 간다거나 문명국가에서 비문명국가로 가서 하는 선교시대는 끝났다. 세계 거의 모든 나라와 민족들 가운데 교회가 있고, 기독교인들이 있다. 각 민족 교회들은 나름대로의 장점이 있고 약점이 있다. 하나님의 나라 도래와 그 뜻을 구현하기 위하여 일하는 땅 위의 모든 교회는 협력과 동반자 사역을 해야 한다.

오늘날의 선교는 '모든 곳에서 모든 곳으로'(From Everywhere to Everywhere) 가는 선교이다. 가서 말하고, 가르치고, 주고, 사랑하는 일방적인 선교시대는 지났다. 가서 혹은 오는 사람들에게 말하기도 하고, 듣기도 하고, 가르치기도 하고, 배우기도 하고, 주기도 하고 받기도 하고, 사랑하기도 하고 사랑을 받기도 하는 쌍방의 선교를 해야 할 때가 왔다.

저자 오영철 선교사는 이러한 자세로 카렌족 선교 사역을 하면서 카렌족 이야기를 지인들에게 전해준 선교사이다. 본서『카렌! 그들을 통해 배우다』는 오영철 선교사가 카렌족 가운데 사역하면서 배운 바를 지인들에게 들려준 이야기들을 모아 한 권의 책으로 내놓게 되었다.

이 책은 변화하는 선교환경에서 선교사들의 역할과 현지인들의 역할이 무엇인지, 그리고 어떠한 마음 자세로, 어떻게 선교해야 하는지를 보여주는 책이다. 나는 모든 선교사들, 선교사 후보생들, 선교단체 종사자들, 그리고 후원교회 및 선교에 관심이 있는 모든 분들이 꼭 이 책을 읽기를 바란다.

박기호 교수/ 풀러신학교 선교학 교수

오영철 선교사는 태국 치앙마이에서 카렌족을 대상으로 한 신학교의 교수이다. 그는 기독교 지도자를 양성할 뿐 아니라 교회 개척자로 카렌 교회를 굳건하게 세워나가는 일을 20여 년간 담당하고 있는 끈기와 겸손의 선교사다. 3년 전 치앙마이에서 처음 만나 그의 사역지를 방문하면서 그의 선교적 열정과 겸손에 푹 빠져들었다. 카렌족 말은 또 얼마나 잘 하는지… 그 후 오 선교사의 선교현장 이야기를 facebook을 통해 자주 접하게 되었는데, 단순한 선교 현장의 이야기로만 느껴지지 않았다. 카렌족이 그의 이야기 속에 그대로 담겨있었다. 카렌족 기독교인들의 삶이 드러나는 현장이, 그들의 삶을 결정짓는 세계관이, 그들의 하나님 말씀을 향한 순수함이 너무나도 솔직하게 표현되어서 전율을 느끼게 되는 글모음이 바로 본서다. 이 책을 읽는 모든 사람은 카렌족의 가정과 교회, 사회 속을 마치 거니는 듯한 착각에 빠져들게 될 것이며, 어느새 하나님의 은총에 푹 젖어있는 자신을 발견하게 될 것이다. 그만큼 본서는 초대교회적이다.

박성진 교수/ 미드웨스턴 신학대학원 학장/구약학 교수

『카렌! 그들을 통해 배우다』는 카렌족 개개인의 삶의 현장에 깊숙이 들어가서 그들의 기쁨, 슬픔, 사랑, 죽음과 함께 한 오영철 선교사가 우리에게 들려주는 감동의 대서사시다. 우리는 이 책에서 삶의 진실과 마주하며 빚어낸 저자의 깊은 성찰과 배움과 비전의 이야기를 듣는다. 오영철 선교사는 태국의 한 고산에서 펼쳐지는 약자들의 사도행전을 증언하며, 교회와 성도에게 한국 선교가 나아가야 할 방향을 제시한다.

이상국 교수/ 연세대학교 문화인류학과 교수

오영철 선교사님은 오래 전 신학교 시절에 만난 동역자이다. 그 때부터 복음을 향한 열정이 가득했었는데 30년 가까이 지난 지금까지도 그 열정이 식지 않는 것이 귀하고 감사하다.

이 땅의 모든 선교사님들이 그렇듯, 하나님을 향한 사랑과 섬김 없이는 불가능한 귀한 걸음을 내딛고 있는 그의 모습에 많은 도전을 받고 있다.

선교 사역 중에 경험했던 하나님의 은혜와 사역들을 나누는 책을 발간한다

는 소식을 듣고 기뻤다. 하나님을 향한 그의 순수함과 열정이 읽는 모든 분들의 마음을 뜨겁게 할 것이다.

이찬수 목사/ 분당우리교회 담임

급변하는 내외 환경 가운데 선교사의 역할이 많이 변하고 있다. 미개척지를 주도적으로 찾아들어가서 한걸음 한걸음 내딛는 개척선교가 지금도 필요한 곳이 있는가 하면 한국교회보다도 더 오랜 선교역사를 가지고 있지만 선교사가 필요한 곳이 있다. 그 상황에 따라 선교사의 역할이 바뀌어야 한다. 변화된 선교사의 역할을 가장 잘 감당하고 있는 선교사 가운데 한 사람이 이 책의 저자 오영철 선교사이다.

그는 무엇보다 카렌족을 사랑하는 선교사이다. 그와 대화를 하다 보면 상대도 카렌족을 좋아하게 만든다. 그만큼 카렌족을 위한 마음이 가득하다. 그는 또한 카렌족을 존중하는 선교사이다. 사랑하면서 존중하는 것은 쉬운 일이 아니다. 사랑은 교만하지 않다. 하지만 많은 경우 주장하는 자세가 선교사에게 남아있는 것을 본다. 하지만 오 선교사에겐 그런 것이 보이지 않는다. 오 선교사가 존경하는 맨이라는 미국 선교사가 "모든 것은 카렌교회 지도자들이 했다"라고 말한 것처럼 그 역시 자기가 한 일은 항상 카렌 목회자들과 성도들이 잘해서 그렇다고 입에 달고 산다.

그는 항상 배우려고 노력하는 선교사이다. 그간 카렌족에 대해 연구하고 배운 것들이 어떻게 현장에서 선교적으로 적용되는가를 이 책을 통해서 배울 수가 있다.

무엇보다 그는 겸손히 하나님이 선교지에서 하고 계신 일을 찾아내고, 함께 동참하려는 열정으로 가득 찬 충성스러운 종이다. 오 선교사와 사모, 그리고 두 자녀들이 카렌 선교에 온전히 헌신한 믿음의 여정을 기록한 이 책이 모든 선교사들과 모든 성도들에게 읽혀질 때에 한국교회 선교가 한걸음 더 발전하게 될 것이다.

조용중 사무총장/ 한국세계선교협의회(KWMA) 사무총장 조용중선교사 Ph.D.

내가 세계 성서공회 아시아 태평양 지역 대표로 섬기던 1980년대, 카렌족 교단 총회장을 만나 성경반포에 대한 전략을 논의했었다. 카렌 교회는 전쟁 상태의 어려운 가운데 놀라운 성장을 이루었다. 모범적인 교회를 이루었다. 헌신된 지도자들이 일어났다.

오영철 선교사는 카렌 현지 지도자를 길러 태국인 선교를 위해 전략적인 접근을 시도하고 있다. 누구보다도 카렌족을 사랑하고, 카렌 교회의 선교적 가능성을 극대화 하고 있다. 이 책에서 오 선교사는 아시아 교회의 탁월한 모범이 되는 카렌족 교회의 속살을 우리에게 보여주고 있다. 그리스도를 뜨겁게 사랑하는 카렌족 이야기는 우리의 마음을 뜨겁고 겸손하게 할 것이다.

최찬영 박사/ 1955년 대한예수교장로회 총회 선교사 파송, 태국과 라오스 성서공회 총무
성서공회 아시아태평양 지역총무(1978-1992)

목차

추천사 •4

1장
변화하는 선교상황과 선교사의 책임과 자리

1. 선교사의 한계, 그리고 감사 •21
2. 선교사와 연구: •25
   1997년 라후족 마을에서 만난 일본박사과정 학생
3. 그것은 우리가 한 것이 아닙니다: 맨 선교사의 겸손함 •27
4. 진실을 말하지 않았습니다. •30
5. 그들이 우리보다 더 잘합니다. •33
6. 새로운 선교운동의 출현 •35
7. 문제는 돈입니다. •39
8. 서툰 언어 묘한 일체감 •44
9. 변화하는 선교 •48
10. 두 자녀를 잃으면서 •51
11. 35년 만의 특별한 귀향 •53
12. 교회건축 지원을 해 주시면… •55
13. 승려의 선물 •62

2장
선교학자를 감동시킨 선교지 교회

1. 최고의 강의와 강의실: ・69
   루카 장로와 뽕사 교회 지도자들의 새벽 나눔
2. 외국은 웬만하면 가지 않겠습니다. ・71
3. 과부 할머니의 두 렙돈 240바트 ・74
4. 정규 학교 공부를 하지 못한 어떤 목회자와 그 교회 ・75
5. 무학력의 스승, 캐포 사모님 ・78
6. 외부지원은 요청하지 않기로 했습니다. ・83
7. 약자에서 강자로의 복음전파: 우연 같은 필연 ・88
8. 108세 할아버지의 인생 여정 ・92
9. 송금했습니다. ・97
10. 스스로 짓는 교회, 도움 받고 지은 교회 ・101
11. 자원한 목사와 천거된 목사 ・105

3장
못 배웠지만 배움을 주는 사람들

1. 넘치는 봉투 넘치는 감사: 후웨이홈 교회 이임식 때 사랑 ・113
2. 2,000바트는 해야죠: ・115
   후웨이홈 교회의 노인 야포 부부의 헌신

3. 차를 팔고 교회건축 헌금을 했습니다. •117
4. 아내가 다시 가라고 해서 •122
5. 돈을 건네는 악수: 짜포 장로의 사랑과 자세 •124
6. 할아버지 장례식을 바라보는 아이들 •127
7. 약한 자의 선교: 세계 선교 주체가 변하고 있다. •129
8. 예수님의 흔적 십자가 문신 •132
9. 부끄럽습니다. •136
10. 기억하고 있습니다. •142
11. 죽는 것도 유익하니까요. •146
12. 죽음을 각오한 성도들의 삶과 신앙 •149
13. 죽지 않고 살았습니다. •151

4장

다르지만 아름다운 사람들

1. 16세 엄마, 31세 할머니, 49세 증조할머니 •159
2. 결혼식장의 신랑 슬리퍼 •161
3. 21세 노처녀 크쎄 이야기: 저는 노처녀입니다. •165
4. 카렌대통령(Karen National Union 의장) 무뚜의 소망 •169
5. 아름다운 카렌 극단 •172
6. 16살 신부 완니다 •174
7. 쥐 다섯 마리, 목회자를 위한 사랑의 마음 •176

8. 자식이 모두 열네 명입니다.	•177
9. 생년월일을 잘 몰라서….	•179
10. 지뢰 희생자들의 찬양	•182

5장
카렌 디아스포라: 흩어진 카렌족 이야기들

1. 부모님은 다시 돌아오고 싶어합니다.	•187
2. 너무 슬프네요.	•190
3. 한 민족 6국가	•194
4. 흩어지고 모이고	•197
5. 미국 시민권을 포기한 나와폰의 이야기	•201
6. 헤어져 살아야 하는 신혼부부	•204
7. 미국에 갈 것입니다.	•207
8. 미국에서 꼭 만나요.	•209
9. 스웨덴으로 돌아가지 않고 태국 국경에 살기로 했습니다.	•214
10. 질문이 있는데요.	•219
11. 잘 지내고 있나요?	•225
12. 핀란드 학생의 눈물	•229
13. 처음 스웨덴에 도착한 이후 밤마다 울었습니다.	•232

6장
이해할 수 없어서 질문을 남긴 이야기들

1. 무국적 카렌족 '쎄포'의 장례식	•242
2. 전쟁의 상흔들: 대통령이 되고 싶습니다.	•245
3. 전쟁과 카렌 군인 '유와' 이야기	•248
4. 고향까지는 6일 여정길입니다.	•250
5. 죽음의 자리에서 마무리하고, 시작하고	•256
6. 하나님의 은혜가 있으니	•261
7. 두 아이는 죽었고 한 명 남았습니다.	•263
8. 쓰나미와 인간	•266
9. 한 남자 세 여인	•269
10. 일본인 기술자, 한국인 경계병	•272

7장

잊혀진 민족 카렌족

1. 카렌민족이란 누구인가	•277
2. 미얀마 카렌족	•279
3. 태국 카렌족	•283
4. 태국과 카렌족과의 역사적 관계	•284
5. 태국 카렌족의 사회적 상황	•288
6. 태국 카렌족의 종교적 상황	•290
7. 태국 카렌족의 정체성	•292
8. 풍습과 가정	•293
9. 카렌족의 전망	•294

1장

변화하는 선교상황과 선교사의 책임과 자리

1. 선교사의 한계, 그리고 감사
2. 선교사와 연구
3. 그것은 우리가 한 것이 아닙니다
4. 진실을 말하지 않았습니다
5. 그들이 우리보다 더 잘합니다
6. 새로운 선교운동의 출현
7. 문제는 돈입니다
8. 서툰 언어 묘한 일체감
9. 변화하는 선교
10. 두 자녀를 잃으면서
11. 35년 만의 특별한 귀향
12. 교회건축 지원을 해 주시면…
13. 승려의 선물

변화하는 선교상황과 선교사의 책임과 자리

선교 상황이 변하고 있다. 파송 교회의 상황도 변했고, 선교지도 변했다. 이런 상황은 선교사의 책임과 자리에 대한 변화를 요구하고 있다. 선교사는 일방적으로 지도하고, 주고, 안내하는 지도자가 아니다. 그리고 선교사는 완벽한 지도자도 아니다. 모든 역경과 문제들을 특별한 능력으로 변화시키고, 주도하는 영웅은 더욱 아니다. 선교지라는 국가에 교회가 없는 곳은 없다. 하나님은 그들 가운데 교회를 세우고 인도하셨다. 그러므로 선교사가 해야 할 일은 하나님이 어떻게 그들 가운데 역사했는가를 배우는 것이다. 그리고 현지교회는 그 상황 가운데서 어떻게 사역하고 있는지를 배워야 한다. 그리고 그들을 존중하며, 동역해야 한다.

1. 선교사의 한계, 그리고 감사

2000년 2월 16일, '티꼬끄로'라는 카렌족 마을에 왔다. 이 마을은 태국에서 가장 깊은 산간 오지에 있는 지역이기 때문에 차량이 이동할 수 있는 도로가 없다. 특별한 일이 아니면 태국 사람이 들어오지 않을 뿐만 아니라 심지어 같은 민족인 태국 카렌족도 관심을 가지지 않는 지역이다. 주민들 대부분은 정상적인 태국 시민권이 없다. 반 정도는 태국에 살지만 등록이 되지 않은 무국적 카렌족이다. 태국 말을 할 수 있는 사람도 거의 없다. 병원도, 학교도, 전기도, 화장실도 없다. 대부분의 사람들이 평생 반경 50km를 벗어나지 않고 살아간다.

이런 사람들도 하나님의 섭리 안에서 살아가기에 복음이 필요하다. 후웨이남 카우의 교회가 이들에게 복음을 전했고, 이들을 격려하기 위해 동행했다.

비가 내리지 않는 건기여서 태양의 열기는 뜨거웠다. 사륜구동 차가 들어갈 수 있는 마지막 마을인 '모꼬키'에서 아침 열 시에 출발하여 세 시간쯤 걸어 '티꼬끄로' 마을에 도착했다. 도착하자마자 한 여인이 급하게 우리를 찾았다. 직감적으로 위급한 환자가 있을 것이라는 느낌이 왔다. 이런 지역을 방문할 때 가지고 가는 약 가방을 챙겨 여인을 따라나섰다.

환자가 있는 집에 도착했다. 그런데 무슨 일인가? 도저히 일어나서는 안 될 일이 벌어지고 있었다. 산모가 아기를 낳고 있는데 머리만 나오고 나머지 부분은 안 나온 것이다. 깊은 밤에 머리가 나온 것으로 보아 대략 6시간이 지난 것 같았다. 아기는 몇 시간 전에 이미 죽어 있었다. 더 큰 문제는 산모도 사망할 수 있는 상황이었다. 산파와 친척 남자들이 산모의 배를 끌어안고 있었지만, 별 효과를 얻지 못했다.

당황, 놀라움…. 앞이 캄캄했다. 이 위급한 상황에서 무엇을 어떻게 해야 할지 어떤 방법도 떠오르지 않았다. 더구나 이들은 우리에게 큰 기대를 갖고 있는데, 우리는 아무런 조치도 할 수 없게 되었으니 더욱 안타까운 일이었다. 마침 같이 갔던 팀원이 이런 경우는 머리를 잡아당기면 나올 수도 있다고 하여 산파에게 머리를 잡아당기라고 했다. 약간 움직였지만 나올 기미가 없다.

우리의 생각은 복잡했다. 별별 생각을 다 했다. '머리만 빠져 나오면 어떻게 될까?' '어차피 산모도 죽을 것인데 선교사가 잘못 안내하여 산모까지 죽어 버렸다고 소문이 나면 내가 전한 복음을 이들은 어떻게 받아들일까?' 고통을 표현할 힘조차 빠져버린 산모, 그리고 안타까워하는 사람들, 대나무로 허술하게 만들어진 집에서 아무런 대책을 마련하지 못하고 구경꾼처럼 앉아 있는 내 모습을 보니, 너무 초라하고, 절망적이어서 눈물밖에 나오지 않았다.

'하나님은 왜 이렇게 위급한 상황으로 무력한 나를 보내셨을까?' '이러한 상황이 기다리고 있다면, 산부인과 간호사는 못 되어도 위태로운 지경에 처해 있는 산모를 위한 응급조치 훈련을 받게 해서 보내든지…' 하나님이 원망스러웠다. 환자와의 만남은 10여 분 밖에 안 되었는데, 마치 몇 시간이 흐른 것처럼 길게 느껴져 불안했다. 기도인지, 탄식인지, 원망인지, 간절함으로 바라만 보고 있을 때에 머리만 아니라

어깨를 잡아당기면 될 것 같다는 팀원의 조언을 산파에게 했다. 산파가 노력했으나 어깨가 잡히지 않았다. 그런데 이게 어쩐 일인가? 마치 어머니 자궁에서 나오지 않고, 어머니와 함께 하겠다고 버티던 그 사산아가 나온 것이다. 산모가 살아났다. 흐느끼는 소리와 다행이라고 안심하는 소리가 동시에 들려온다.

난감했던 나는 가슴을 쓸어 내렸다. 하나님을 원망했던 마음에서 감사가 터져 나왔다. 마침 가지고 있던 약 중에 수술 뒤에 먹는 약이 있어서 비타민과 같이 주고, 산모의 쾌유를 기도하고, 그 자리에서 나왔다. 이튿날 출발하기 전에 산모를 위하여 양말과 옷가지를 준비하고 찾아갔다. 어떠냐고 질문하니 아직도 아프다고 대답했다. 어제는 '아프다고 할 힘도 없었는가 보다' 생각하니 깊은 연민의 정이 느껴진다. 예수님을 아직 모르는 이들이 너무 안타까웠다. 사람은 도울 수 없지만 하나님은 우리를 도울 수 있다는 말씀 앞에 마음을 여는 모습이 참 귀하게 느껴진다.

산모를 뒤로 하고 1km 쯤 떨어진 '스고카'라는 카렌 마을에 갔다. 그곳에서는 놀라운 사건이 우리를 기다리고 있었다. 사람들이 하나님의 능력으로 자유를 얻을 수 있다는 말씀에 귀신 섬기는 표식인 '손목의 띠'를 스스로 잘라냈다. 하나님의 능력이 그들을 결단시켰다. 이 현장을 대하면서 참 감사하면서도, 좀 전에 만났던 산모의 고통스런 모습은 가시지 않는다.

왜 하나님은 나를 카렌 선교사로 부르셨을까? 선교사는 현지 언어에 대해서 능통해야 한다. 그런데 이곳에서는 태국어뿐만 아니라, 카렌어도 해야 하니 언어 부담이 가중된다. 때로 깊은 산에 있는 교회를 방문하는 것도 만만치 않다. 선교사로서 모든 것이 갖추어진 도시 생활 속에서 느끼는 평안함 가운데 오는 부담들도 적지 않다. 현지인들과 너무 대조적인 삶이기 때문이다. 더구나 정치적 이유로 고난 받는 카렌족을 대하거나, 오지에서 일어나선 안 될 응급 상황을 경험하면, 태어나지도 못하고 어머니 자궁에서 죽어버린 아기 앞에서 느꼈던 것과 같은 무력감이 밀려온다.

그러나 동시에 감사할 사건들이 밀려온다. 서툰 카렌 말을 통해서지만 하나님을 믿겠다고 결심하는 예비된 사람들을 만났을 때 감사하지 않을 수 없다. 비록 4개월 치의 쌀밖에 수확하지 못했음에도 불구하고 믿음으로 모두가 쌀로 십일조를 한 모꼬키 사람들의 믿음을 대할 때, 어눌한 언어로 설교를 끝내고 집으로 돌아갈 때 악수하면서 건네주는 감사의 마음, 두 달 치 쌀밖에 남지 않았지만 열 명은 족히 먹을 수 있을 만큼의 밥을 아낌없이 해주는 사람들을 대할 때 감사가 넘친다. 그들은 이웃보다 자신을 소중히 여기는 내게 귀한 스승들이다. 정말 믿어버리는 믿음과 순수함, 그들은 내가 그들을 지도하는 지도자라고 생각하겠지만 실상은 그들이 나의 스승들이다.

예수님의 남은 고난이 산모 가운데 있었을까? 만약 그렇다면 아무것도 할 수 없었던 내가 그 자리에 있었다는 것만으로도 영광스러운 자리가 아니었을까? 한계와 감사가 동시에 경험 되는 선교 사역을 주신 주님의 섭리를 생각하는 가운데 이전보다 더 크신 주님을 느껴본다.

2. 선교사와 연구:
   1997년 라후족 마을에서 만난 일본박사과정 학생

1997년 11월 26일, 태국 라후침례총회에서 추수감사절을 맞이하여 설교자로 초청 받아 라후족 마을을 방문할 때였다. 미얀마와 국경을 맞댄 북부 태국의 한 라후족 마을에서 인상 깊은 청년을 만났다.

그는 일본 국가 장학금을 받고, 일본 동경대학교 문화인류학 박사과정에 재학 중인데 현지 조사를 위해 태국에 왔다. 그에게서 깊은 인상을 받은 것은 그가 사용하고 있는 언어 때문이었다. 태국어와 라후어를 무리 없이 구사했다. 라후족을 만나서 이야기하는데 언어구사가 자연스러웠다. 그는 라후족 문화를 연구하기 위해서 4년 전 태국에 왔다. 라후족 음악을 연구하기 위해 태국어를 배우고 나서 다시 라후어를 배워 현지 마을에서 살면서 자료를 수집하고, 연구하는 모습이 인상적이었다.

그를 만나고 얼마 후에 그와 비슷한 일본 청년을 만났다. 아쯔코 가와구치(Atsuko Kawaguchi)라는 여학생이다. 일본 이바라키 현에 있는 쑤쿠바(Tsukuba) 대학교에서 문화인류학 석사과정을 마치고, 국비장학생으로 카렌족을 연구하기 위해 이곳으로 왔다. 그녀는 1년이 지나도 카렌 말은 못하지만 태국어로 의사 소통하는 데는 문제가 없었다.

그녀의 연구제목도 독특했다. "도시화 과정 속에 있는 카렌 청소년들의 도시적응현황" -기독교를 중심으로-

그녀는 이 주제로 논문을 쓰기 위해 자료도 많이 수집했고, 실제 체

험도 많이 했다. 청소년들의 생활을 이해하기 위해서 카렌 마을에서 소몰이와 농사 돕기도 했다. 그러한 생활을 하는 동안 그녀의 피부가 그을린 것도 인상적이었다.

나는 그들을 만나면서 선교사의 생활을 생각해 보았다. 주어진 일에 열심을 내어 사역하는 것도 중요하지만, 먼저 배우는 자세가 필요하다. 현지 상황을 고려해야 하며, 연구하는 전문 선교사를 양성해야 한다. 우리와 다른 입장의 사람들에 대해서도 공부하고, 그들의 입장에서 생각해야 한다.

선교사로 오기 전 선교대학원에서 이 분야에 좋은 도전을 주신 은사님 한 분을 만났다. 그는 선교를 책을 쓰는 심정으로 해 보라고 이야기 했다. 이제야 그 말의 진의를 짐작할 수 있을 것 같다.

이제 다시 일본 청년들을 생각한다. 그런 연구가 얼마나 국익에 도움이 될지 모르지만, 적지 않은 장학금을 보낸 일본 정부의 긴 안목도 부럽다. 그리고 그 연구를 통해 얼마나 그 연구자와 연구대상자의 장래가 바뀔지는 모르지만, 그들은 전문가가 되기 위해 몇 년을 헌신하고 있다. 단순히 전해 내려오는 노래와 도시화의 변화를 연구하기 위해, 그렇게 중요하게 보이지 않는 구비 전승된 노래를 통해 연구에 진력하고 있다.

그들은 남들이 보기에 그리 중요해 보이지 않는 일을 하면서도 그 일에 전문가가 되기 위해 여러 가지로 노력하는데, 하나님의 사역을 한다고 하는 선교사들은 자신의 사역에 전문가가 되기 위해 어떠한 노력을 경주하고 있는가?

나를 포함한 선교사들
은 맡은 사역이 그 무엇과
도 비교할 수 없는 가치
있는 일이라고 생각한다.
하지만 우리가 지금 하고
있는 일과 그것을 이뤄내
고자 하는 도구와 방법은
어느 수준에 멈춰있진 않

지역교회 상황 나눔. 목회자가족과 같이

은가? 시대의 흐름에 따라 발전하고, 변화하는 모습이 어느새 사라지진 않았는가?

모든 선교사들이 평생에 질문하고, 답해야 할 일이 있다. 내가 선교해야 할 대상은 누구이며, 내가 현재 하고 있는 일이 그들의 상황에 적합한가? 그들은 어떻게 변화하고 있고, 그 변화는 무엇을 의미하며, 그 변화 속에서 변치 않는 복음을 어떻게 전해야 할 것인가? 두 명의 일본 문화인류학도는 선교사들에게 연구자의 자세로 사는 것이 얼마나 중요한 것인가를 말해 주고 있다.

3. 그것은 우리가 한 것이 아닙니다: 맨 선교사의 겸손함

1959년부터 태국에서 선교사로 사역해 온 맨(Mann)이라는 미국침례총회의 은퇴 선교사는 "태국 카렌침례총회가 태국에서 가장 큰 교단이 되었는데, 카렌 교회성장을 위하여 미국침례총회는 어떤 역할을 했습니까?"라는 질문에 "그것은 우리가 한 것이 아닙니다."라고 답했다. 겸손하고, 솔직해서 꼭 닮고 싶다.

미국침례총회 선교사들은 태국 카렌에서 1951년부터 사역을 시작했다. 수십 명의 선교사를 파송해 의료, 교육, 농업발전, 지역개발에서 큰 역할을 했다. 이런 그들의 사역이 카렌 교회의 성장에 큰 기여를 했을 것으로 예상되었기에 그런 질문을 했던 것이다. 하지만 맨 선교사의 답변은 의외였다. 그는 "카렌 교회의 성장은 선교사의 역할이 아니었고, 현지교회 지도자들이 그 성장의 원동력이 되었다"고 답했다.

선교사와 교회 사역자들도 인간이다. 자기를 내세워 자랑하고 싶어 한다. 대부분 사역자들은 자신이 의미 있는 일을 하고 있다는 인정을 받고 싶어 한다. 이런 관점에서 보면 맨(Mann) 선교사는 인정받을 것이 많고, 자랑할 것이 많은 선교사이다. 1959년 그는 미국에서 가장 좋은 대학 중에 하나인 UCLA에서 농업학 석사를 마치고 태국에 선교사로 들어왔다. 그는 당시 태국에서 최고의 농업전문가였다.

그는 소수부족을 위한 최초의 농업개발 선교사로서 매우 다양한 작물들을 가져와서 재배하기 시작했다. 태국 북부에 커피를 가져와 재배를 한 분이 바로 맨(Mann) 선교사이다.

태국에서는 9대 왕이 국민들로부터 많은 사랑과 존경을 받고 있는데, 가장 큰 원인 중 하나는 로얄 프로젝트이다. 무려 4,000개가 넘는 로얄 프로젝트를 통해 어려운 태국 국민들을 돕고 있다. 로얄 프로젝트를 시작하는 데에 맨(Mann) 선교사의 역할은 컸다. 왜냐면 그가 카렌족을 위한 실로암 지도자센터에서 농업시설을 만들고 운영했을 때 왕실에서 와서 보고 그것을 적용했기 때문이다. 이후 그는 태국왕실과 매우 가

맨 선교사와 그의 아들 브라이언 선교사

까이 지내면서 프로젝트를 위한 조언을 하기도 했다.

두 아들 브라이언과 매튜는 아버지를 따라 태국에서 지역선교사로 일하고 있다. 그들은 태국에서 태어났다. 미국에서 대학공부를 할 때를 제외하고는 태국에서 거의 모든 인생을 살았다. 그들은 대를 이어서 부모와 같은 길을 가고 있다. 한 명의 자녀도 선교사로 대를 잇기가 쉽지 않은데 두 명이나 대를 잇고 있으니 자랑스러운 선교사 집안이다.

게다가 그는 미국침례교회의 가장 성공적인 선교지역 중 한 곳의 선교사로, 왕실과 가까운 농업전문가로서, 그리고 UN개발기구의 전문가로서로 오래 근무했다. 태국의 양귀비 재배를 근절하기 위한 국가적인 프로젝트에서 중요한 역할을 했다. 얼마나 자랑할 것이 많겠는가.

비록 교회성장에 직접 관계하지 않았을지라도 그의 사역은 교회성장을 위한 기여를 했을 것이다. 그런데 그는 카렌 교회의 성장은 현지 지도자들이 이룬 업적이고, 선교사의 역할은 없었다고 말했다.

2001년, 그는 선교사를 은퇴하고 난 뒤에도 매년 태국을 방문하여 사역을 도왔다. 하지만 지난 3년 동안은 태국을 방문하지 못했다. 부인이 파킨슨병으로 세상을 떠났고, 그의 건강도 이젠 외국을 방문하기에

어려운 상황이기 때문이다. 이번이 그에게 있어 마지막 태국 방문일 수도 있다.

그는 나에게는 큰 산과 같은 분이다. 앞으로 그가 태국을 방문하지 못한다 하더라도 그의 헌신의 결과는 카렌 교회 안에 오래도록 남아 있을 것이다. 특별히 그의 겸손과 진솔함은 오래 기억될 것이다.

4. 진실을 말하지 않았습니다.

"진실을 말하지 않았습니다…"

태국카렌침례총회 회계인 루카 장로의 말이다. 그 말을 듣는 순간 선교사의 역할이 무엇인가에 대해 생각했다. 많은 선교지에서 필요한 사역을 위한 현지교회의 책임과 관련이 있었다.

1951년부터 미국침례교회 선교사들이 태국에 있는 카렌 족과 관계를 맺고, 사역을 시작했다. 농업 개발, 의료, 교육, 신학교 등등 매우 다양한 영역에서 사역이 이루어졌다.

이런 사역에 필요한 재정 중 적은 금액만 현지교회가 책임을 지도록 하고, 대부분의 재정은 선교사들이 미국교회에 요청하여 후원을 얻었다.

현지교회 지도자들로 구성된 위원회가 있었지만 그 역할은 선교사가 외국에서 모금된 선교비를 사용할 때 협의하여 결정하는 정도였다. 이런 선교사의 모금 방식으로 인하여 현지 카렌 교회는 여러 부분을 헌신하지 않아도 되었다고 한다.

'진실'을 말하지 않았다는 것은 현지교회가 사역에 필요한 헌금을 스스로 해야 한다는 것을 선교사들이 강조하지 않았다는 것이다. 사실 이 표현은 다소 오해를 남길 수 있는 여지가 있다. 왜냐하면 미국 선교사들이 태국 카렌족을 위해 행한 사역들은 굉장히 헌신적이었기 때문이다. 미국 선교사들은 헌신적으로 사역했고, 현지 교회의 건축이나 목회자 사례비 지원 등은 하지 않았다.

뿐만 아니라, 초기에 총회를 구성하고 난 이후에 현지 리더십을 존중하고 함께 일해왔다. 현재 카렌침례총회가 태국에서 단일 교단으로 가장 큰 규모로 성장하게 된 데에는 미국 선교사들의 역할이 적지 않다.

하지만 카렌침례총회 회계인 루카 장로의 지적은 중요한 의미가 있다. 가난하다고 해서 마땅히 해야 할 헌금에 대한 관심이 흐려지게 해서는 안 된다는 사실을 일깨운다. 건강하고 성숙한 교회가 되기 위해 꼭 관심을 가져야 할 부분이다.

루카 장로가 그 말을 한 배경이 되는 사건이 있다. 그가 총회 직영인 실로암 신학교의 기숙사 건축을 위해 현지교회를 방문하여 모금을 할 때 가난한 현지교인들이 분에 넘치게 헌금하는 것을 보았기 때문이다.

뿐만 아니라, 태국군 대령으로 예편한 그는 그가 받는 1년 총 연금의 반 이상 되는 500만원 정도의 금액을 건축헌금으로 드림으로써 헌금의 본을 보여 주었다.

그가 헌금을 작정하게 된 것은 '호코고' 라는 교회에서 유아원과 유치원, 그리고 초등학생 아이가 건축헌금을 한 것과 관련이 있었다. '통댕'이라는 목회자의 세 아이들은 아버지의 안내와 격려를 받고 한달 과자 값을 신학교 건축헌금으로 드렸다. 그 아이들이 헌금하는 모습을 볼 때, 나도 모르게 눈시울이 뜨거웠다. 그도 예외는 아니다.

총회 사무실로 돌아온 이후 그는 나에게 질문했다.

"저는 얼마나 신학교 건축을 위해 헌금하면 좋을까요?"

내가 대답을 할 만한 상황이 아니었기에 알아서 하시면 된다고 답했다. 그는 먼저 헌금 약정서에 10,000바트(약 35만원)를 적었다. 그런데 그것으로 끝난 것이 아니다. 곱하기 16을 적었다. 16개월 동안 매달 10,000바트를 헌금했다. 그가 여유가 있어서가 아니다. 감동을 받은 그는 그가 할 수 있는 최선의 것을 하나님께 드렸다.

그가 이런 이야기를 한 후에 나에게 건넨 한 마디 말을 나는 잊지 못한다.

"이런 건축을 위하여 우리 스스로 책임을 져야 하는 '사실'을 가르쳐 주어서 감사합니다."

나도 같이 모금위원회의 위원 중 한 명으로 참여하면서, 외국 교회에 손을 벌리지 말고 스스로 하자고 강조했던 일들이 새삼스럽게 다가온다. 헌신하고, 노력하고, 희생하는 것은 선교사에게 꼭 필요한 자세이지만, 때로 그것으로 충분하지 않을 때도 있다. 현지교회가 가야 할 적절한 방향과 책임을 나누고 구체적으로 참여하도록 독려해야 한다.

루카 장로의 지적은 다시 한 번 이 부분을 확인하게 해 준다.

5. 그들이 우리보다 더 잘 합니다.

스웨덴에서 파송된 오토 선교사의 말은 선교 파송국의 상황과 선교지의 급변하는 상황을 잘 보여준다. 2018년 8월 24일 현지 교단의 총무와 총회장이 총회에 소속된 선교사들과 간담회를 가졌다. 미국에서 파송된 카일 선교사, 스웨덴에서 파송된 오토 선교사 그리고 필자가 참석했다.

현재 총회의 상황을 설명하고 난 뒤 선교사들이 하고 있는 일에 대한 이야기를 들었다.

그리고 선교사로서 사역의 어려움은 무엇인지, 총회가 어떻게 하면 더욱 성장, 발전할 것인지에 대한 의견을 나누는 시간이었다.

이 때 1997년에 스웨덴에서 파송된 오또 선교사가 스웨덴 교회지도자가 태국에 와서 카렌침례총회의 상황을 보고, 듣고 난 뒤 한 이야기를 들려주었다.

"현지 태국 카렌침례총회교회 상황이 우리 스웨덴 교회보다 훨씬 낫고, 잘 하고 있습니다."

본인도 그렇게 생각한다고 한다. 그러면서 미국에서 온 카일 선교사와 나를 보면서 이야기를 한다.

"미국과 한국교회는 어떤지 모르겠지만……"

선교사의 위치가 변하고 있다. 과거 선교사는 모든 것에서 우위에 있었다. 파송 국가는 대부분 경제적, 교육적, 군사적 강국이었던 유럽과 미국이었다. 자연스럽게 선교사는 선교지 교회의 교인들보다 교육적, 경제적으로 훨씬 좋은 조건에 있었다. 교회의 규모나 교회 출석률도 파송국의 교회가 월등히 우세했다.

그런데 지금은 파송국의 교회가 약화되어 교회 출석자가 현저히 줄어들었다. 헌금도 많이 줄어들어 과거와 같이 경제, 교육분야의 후견인으로서 선교사의 역할을 하기가 어려워졌다.

태국의 카렌교회가 부흥하고 있고, 자신들보다 더 건실해진 상황을 듣고, 파송 교회의 지도자들은 태국에 선교사가 필요한지를 고민하고 있다. 특히 스웨덴의 경우는 침례교단이 없어지고, 감리교단과 통합한 상황이니 더욱 그렇다.

1813년, 세계적인 선교사인 아도니람 저드슨을 파송한 미국침례교회의 상황도 그리 순탄치가 않다. 선교비 모금이 어려워 선교사 숫자가 대폭 축소되었다. 교단이 선교비를 책임지고, 풍족하게 후원했었는데 지금은 상황이 변했다. 선교사가 책임을 지고 모금을 해야 한다. 많은 미국침례교 선교사들이 모금 목표액을 채우지 못하고 있다. 이제 매년 한 번씩 미국에 있는 교회에 방문해야 할 상황이라고 한다. 그렇게라도 모금을 하지 않으면 부족하기 때문이다.

선교지와 선교사 파송국의 상황이 변하고 있다. 선교사의 역할도 변하고 있다. 더 이상 선교사가 일방적으로 주고, 가르치는 시대가 아니다. 스웨덴 선교사의 미래는 매우 불확실하지만 태국 카렌침례총회 교회는 훨씬 확실하다. 오토 선교사는 계속 태국에서 선교사로 일하고 싶지만, 스웨덴교회가 더 이상 후원할 수 없어서 2019년에 최종적으로 철수 한다고 한다.

이런 현상이 한국교회 선교사들에게 적용되지 않으리라는 법이 없다. 우리가 선교사로 사역하는 것은 그저 하나님의 부르심이고, 은혜이며, 긍휼하심이다. 선교지도 변하고, 선교사 파송국 교회도 변하지만 하나님은 변하지 않는다. 선교사의 역할은 본국 교회를 자랑하고, 본국 교회의 재정을 나누기 이전에, 먼저 변하지 않은 하나님의 크심과 사랑과 능력을 경험하고 나누는 데에 있다.

그리고 그 변하지 않는 하나님께서는 선교지의 교회 가운데 이미 일하고 계시며, 그 일하심을 선교사가 배우고 존중해야 한다. 오토 선교사의 솔직한 고백은 변화하고 있는 한국교회의 선교 상황에서 어떻게 겸허히 선교해야 할 것인가를 다시 생각하게 한다.

6. 새로운 선교운동의 출현

이름없는 전화번호로 전화가 왔다. 통화 버튼을 누르니 태국인이 아님을 금세 알 수 있었다. 태국인의 독특한 발음이 아니었기 때문이었다. 목소리를 듣자마자 떠오르는 얼굴이 있었다. 인도의 나가랜드 침례교회 목사인 '케비해'에게서 온 전화였다.

그는 약 10년 전에 인도 나가랜드침례총회에서 선교사로 파송 되어 같이 태국 카렌침례총회에서 일을 했던 동역자이다. 처음으로 태국보다 가난한 국가의 선교사를 보았기에 기존의 선교사와는 다르게 대했던 기억이 있다. 현지 교회가 인도 나가랜드 선교사의 주택을 책임지면서 형제로 받아 주었다. 같은 아시아 선교사였기에 더 정감이 갔던 나는 그의 정착 과정과 사역에서 조언을 주고, 격려해 주었다. 7년 전 그는 나가랜드로 돌아가서 그를 파송한 나가랜드 침례총회 선교국(Nagaland Mission Movement)에서 부국장으로 섬기다가 최근에 은퇴했다.

작년 초, 이곳을 방문했을 때 만나 앞으로 선교단체를 운영하고 싶다는 포부를 이야기 한 적이 있다. 이후 여러 일들로 인해 잊고 있었는데 갑자기 연락이 왔다. 지금 치앙마이를 방문 중이고, 신학교 교수 댁에 머무는데 잠시 만나 선교에 대한 의논을 하고 싶다고 말했다.

학생들의 재시험과 교회 방문 일정이 빡빡하지만 그를 꼭 만나고 싶은 마음에 약속을 정하고 토요일 아침, 재시험과 교회 방문 사이에 그를 만났다.

그는 자신이 세운 새로운 선교단체를 어떻게 운영해야 할지 조언을 구하기 위해 날 찾아왔다. 그는 2018년 초 이곳을 방문한 이후 돌아가서 1년 사이 선교단체를 만들었다. 'GLOBAL MISSION ASIA' 라는 이름의 단체이다. 이곳에 오기 전에 나가랜드 정부에 등록을 했고, 나가랜드 침례총회와 그가 속한 지방회에서 인준을 받았다.

구체적인 선교사역을 하려고 하는데 그 첫 선교지가 태국이라고 한다. 왜냐하면 그가 선교했던 곳이고 그의 딸이 현재 이곳에 선교사로 있기 때문에 아무래도 적당하다고 판단한 듯하다.

그는 앞으로 라오스와 다른 아시아의 나라에 선교사를 보내는 비전을 가지고 있다. 대략적인 이야기를 한 후 그는 나에게 조언을 구했다.

먼저 왜 기존의 선교단체를 통하지 않고 새로운 단체를 만들 수 밖에 없었는지를 질문했다. 그가 경험한 총회 선교단체는 선교 훈련도, 관리도, 모금도 제대로 하지 않고, 단지 파송예배를 드리는 역할이라고 한다. 그러면서 자신은 한 달 정도의 선교 훈련을 계획하고 있고, 선교에 헌신한 젊은이들이 많으니 이들을 좋은 선교사로 훈련시키고, 관리하고 싶다고 말했다.

그의 의견에 대하여 몇 가지 나의 의견을 말해 주었다. 우선 선교훈련은 전문적인 선교훈련단체에 위탁하고, 관리에 집중하라고 했다. 새로운 단체의 대표는 미션 페실리테이터(Facilitator/촉진자, 중재자)로서 역할이 필요할 것 같다고 조언했다. 구조나 배경이나 경험이 부족한 상황에서 선교단체의 책임자가 되었다고 해서 모든 것을 할 수는 없기 때문이다. 그리고 가능하면 기존의 총회나 지방회와 같은 기관소속(Dual membership)으로 하는 것이 장기적으로 필요하다고 조언했다. 그리고 현지에서 새로운 선교사들을 받고, 관리하는 단체(Receiving body)가 중요하고, 이를 위해서 이전에 동역했던 네트워크를 활용하는 것이 좋다는 의견을 주었다.

아울러 선교사 관리가 중요한데, 이것이 실패하면 선교가 중단되거나 실패할 수 있음을 이야기했다. 처음부터 완벽하게 할 수 없으므로 할 수 있는 것부터 할 것을 주문했다. 이것은 한국교회 선교도 아직 제대로 하지 못하는 부분이므로 서로의 경험을 나누면 상호간 유익이 있음을 말했다.

새롭게 등장하는 선교단체들을 보는 것은 매우 흥분되는 일이다. 서양은 물론이고 한국교회의 선교도 어려워지는 상황에서 이들은 더욱 소중하다. 왜냐하면 아직도 끝나지 않은 선교사역 완수의 사명은 누군가가 반드시 감당해야 하기 때문이다. 가난하고 선교지라고 여겨졌던 인도의 한 구석에서 강력한 선교운동이 일어나고 있음은 우연한 사건이 아니다. 하나님의 세계 교회를 향한 움직임이 어디에 있는가를 확인하는 시간일 것이다.

몇 달 전 중국 북경의 가정교회에서 2030 선교운동을 이끄는 지도자를 치앙마이에서 만났다. 2030년까지 2만 명의 중국 선교사를 세계에 파송 하고자 하는 비전을 들었다. 이들은 중국교회가 처한 어려움이 어쩌면 선교적 사역에 더 집중해야 할 하나님의 신호일지도 모른다고 해석했다. 많은 선교사들이 추방되는 중국에서 선교의 불이 더 커지고 있음을 느꼈다.

하나님의 선교 역사는 많은 경우 변두리에서 시작되었다. 그것은 하나님의 손길이 연약한 자들을 통하여 역사하심으로써 하나님의 뜻을 선명하게 보이는 성경의 원리와 통한다. 나가랜드의 선교운동도, 중국의 선교운동도 여전히 하나님의 나라가 하나님의 뜻에 따라 여전히 확장되고 있음을 보여주는 장면들이다. 나가랜드 사람들은 인도에서 불가촉

새로운 선교단체 대표 케비헤 목사와 함께

천민과 같은 무시 받는 민족이지만 그들은 세계를 품고, 변화시키고자 하는 역설적 비전을 가졌다. 하나님의 주신 선교 비전이 아니면 도저히 불가능한 일이다. 우리가 볼 때 선교의 위기이지만 동일하신 하나님은 여전히 다양한 하나님의 교회를 통해 선교하심을 보여준다. 달라진 점은 지난 200년간의 선교 운동은 강한 자를 통한 선교 운동이었지만, 지금은 약한 자를 통한 선교 운동이 매우 구체적으로 진행된다는 점이다. 그들도 세계 선교의 중요한 파트너로서 협력하고, 나누어야 할 소중한 형제들이다. 'GLOBAL MISSION ASIA'라는 미약한 선교단체의 출현은 선교운동이 얼마나 소중하고 끈질긴지, 그리고 그 모습이 얼마나 다양한지를 보여주고 있다.

7. 문제는 돈입니다.

"문제는 돈입니다!"

카일 선교사의 이와 같은 대답은 미국 교회의 선교 현실을 보여주는

상징적인 대답이다. 2019년 2월 신학교 교직원 리트릿에서 외국인 선교사가 둘이었기에 자연스럽게 앉아서 이야기를 나누기 시작했다. 미국 교회의 선교상황에 대한 궁금증이 평소부터 있었던 나는 다음과 같이 질문했다.

"최근 미국침례교회 선교부의 중요한 이슈는 무엇입니까?"
"가장 중요한 이슈는 돈입니다."

선교비가 줄어들어서 이를 해결하는 것이 현재 가장 큰 문제라고 말했다. 이는 미국침례교회[1] 선교부의 재정을 개선하는 것을 목적으로 한 조치였다. 카일선교사는 선교지에 온지 5년이 안 되었지만 목회자로서 선교사들을 후원했던 경험이 있었기 때문에 총회 선교부에서 참여 요청을 받았다고 한다.

미국침례교회 총회 선교부는(ABC IM) 1814년에 설립된 세계에서 가장 오래된 단체 중 하나이다. 1813년에 파송받은 19세기 세계 3대 선교사의 한 명이었던 아도니람 저드슨이 소속된 단체이다. 미국침례교 선교부는 세계 곳곳에 건강한 교회를 많이 세웠다. 콩고공화국과 미얀마, 그리고 인도 동북부의 주류 교회가 침례교회인데, 이는 이들의 헌신과 노력이 있었기 때문이다.

---

1) 미국내에 존재하는 약 14개의 침례교단 중 하나이다. 미국 남북전쟁 전에는 남북 침례교회(Southern and Northern Baptist Church) 전체를 지칭했으나, 1845년 침례교가 남북 분열된 이후 '북침례교'를 가리키는 명칭이다. 1950년에 미국침례교로 개칭했다. 미국교회협의회와 세계교회협의회에 가입한 진보적 교단이다.

태국에도 단일교단으로 가장 큰 태국 카렌침례총회가 조직될 때부터 함께 했고 학교, 병원, 농업, 지역개발에 참여했다. 이런 선교사역을 위하여 많은 선교사들이 헌신했다. 1950년대에 태국의 카렌족 사역을 시작했을 때 미국침례교회는 현지 카렌교회와는 비교할 수 없는 역동성을 가지고 있었다. 그리고 미국이라는 초강대국의 힘은 교회에도 그대로 영향을 주어, 재정적인 필요를 충분히 채워주었다. 선교지에 다양한 프로젝트를 수행하는데 문제가 없었다. 그런데 지금은 아니다.

불과 얼마 전까지만 해도 선교사가 지역교회에서 모금하는 것을 금지했다. 총회가 선교사의 필요를 충분히 도와줄 수 있었기 때문이다. 그런데 지금은 모금이 선교사의 중요한 책임 중 하나가 되었다. 카일선교사도 지난달 미국에 방문했을 때 2주 동안 17곳의 교회를 방문했다고 한다. 주 목적은 사역설명과 재정적인 후원의 지속성이었다. 앞으로 안식년을 가면 60곳 정도의 교회를 방문할 것이라고 한다. 그렇지 않으면 교회들의 선교후원이 줄어들 것이라고 한다. 현재 많은 미국침례교회선교사들이 모금 목표액을 못 채우고 있다고 한다. 앞으로 1년에 한 번씩 방문해 후원교회를 돌아보는 것이 필요할 것 같다고 한다. 물론 주 목적은 후원관리이다.

미국 교회 선교사들과 한국 선교사들을 직접 비교하는 것은 무리가 있을 수 있다. 예를 들면 미국 선교사들은 의료비만 한 가족이 대략 매년 2만불 정도가 소요된다고 하니 그 자체가 큰 부담이다. 아이가 모두 4명인 카일선교사의 경우 나머지 재정으로는 아이들을 국제학교에 보낼 수 없는 상황이다. 물론 그들은 홈스쿨을 선호하여 집에서 아내가 공부를 시키기 때문에 고등학교까지 학비는 필요가 없다. 그런데 만약에 다른 선교사처럼 일반 학교에서 공부를 했다면 그들의 재정으로는 감당할 수 없었을 것이라고 했다.

미국침례교총회 소속 선교사는 많지 않다. 전체 120명 정도의 장기선교사가 있다. 2016년 교인수가 116만여 명 정도임을 고려하면 약 만 명의 교인이 한 명의 장기선교사를 후원하는 셈이다. 2017년 GMS(장로교 합동)선교사가 2,500여 명인데 GMS 교인 수가 268만 명임을 비교하면 대략 1,000명이 교인이 한 명을 파송한 셈이다. 미국침례교회의 교인 비율당 선교사의 비율은 한국교회의 10%정도라고 볼 수 있다.

이런 상황은 선교사의 파송에서부터 재정적인 요구가 필요한 선교시스템 때문이다. 사역비, 자녀교육비, 의료비, 생활비 등등… 이것은 근대 선교운동 이후 매우 보편적인 선교 지원 시스템이다. 재정이 없으면 안 되는 선교 구조는 한국교회도 예외가 아니다. 이런 구조를 미국교회가 더 이상 감당하기 어려운 상황이다. 왜냐하면 선교사들을 지원하기 위한 재정수입이 줄어들었기 때문이다. 전에는 총회로 들어오는 수입만으로도 충분했지만, 이제는 각 선교사들이 직접 모금을 해도 채우지 못하는 상황이다. 한국교회의 선교 현실도 우려가 된다. 어쩌면 한국교회의 재정적인 지원상황은 미국보다 더 빠른 속도로 악화될 수 있다.

초대교회의 선교운동을 생각한다. 스데반 집사의 순교 이후 대규모의 흩어짐이 있었다. 이것이 본격적 대외선교의 출발점이었다. 그들은 드디어 그들의 교회와 민족의 장벽을 넘어 선교하기 시작했다. 그 흩어짐의 원인은 핍박이었다. 그래서 선교 전략, 후원, 조직은 꿈에도 상상하지 못했다. 이후에 이루어진 초대교회의 선교는 이와 같은 형태가 주를 이루었다. 핍박 중에도 기뻐하고, 환난 중에도 복음을 전했다. 흩어진 초대교회 성도들은 대부분 경제적, 사회적 약자였으나 경제적, 군사적, 정치적, 사회적 강자들에게 복음을 전했다. 강자들은 이전과 다른 성도들의 삶과 기쁨과 화평과 높은 도덕수준과 성령의 능력을 보면서 예수님께 돌아왔다. 돈 없이도 엄청난 선교운동이 일어났고 놀라운 복음 전파가 이루어졌다. 결국 약자들이었던 초대교회 성도들이 강자였던 로마를 변화시켰다.

전략이나, 재정이 필요하지 않다는 것이 아니다. 이런 고민도 전략이나 방법을 찾기 위함이다. 초대교회도 재정적인 필요를 나누었고, 재정의 헌신을 통해 교회가 건실하게 세워졌으며, 서로 나눔의 축복을 경험했다. 그러나 우리는 핵심을 놓치지 말아야 한다. 그들은 돈보다 하나님을 신뢰했다. 결국 돈에 대한 주제에서 가장 중요한 것은 그것을 주관하시는 하나님으로 종결 되어야 한다. 재정이 있어야만 선교할 수 있다는 의식은 매우 위험하다. 돈은 하나님이 사용하는 선교의 한 방법과 요소로서 인식되어야 한다. 돈이 중심이 아니었던 선교시대가 훨씬 길다.

한국교회의 선교상황을 생각한다. 매우 빠른 속도로 선교운동이 일어나고 많은 선교사들이 파송되었다. 하나님의 은혜이다. 그런데 지금은 선교사역과 파송이 주춤하고 있다. 왜냐하면 재정이 중심이 된 선교 양상으로 한국교회의 선교비 부담이 증가했기 때문이다.

카렌족 또한 흩어졌다. 미얀마의 정치적 박해 때문에 태국 국경의 난민촌에서 십수년간 지내다가 제3국으로 흩어졌다. 미국, 캐나다, 호주 유럽의 여러 국가, 심지어 한국까지 흩어졌다. 이들은 사도행전에 기록된 스데반의 순교 때문에 흩어진 성도와 비슷하다. 흩어질 의도와 준비와 계획이 전혀 없었다. 억압받고, 전쟁 중에 고향을 피해서 난민촌으로 왔고, 의지와 관계없이 그곳에서 다시 서구의 국가와 심지어 한국까지 흩어졌다.

그들을 통해 돈이 중심이 아닌 하나님의 능력과 복음의 순수함으로 선교했던 초대교회의 선교가 21세기에 실현되기를 소원한다. 흩어진 카렌족 기독교인들이 힘을 잃은 유럽교회에서 새로운 성도로 자리잡는 것은 이런 소망이 실현 되는 모습이 아닐까 생각한다.

미국침례교회가 복음의 역동성을 회복하는 교회가 되길 소망한다. 돈이 문제가 아니라, 우리에게 복음의 능력과 순수성이 없는 것이 문제였다. 이제 다시 회복되었다는 간증이 있기를 기도한다. 이런 기도는 단지 미국교회 뿐만 아니라 한국교회를 비롯한 세계 교회의 기도제목이다.

8. 서툰 언어 묘한 일체감

처음 예상과 달리 묘한 일체감이 그의 강의와 나눔 가운데 이어지고, 우리를 하나되게 한다. 신학교 교직원 리트릿에서 미국에서 온 카일(Kyle) 선교사의 강의 시간이었다. 그는 하나님의 말씀묵상과 하나님의 음성듣기에 관한 강의를 했다.

그런데 그의 언어능력과 청중들의 언어상황을 고려하면 이런 강의를 시도하는 것이 무리라고 할 수 있었다. 참석자들은 나를 제외하고는 카렌족 교직원이어서 카렌어가 모국어이므로 카렌어로 강의를 해야 할 상황이었다.

그런데 카일 선교사는 아직 카렌어를 배우지도 않아 카렌어를 못하고, 태국어도 강의를 할 정도는 아니었다. 그래서 강의내용이 전달이 안될 것 같아 내심 걱정했다. 더군다나 카렌 교직원들이 다국적이어서 커뮤니케이션이 더욱 어려운 상황이었다. 영국에 난민으로 갔다가 작년에 영국에서 영문학을 졸업하고 온 영어강사, 미얀마 신학교에서 온 교수와 자원봉사자… 이들은 태국어를 전혀 못한다.

강사를 포함한 13명의 교직원 국적이 태국, 미얀마, 영국, 미국 그리고 한국 모두 5개국 국적이다. 다양한 국적이다 보니 언어능력은 매우 다양했다. 모두가 2개 이상의 언어로 커뮤니케이션을 하고 있었다. 주로 카렌어와 태국어이다. 일부는 세 개의 언어를 할 수 있다. 영어, 태국어, 카렌어이다. 학장인 에스더 교수와 나는 4개의 언어로 커뮤니케이션을 할 수 있었다. 그런데 모두가 이해할 수 있는 공통된 언어는 없었다.

카일 선교사가 모어인 영어를 사용하면 태국 국적 카렌 교직원 세 명은 거의 알아들을 수 없고, 서툰 태국어로 하면 세 명의 제 3국 교직원은 알아들을 수 없다. 게다가 강의 제목이 '하나님과 묵상과 말씀듣기'이니 더욱 언어적 어려움이 예상되었다.

그런데 묘한 연결점들이 언어의 장벽을 넘어서고 있었다. 영어와 태국어를 섞어서 사용하고, 중간 중간 통역을 하는데, 언어적 장벽을 거의 느낄 수 없었다. 특히 그룹별 나눔 시간에는 하나님의 말씀에 관한 묵상과 나눔이 매우 실제적으로 이루어지고 있었다. 영어를 사실상 전혀 못하는 한 직원의 이야기가 다가온다.

"학창생활로 다시 돌아가서 이렇게 공부하고 싶습니다."

그는 카일의 강의와 나눔에 완전히 몰입되어 있었다. 왜 그랬을까? 두 가지 중요한 원인이 있었던 것 같다.

첫째, 강사인 카일 선교사의 삶, 영성과 관련이 있다. 그는 하나님과 동행에 대한 이론적 강의안을 준비해 나누지 않았다. 그의 가정과 본인이 어떻게 하나님의 음성을 듣고 실천하는가를 고백했다. 그가 어떻게 목회자가 되었고, 사역했는지, 아버지와 남편으로 가정에서 어떻게 살고 있는지, 선교사로 헌신하는 과정은 어땠는지에 대해 나누었다. 그는 선교사를 결정하는 데에 하나님의 음성을 말씀을 통하여 듣고, 따르는 것을 가장 우선시 했다고 한다. 사실 그는 강의라기 보다는 그의 삶을 간증했다.

둘째는 동료들에게서 오는 신뢰감이 있었다. 그는 신학교의 동료들 간의 관계에서 가장 신뢰를 받고 있는 교수라고 할 수 있다. 47세의 비교적 늦은 나이에 선교사로 와서 현지인들을 존중하며, 주어진 일을 성실하게 감당한다. 그의 부인도 헌신적으로 학교에서 강의를 하고, 자신의 부족함에 대해 진솔하게 고백한다. 학교의 의사결정 과정에서 동료들과 대립한 적도 없다. 그가 이야기하면 동료들이 집중하여 듣고 존중한다. 이런 신뢰가 있었기에 그의 능숙하지 않은 언어에도 그의 의도를 집중하여 이해하려고 한 것이다.

때로 동일한 언어로 설교를 들을 때도 졸릴 때가 있다. 애써 준비한 강의를 건성건성 들을 때도 있다. 커뮤니케이션이 문제가 있기 때문이다. 강의와 나눔을 하고 난 뒤 나의 모습을 돌아보며 질문한다.

'내가 선교사로서 관심을 가지고 있는 분야는 무엇인가?'
'그리고 선교사로서 가장 중요하게 해야 할 일이 무엇인가?'

선교사로서 기능적인 역할과 책임이 있다. 언어훈련을 통한 준비, 현지교회의 필요에 따른 사역 감당, 맡겨진 강의 준비, 상황 파악과 현장 이해 등등이다. 이것은 선교사로서 살아가고, 사역하는 데에 너무 중요한 것이라 계속 강조해도 지나치지 않을 것이다.

하지만 이런 기능적인 역할과 책임보다 더 우선권을 두어야 할 것이 있다. 그것은 주님과 동행과 음성듣기, 그리고 그 뜻을 따라 사는 것이다. 예수님이 원하는 선교사는 먼저 주님의 음성을 듣고, 교제하며, 주님과 현지인 앞에 겸손히 서 있는 사람일 것이다.

카일 선교사는 서툰 태국어와 모어인 영어로 자신의 삶을 나누었기에 일부 교직원들은 그 강의를 알아듣지 못했다. 하지만 더 큰 하나 됨과 은혜로 전달되었다. 하나님과 더불어 살아가는 한 삶의 고백이기 때문이다.

성육신 하신 예수님의 이 땅에서 하신 삶을 생각한다. 예수님이 습관을 따라서 한 행동이 있다. 그것은 한적한 곳에서 아버지 하나님과 교제하는 것이었다. 선교사가 가져야 할 가장 중요한 습관은 바로 예수님께서 하셨던 것과 같이 한적한 곳에서 주님과 교제하는 것이다. 카일 선교사의 나눔은 이 습관이 얼마나 중요한지를 다시 보여준다.

9. 변화하는 선교

현지교단에 속한 선교사수련회에 참석하면서 선교가 변하고 있음을 확실히 느낀다. 우리 부부는 태국 기독교총회(The Church of Christ in Thailand) 라는 현지교단에 속하여 교단과 함께 사역을 한다.

교단에서는 2년에 한 번씩 교단에 속한 전체 선교사들을 대상으로 한 수련회를 한다. 2018년에는 11월 27일부터 29일까지 치앙마이에서 진행되었으며, 오랜만에 다양한 선교사들을 만나서 예배와 교제와 나눔을 했다. 그런데 이번 선교사 수련회에서 지난 20여 년간 선교상황이 얼마나 변화하고 있는가를 알 수 있는 모습들이 눈에 띈다.

가장 큰 변화는 선교사들의 출신들이다. 모두 117명의 합법적인 선교사들 가운데 아시아 출신 선교사가 71%이다. 미국에서 온 선교사들이 15% 유럽에서 온 9% 그리고 호주에서 온 선교사들이 4%이다. 그리고 여기에 속하지 않은 몇몇 선교사들이 나머지를 구성한다.

소위 전통적인 선교사 파송국에서 온 서양 선교사들이 24%밖에 되지 않지만, 전통적인 선교지였던 아시아의 국가에서 71%의 선교사를 보낸 것이다. 1995년 처음 태국에 선교사로 도착하였을 때 아시아 선교사들은 10% 정도였고 나머지 절대다수는 북미와 유럽에서 온 선교사들이었다.

그런데 20여 년 만에 선교사들의 분포가 완전히 바뀌었다. 한국 선교사가 전체 선교사의 거의 반을 차지하는 55가정이다. 20여 년 전 당시 10여 가구였음을 비교하면 소수에서 주류로 바뀐 것이다. 대만과 인도에서도 각각 6명의 선교사가 와서 미국을 제외하면 다른 유럽의 국가들보다도 많은 선교사를 파송했다.

태국기독교총회를 만든 교단은 주로 미국장로교와 침례교회였다. 두 교단 외 모든 미국선교사를 합해도 17가정이다. 소수로 전락했다. 1960년대에는 미국장로교(PCUSA)에서 태국으로 파송된 선교사와 자원봉사자가 160명이 넘었다고 한다. 그런데 이제는 나이가 든 선교사 두 명이 있을 뿐이다.

선교사가 많은 것이 좋은 것만은 아니다. 현지 교회가 부흥하고, 성장하면 사실 선교사는 필요가 없게 된다. 결국 스스로 모든 사역을 해야 하고 오히려 선교사를 파송해야 한다. 그런데 이러한 변화의 이유는 미국과 유럽의 교회가 파송을 원하지 않은 것이 아니라, 여력이 안 되기 때문임을 알 수 있다. 심지어 스웨덴의 경우는 선교사를 파송했던 교단이 없어져 다른 소수교단과 통합했다. 선교사를 파송했던 주류교회들은 이제 선교사를 파송하는데 필요한 인적, 재정적 자원들이 현격히 줄어든 상황이다. 상상할 수 없었던 변화이다.

또 한 가지 변화는 선교사 수련회의 공식언어가 영어에서 태국어로 바뀐 것이다. 과거에도 태국어를 일부 사용하기는 했지만 일반적인 대화나 회의진행은 영어가 주 언어였다. 한국에서 온 선교사는 영어가 아무래도 부담이 되어 토론이나 교제에서 소외되었었다. 그런데 지금은 영어를 자유롭게 할 수 있는 선교사가 현격히 줄어들었다. 비영어권 아시아 선교사들이 빠르게 증가했기 때문이다. 현지어가 18개 국가에서 온 117명의 선교사 수련회의 공식언어가 된 것이다. 회의 때 사용하는 언어도 변했다.

이번 수련회의 주 강사는 현지 기독교대학 총장을 지낸 신학자로 태국 신학자였다. 일반적으로 선교사가 현지인들에게 강의하는 것이 전형적인 인식이지만 이번엔 현지 학자가 성경공부를 인도했다. 그만큼 현지교회의 지도력이 발전했고, 상호간에 배우는 시대가 왔음을 보여주었다.

현지교단에서의 선교사의 역할이 실제적으로 현지교단의 행정과 인사관리 하에 있음을 확인한다. 총회 총무의 강의에서는 현지교회의 상황과 선교사의 상황과 정책을 강의했다. 이것은 선교사가 필요하고 중요하지만, 현지교단의 행정 지도 아래에서 현지교회와 협력하며 각자의 역할을 수행해야 함을 의미한다. 즉 선교사가 아닌, 현지 교회가 주체가 되고, 선교사들이 이들의 사역에 동참하는 형태를 말한다. 어렵고, 힘들고, 못 배운 곳에서 영적, 사회적 부모로서의 일반적으로 그리는 선교사의 역할이 아닌 변화된 시기에 맞춰 선교사의 역할이 새롭게 정의되어야 함을 의미한다.

이번 대회는 비교적 좋은 리조트에서 3일동안 진행되었는데 모든 비용은 현지교단이 부담한다. 태국기독교총회에서는 더 이상 선교사가 주고, 베풀고, 지도하는 역할이 아님을 확인할 수 있었다. 선교지 상황의 변화는 선교사의 재정적인 변화까지 요청됨을 상징적으로 보여준다.

지난 20여 년간 한국선교사는 이곳 교단에서 소수에서 다수가 되었다. 앞으로 20년 뒤에는 어떻게 될까. 여전히 다수일까, 아니면 미국장로교회나 침례교회처럼 원하지만 여력이 없어서 파송하지 못하는 교회는 되지 않을까?

복음은 변하지 않는다. 그런데 상황은 변한다. 선교사를 파송한 국가도, 선교사들도 변한다. 40년 전 현지교단에서는 미국장로교회와 침례교회가 주류에서, 소수의 선교사를 파송한 교회가 되리라고 누구도 생각하지 못했다. 20년 전만 해도 한국교회가 이렇게 현지교단의 주류가 될 것을 예상하지 못했을 것이다. 그것은 하나님의 은혜이면서, 경고이기도 하다. 선교와 선교지는 처음부터 변했고, 지금도 변하고 있으며, 앞으로도 변할 것이다. 여전히 선교사의 사령관 되신 예수님의 긍휼하심과 인도하심 앞에 겸손히 서야 함을 느낀다. 그저 하나님의 은혜가 있기에 선교사로 섬기고 있다.

10. 두 자녀를 잃으면서

"어린 아이였던 로이스는 집에 보관하였던 말라리아 약을 너무 많이 먹어서 문제가 되었습니다."

태국에서 1959년부터 40년 이상 섬겨온 Mann 선교사님의 증언이 계속되었다. James Conklin 이라는 선교사에 대한 이야기이다.

'보깨오'라는 오지에서 사역을 하던 그는 큰 딸 로이스가 말라리아에 걸려 약을 먹였지만 누구도 돌볼 사람이 없었다. 길이 제대로 없었던 시대에 험한 산길을 따라 길이 있는 지역으로 가던 중, 차가 그만 고장이 나고 말았다. 정신이 없는 아이를 안고, 길이 있는 지역에 다다르기 전에 아이는 숨을 거두고 말았다. 지금은 한 시간도 채 걸리지 않는 거리였다.

그들은 슬픔과 충격 때문에 미국으로 돌아가서 교회의 목회자로 사역을 한다. 부인은 당시 임신 중이었는데 그 충격으로 남자 아이가 태어났지만 심장에 심각한 문제가 있었다. 아이가 6살이었을 때 심장수술을 하였으나 결국 그 아이도 세상을 떠났다. 이들은 슬픔과 아픔을 뒤로 하고 다시 태국의 카렌족에게 돌아왔다.

그리고 태국에서 20여 년을 사역하다가 미국으로 돌아갔다. 돌아간 뒤에도 매일 카렌 성경을 읽었다고 한다. 10년 전에 그가 세상을 떠났을 때 그의 유언대로 카렌 옷을 마지막으로 입었다고 한다.

그의 박사학위 논문을 본 적이 있다. 헌정하는 글에는 "우리의 두 자녀 로이스와 디모데를 기억하며 이 글을 드린다."라고 적혀있다. 그 글을 읽으면서 마음의 아픔을 느낀다. 그 분의 삶을 생각하면서 몇 번 눈물을 훔친 적이 있다.

한 가정에게 가장 소중한 존재는 자녀들일 것이다. 왜 살아가느냐는 질문에 대한 가장 많은 답 중 하나가 자녀들 때문이라고 한다. 어쩌면 그가 가장 오기 싫은 곳이 태국 카렌족이었을 것이다. 생명보다 소중한 아이들을 둘이나 잃게 된 장소이기 때문이다. 그러나 그는 다시 돌아왔다. 그것은 잃은 자녀들에 대한 상처가 다 회복되었기 때문이 아니다. 카렌족들이 그들에게 그렇게 중요하고 사랑하는 사람들이기 때문이다. 이들의 헌신과 아픔을 통해 카렌 교회가 건강하게 세워진 것이다.

세상에서의 큰 슬픔을 주님 나라의 소망으로, 카렌 민족을 위하여 승화시킨 위인들이다. 지금은 주님 나라에서 자녀들과 같이 식구가 안식을 누리고 있을 것이다. 주님 나라 가서 꼭 만나고 싶은 분 중 한 분이다.

11. 35년 만의 특별한 귀향

"35년 만에 카렌마을에 돌아와서 정착하고 있습니다."

이렇게 이야기하는 사람은 놀랍게도 '데이비'(Davie)라는 중년의 미국인 여성이다. 그의 아버지인 딕슨(Dickson) 선교사는 1958년 미국 침례교의 파송을 받아 태국 카렌 족에 와서 교육사역을 했다. 그 당시 그녀는 만 한 살도 되지 않은 6개월의 갓난아이였다. 고등학교를 졸업할 때까지 태국에서 18년을 보냈다.

그녀는 어린 시절에 보깨오라는 오지의 카렌 마을에서 살았다. 도로가 없었던 시절에 아버지가 오면서 30km 정도의 비포장 도로가 생겼다. 당시 태국 카렌족은 아주 가난하여 기근이 다반사였던 시절이었다. 지금은 다큐멘터리에서나 볼 수 있는 밀림의 오지였다.

치앙마이에 있는 초등학교에 들어가기까지 그의 가족은 그곳에서 살았다. 두 언니와 같이 또래의 카렌족 친구들과 어울리면서 살았다. 초등학교와 중고등학교를 다니면서도, 방학 때면은 이곳에 왔다.

비록 여기에서 태어나진 않았지만 그녀에게는 이곳이 사실 고향이라고 할 수 있다. 카렌민족과 다른 서양인이지만, 마음은 카렌이었다. 6개월부터 18세까지 그곳은 인생의 기초를 이루고, 마음을 둘 수 있는 곳이 되었다.

고등학교를 졸업하면서, 미국생활이 시작되었다. 대학입학, 졸업, 결혼, 그리고 두 아이를 낳아 35년을 살았다. 아들은 미군 대위가 되었고, 둘째는 대학 생활을 하고 있다.

그리고 이곳에 다시 왔다. 그냥 방문하기 위한 것이 아니라, 이곳에서 다시 생활하기 위해서이다. 35년 만에 진짜 고향으로 다시 온 것이다. 세월은 많이 변했다. 오지였던 그곳에 아스팔트 포장도로, 24시간 전기가 들어왔다. 인터넷도 학교에서는 가능하다.

그녀가 다시 돌아온 것은 제법 살만해서가 아니라, 그의 인생의 기초가 녹아있는 고향이기 때문이리라.

그녀는 이곳에 와서 영어와 제빵을 가르치고 있다. 영어자원봉사자와 영어프로그램을 통하여 이곳의 지역을 도우려고 한다. 그녀는 세 가지 언어로 말할 수 있다. 영어를 주로 하지만, 같이 간 카렌 지도자 때문에 카렌어와 가끔은 태국어로도 한다.

이야기하다 보니 나의 두 딸이 오버랩 된다. 그들의 의지와 관계없이 이곳에 만 한 살과 두 살 때 선교사의 자녀로 왔다. 데이비와 같이 모국이 아닌 태국에서 인생의 기초를 쌓는 초기 18년을 보냈다. 그들의 고향은 어느 곳인가?

제 3국의 문화 속에서 살아야 하는, 선교사 자녀들은 다양성이라는 기회와, 혼란이라는 위기의 양면성을 가지고 살아간다. 그래도 이들이 태국, 특히 이곳 치앙마이를 좋아한다는 것이 감사하다. 35년이 지난 이후에도 두 딸은 데이비와 같이 이곳을 고향처럼 그리워할까?

12. 교회건축 지원을 해 주시면…

산속 깊은 곳 카렌 교회의 지도자가 처음 만나는 선교사에게 교회건축 지원 요청을 했다. 이것은 단순한 건물지원을 요청하는 것이 아니라, 그들 안에 선교사와 관련된 독특한 '다이나믹'(역학)이 흐르고 있음을 보여주는 현상이다. 그것은 '자기희생과 헌신'보다는 '의존적인 행동'으로의 흐름이다.

2019년 11월 3일, 오늘은 '매우나이'라는 교회에서 예배를 드린다. 그 교회는 호코고교회의 전도처로서 태국에서 가장 높은 산인 '도이 인타논' 산의 한 자락에 있다. 치앙마이에서 두 시간 반 정도 걸리기 때문에 7시 이전에 집을 출발했다.

마지막 11km는 비포장도로인데, 우기 동안 빗물에 손상된 도로공사가 한참이다. 도착하니 교인들이 반갑게 맞아준다. 주위의 산과 밀림이 빼어난 경관을 연출한다. 안내에 따라 목회자의 집으로 들어갔다.

미리 기다리고 있던 교인들과 여러 이야기를 나눈다. 2년 전에 공주 프로젝트로 국경수비경찰 소속 교사들이 와서 학교를 시작했다고 한다. 몇 년 전부터는 딸기 재배를 시작했는데 품질이 좋은 딸기가 생산되어 산골에 있지만 수입이 적지 않았다. 1,300미터 되는 고지대에 위치했기 때문이다. 과거에 이런 고지대는 궁핍함과 고립, 그리고 저개발의 상징이었지만 지금은 고소득 작물재배지로 변했다. 이야기를 하던 중 한 지도자가 이야기를 꺼낸다.

"교회 건축을 하려고 하는데 지원을 해 주시면……"

끝말을 흐렸지만 그 의도는 충분히 알 수 있었다. 교회 건축을 하려고 하는데, 도움을 주었으면 하는 것이다.

"2005년에 한국의 한 선교사님이 도와서 건축을 했습니다. 그런데 이제 14년이 되어 흰개미도 생기고 해서 새로운 건물을 건축하려고 합니다."

처음 만나는 선교사에게 교회건축 지원을 큰 주저함 없이 요청했다. 건축 지원요청에 대하여 직접 대답하지 않고, 주제를 바꾸어 방문하고 있는 목회자의 집 이야기를 한다. 희생과 주인 의식에 대하여 직접 이야기하기보다는 간접적인 방법이 좋을 것 같았기 때문이다. 깊은 산속에 있는 환경을 생각하면 목회자의 집은 규모나 멋스러움과 편리

함이 잘 갖추어져 있었다. 소나무를 이용한 바닥과 벽, 그리고 천장은 도시에 있어도 뒤떨어지지 않은 분위기가 자연스럽게 나온다.

"이 집은 얼마나 건축비가 들어갔습니까?"
"전체 비용은 40만 바트 들어갔습니다."

약 1,600만원이었다.

"그러면 이 집을 건축할 때 누구의 도움을 받았습니까?"

도움을 받지 않았다고 한다.

"외부 도움을 받지 않고 이렇게 멋진 집을 지으셨다니 대단하십니다. 아까 보니깐 픽업 트럭도 보이던데, 차도 구입하셨군요."
"네. 차도 구입했는데, 일부는 돈을 빌렸기에 매월 갚고 있습니다."

목회자는 농사를 짓고 있는데, 개인 픽업도 소유하고 있었다. 그들 안에 교회 건축을 스스로 할 수 있는 경제적 여건이 있음을 확인했다. 교회 건축 지원 요청 건은 아무래도 전체 교인들과 이야기를 하는 것이 좋을 것 같았다. 나는 일단 교회 건축에 대한 것은 나중에 이야기하자고 말했다.
예배 후에 시간 허락을 받아서 전체 교인들과 이야기를 이어갔다.

중요한 주제는 교회 건축에 관한 것이었다. 먼저 하나님께서 주신 은혜에 대하여 질문하고 대답을 들었다.

"20년 전만 해도, 길도 없었고, 기독교인도 소수였으며, 차는 한 대도 없었습니다."
"학교도 없었고 전기도 없었고 식량도 부족했습니다."
"그런데 이제는 식량도 넘치고, 오토바이는 물론 이제 많은 집이 픽업트럭을 소유하고 있습니다. 게다가 전기와 학교는 물론 도로사정도 많이 좋아졌습니다."
"왕족프로젝트의 도움을 받고 있고, 딸기 재배로 경제적으로 과거와 비교할 수 없을 정도로 좋아졌습니다."

풍족하지는 않지만 이제 적당한 수준에서 살게 되었고 여러 상황들 모두가 하나님의 은혜가 크다고 했다. 성도들의 답을 들은 후 필자는 사람이 태어나서 성장하는 비유를 들었다.

"자식이 어른이 되어서도 노부모를 의지하면 부모의 마음이 어떻겠습니까?"
"불편합니다."
"어릴 때는 부모의 도움을 받아야 하지만 성인 되면 자식을 돌보고 부모의 필요를 채워야 하지 않겠습니까?"

모두가 동의했다.

"교회도 마찬가지입니다."

작년 헌금 상황을 질문하니 24명의 침(세)례교인들이 14만 바트 정도 헌금했다. 이 정도면 개인당 헌금이 약 6,000바트인데 약 200불 정도였다. 적지 않은 헌금이다. 이것에 대하여 격려와 칭찬을 해 주고, 이제 어른으로 서야 할 때임을 나누었다. 이제는 어린아이가 아니라 성인이 되었기 때문에 스스로 해야 할 때라고 격려했다. 구체적으로 교회 건축을 위하여 약 5년을 준비하면 좋을 것 같다고 말했다.

"1년에 개인당 2,000바트씩 헌금을 하면 5년이면 10,000바트(40만 원)가 가능합니다. 그리고 노력봉사를 하면 충분히 교회를 지을 수 있습니다."

참석한 교인들은 이 말에 동의하며 좋게 생각했다.
왜 이들이 처음 보는 선교사에게 교회 건축 지원을 요청했을까? 이것은 현대심리학의 중요한 흐름을 형성한 행동주의 이론과 관련이 있다.

"대부분의 행동패턴은 환경과의 상호작용 속에서 후천적 경험을 통해 학습된 것이다". 사회적 학습이론도 동일한 의미이다, "다른 사람의 행동을 관찰하여 모방하는 것이다".

과거엔 더 가난한 상황에서도 교회 건축을 외부에 의지하지 않았다. 희생과 헌신 그리고 '주인됨'이 자연스럽게 대를 이어 이어졌다. 성숙한 교회의 모습이다. 그런데 새로운 경험을 하게 되었다. 왜냐하면 도움을 줄 선교사들이 나타난 것이다. 그리고 선교사의 도움을 받는 교회를 보기 시작했다. 본인들도 교회건축을 지원받았다. 그의 모교회도 교회건축을 선교사로부터 지원받았다. 자연스럽게 이전과 다른 행동이 나온다. 그것은 먼저 스스로 하기보다는 도움을 요청하는 행동이다. 경제적인 측면이 향상되면서 자신들의 집은 스스로 멋지게 지었지만, 교회건축은 선교사를 의지하는 경향이 되었다.

풀러 신학교 선교대학원장을 역임한 스캇박사의 주장이 떠오른다.

> "기독교 선교는 일반적으로 현지 그리스도인보다 더욱 풍부한 금전을 가지고 자신들이 원하는 방향대로 밀고 나간 외부 그리스도인들에 의해 너무나 큰 상처를 입어왔다."

그는 동반자 관계에서 가장 큰 어려움과 상처가 되는 부분은 재정지원관계에 관한 부분이라고 말했다. 대부분의 동반자 관계에서 선교사의 교회는 선교지의 교회보다 금전적으로 풍부한 것이 현실이다.

이어서 그는 금전과 관련하여 온정주의, 의존성, 또는 복지수혜의 사고방식을 어떻게 방지할지에 대한 논의가 공개적이며, 솔직하게 있어야 한다고 주장했다. 그리고 이것은 반드시 정기적으로 재평가되어야 한다고도 말했다.

그는 구소련의 Z 국가에서 있었던 의도와 다른 선교 결과를 소개했다. 구소련 붕괴 이후 선의를 가지고 있는 부유한 미국교회는 Z 국가의 교회와 동반자 관계를 맺고 협력을 시작했다. Z 국가는 그들이 느끼는 필요를 요청했는데, 옷, 약품 그리고 건축업자와 교회 건축 지원이었다. 마치 꿈이 현실이 된 것과 같았다고 한다. 3년이 지난 후 Z 국가의 목사는 미국으로부터 온 도움으로 인한 슬픈 결과를 깨달았다. 미국의 도움 때문에 교인들은 다른 사람을 위해 희생하지 않았고, 미국인의 선교지원이 증가할수록 '나의 교회는 쇠퇴하게 된다'는 사실을 깨닫고 말았다. 그들은 생활보호대상 교회가 되어버렸다고 말했다.

선교사와 현지 교회는 서로 의지하고, 돕고, 격려하고, 존중해야 한다. 그렇지만 외부의 적합하지 않은 지원으로 현지교회가 '희생과 헌신' 그리고 '주인의식'을 해치게 해서는 안 된다. 선한 의도의 지원이 늘 선한 결과로 귀결되지 않는 것이 선교지의 안타까운 현실이다.

떠나기 전에 마지막 기도를 한 후 목회자가 찾아와서 악수를 하는데 손에 봉투를 준다. 방문하여 설교한 것에 대한 사례금을 지급한 것이다. 같이 간 동료선교사에게도 동일하게 봉투를 건넨다. 단순한 봉투가 아니라 손님을 섬기고, 대접하는 성인됨의 모습이다. 교회 건축 지원 요청을 하는 의존적인 모습과 반대되는 모습이다. 그들 안에 있는 상반되는 두 가지 모습을 보며 선교사가 어떻게 관계를 맺어야 할지를 다시 생각하게 되었다.

13. 승려의 선물

그는 감출 수 없는 맑은 웃음을 지으며 슬며시 뭔가를 주었다. 그의 석사 학위논문이었다. '아누칫 아팃빠토'라는 승려는 카렌족이다. '시리소다' 절을 방문한다고 하니 미리 준비했다가 도착하니 준 것이다. 그는 '시리소다'라는 절에서 오랫동안 지내왔다. 절에서 운영하는 초등학교 입학 때부터 절에서 생활하기 시작하였으니 20년이 넘었다.

그가 머물고 있는 '시리소다' 절은 오래 전부터 관심을 가지고 방문했던 절이다. 이 절은 '프라탐마짜릭'이라는 소수부족의 불교 포교 프로젝트를 총 관리하는 곳이다. 이 프로젝트는 1965년부터 시작되었다. 이것은 태국 정부와 불교가 협력하여 소수 부족을 대상으로 한 불교 포교와 개종을 통해 국가를 통합하는 것을 목표로 했다. 이 프로젝트를 통하여 많은 소수부족들이 불교로 개종했다. 현재 약 300명의 불교 포교사들이 소수부족 마을에서 다양한 포교활동을 하고 있다. 현재 태국 카렌족의 다수가 불교인이 된 것은 바로 이 프로젝트의 결과이기도 하다. 포교사들의 인사와 복지, 행정 그리고 훈련과 교육을 담당하는 곳이니 태국 소수부족의 불교를 이해하기 위해서는 반드시 알아야 하는 곳이다.

소수부족 사역을 하고 있는 나에게 이 절은 관심이 가는 곳이다. 이 곳을 처음 방문 한 것은 약 15년 전이다. 이후 소수부족에서의 불교사역을 연구하고, 글을 쓸 때, 자료를 찾기 위해서 방문하곤 했다. 부주지 승려를 포함한 몇 승려들을 알고 있는데 '아누칫'이라는 승려와는 좀 더 가깝다. 방문할 때 만나면 늘 반갑게 맞아 준다. 이유가 있다.

그는 카렌족이 많이 살고 있는 매홍손 출신이다. 그를 만날 때 아주 특별한 경우가 아니면 카렌어로 대화를 한다. 태국어로 대화를 하면 묘한 구분법이 생긴다. 태국은 사람을 크게 승려와 비승려로 나누기 때문이다. 호칭도 다르고 승려에게 쉽게 접촉해서도 안 된다. 소승불교는 열반을 추구하는 소수의 종교 엘리트를 위한 종교이다. 그러므로 일반인들과 승려 사이에는 눈에 보이지 않은 구분이 있다. 내가 목사이지만 승려들을 대할 때는 조심스럽다.

그런데 카렌어를 하면 새로운 관계가 형성된다. 그것은 승려와 비승려라는 구분이 아니라 카렌어를 같이 사용하는 동질성을 생기게 해준다. 더 나아가서 그는 나이가 많은 나를 대할 때 삼촌과 같이 대하는 것 같은 느낌을 받을 때가 많다. 뭔가를 숨기고 접근하는 이방인으로 대하지 않고, 가까운 친척의 방문처럼 대한다.

그가 승가대학원에서 공부하는 것을 알고 있었고, 그 내용이 궁금해서 몇 번 질문한 적이 있다. 이번에 방문하니 논문을 건네 주었다. "쿠루바 씨리위차이의 환경에 관한 이해의 분석연구"라는 논문이다. 근대 북부 태국의 이해를 위해 반드시 알아야 하는 사람이 '쿠루바 씨리위차이'라는 승려이기에 더욱 관심이 있었다. 그는 1939년에 세상을 떠났지만 여전히 북부 태국인들의 의식 속에서 큰 영향을 끼치고 있다. 논문작업에 대한 수고에 칭찬을 해 주었다. 그것은 그의 주장을 동의한다는 것이 아니라, 정진에 대한 격려였다.

선교란 진공상태에서 진행되지 않는다. 예수 그리스도 복음의 진리는 어떤 상황과 시간에서도 동일하지만 그 복음이 전해지는 상황과 시간은 다르다. 변하지 않는 진리를 변화하는 다양한 상황에 전하는 것은 단순하지 않다. 이것은 선교사역을 위하여 대상자들의 세계관과 문화에 대한 이해를 요구한다. 종교는 세계관과 문화의 핵심이다. 대상자들의 종교변화와 이해는 효과적인 선교를 위한 기초단계이다.

그리고 지난 50여 년간 50%가 넘는 카렌들이 불교로 개종했다. 이것은 종교 변화라는 공통의 목적을 가진 선교사에게 매우 흥미로운 주제이다. 카렌족을 포함하여 소수부족 포교를 총체적으로 관장하는 이 절은 카렌 불교의 센터라고 할 수 있다. 불교로의 개종을 통한 태국 국가통합 과정을 위해 지금까지 많은 의논과 연구를 해오고 있다. 그런 연구와 자료들은 선교사인 나에게 그들을 이해하고 접근하는데 매우 요긴한 자료들이다. '아누칫' 승려는 이와 관련된 다양한 자료를 모아서 나에게 주곤 했다.

선교사로서 현지 종교지도자들과 관계를 설정하는 것은 매우 흥미로운 주제이다. 이방종교를 어떻게 볼 것인가도 관련이 있다. 한 사회의 유지와 안정을 위하여 종교는 중요한 역할을 한다. 물론 반대의 경우도 있다.

확실한 것은 그들은 진리를 찾기 위해 노력을 하는 종교지도자들이다. 다양한 종교적 의식과 행위들은 그들의 상황과, 관점에서 보면 진리를 향하고자 하는 노력의 모습이다. '열반'이라는 단어는 하나님이 떠난 인간의 존재의 허무함을 간접적으로 보여준다. 아직도 '진리'와 '생명'의 근원에 도달하지 못했다는 것이다. 진리 되신 예수님이 그들에게도 필요하다. 이것을 전달할 때는 그들을 먼저 이해하고, 존중하고, 배려해야 한다. 그들의 목표를 추구하는 방법에 대한 이해는 복음을 효과적이고, 선명하게 증거하기 위한 중요한 작업이다. 그렇지 않으면 전달자의 의도가 왜곡되기 때문이다.

아누칫 승려의 선물인 논문

이런 면에서 그가 북부 태국인에게 가장 추앙 받고 있는 '쿠루바 씨리위차이' 승려의 사상을 연구하는 작업은 나에게 의미가 있다. 왜냐하면 북부 태국인들을 이해하는데 중요한 단서를 제공할 수 있기 때문이다.

나에게 건네는 그의 논문은 단순한 선물이 아니다. 그동안 그와의 관계가 어떤가를 보여준다. 더불어 북부 태국인들의 생각과 의식 형성 과정에서 영향을 준 인물을 이해하게 하는 중요한 자료 획득이다. 연구하고 숙고해야 할 분야라는 것이다.

'변하지 않은 진리를 변화하는 다양한 상황 속에서 전하는 선교적 책무'는 선교사의 역할을 다시 한번 생각하게 한다. 현지 종교지도자들과의 관계 설정과 나눔도 이런 분야의 한 부분이다. 이를 위한 성령님의 지혜주심과 인도하심을 기도한다.

2장

선교학자를 감동시킨 선교지 교회

1. 최고의 강의와 강의실
2. 외국은 웬만하면 가지 않겠습니다
3. 과부 할머니의 두 렙돈 240바트
4. 정규 학교 공부를 하지 못한 어떤 목회자와 그 교회
5. 무학력의 스승, 캐포 사모님
6. 외부지원은 요청하지 않기로 했습니다
7. 약자에서 강자로의 복음전파: 우연 같은 필연
8. 108세 할아버지 인생 여정
9. 송금했습니다
10. 스스로 짓는 교회, 도움 받고 지은 교회
11. 자원한 목사와 천거된 목사

선교학자를 감동시킨 선교지 교회

플러신학교에서 선교학을 가르치는 저명한 교수가 카렌 교회를 방문하면서 감동을 받았다. 왜냐하면 그들의 교회 안에는 건강한 선교지 교회의 모습들이 이미 오래 전부터 실천되고 있었기 때문이다. 선교지 교회는 우리보다 경제적, 교육적, 사회적 수준이 낮기 때문에 우리의 자원을 통해 그들을 선도하고자 하는 경향이 있다. 하지만 하나님의 교회는 신비롭다. 왜냐하면 유명한 선교대학원에서 배우지 못한 아름다운 신앙의 유산이 선교지 교회에 있기 때문이다.

1. 최고의 강의와 강의실:
루카 장로와 뽕사 교회 지도자들의 새벽 나눔

총회신학교 기숙사 건축에 필요한 모금을 위하여 지역 교회를 방문했을 때의 일이다. 새벽 시간에 총회 회계인 루카 장로와 뽕사 교회 목회자와의 대화를 듣게 되었다. 뽕사 교회는 카렌족이 살고 있는 산악지방 매홍손에 위치해 있다. 열대 기후이지만 산악지방에 위치한 뽕사 마을의 2월 초 새벽 추위는 매서웠다. 사람들은 추위를 달래기 위해 모닥불을 피운다. 계속해서 불을 피우기 위해서는 땔감이 많이 필요하다. 한기를 몰아낼 장작더미의 넉넉함에 마음을 놓는다. 이렇게 모닥불을 피워놓으면 연기도 만만치 않다. 모닥불 사이로 올라오는 연기는 귀찮은 존재가 아닌 대화를 더 풍성하게 해 주는 매개체가 된다.

열대지방이라 옷이 변변치 않지만, 이런 새벽에는 입을 수 있는 옷은 모두 동원해서 입어야 추위를 견딜 수 있다. 외투와 양말은 기본이고 머리는 털모자나 두건으로 보호한다.

집 옆 외양간의 소들도 같이 대화에 참여하는 것 같다. 좀 어수선하지만 오히려 이런 분위기가 자연스럽고, 정겨움을 자아낸다. 어린 시절의 고향을 떠오르게 한다.

이들이 나눈 이야기는 마음에 더한 감동을 준다. 대학원의 선교학 강의실에서 고민한 답을 나누고 있었기 때문이다.

변화되고 있는 태국 카렌족의 미래를 위한 준비는 어떻게 할 것인가? 선교사의 과거 역할과 현재의 역할은 어떻게 다른가? 카렌 교회의 존재 이유는 무엇인가? 새로운 시대, 총회 지도자의 역할과 임무는 무엇인가? 효과적인 재정 운용은 어떻게 할 것인가? 또한 이들의 대화는 교회와 지도자의 역할과 정책에 대한 것을 넘어서 본질적인 문제에 다다른다. 주는 자가 더 복됨을 말한다. 선교사와 현지교회의 책임 문제에서 현지교회가 책임져야 할 문제에 대해서도 진지하게 이야기를 나눈다.

지난 한 해 동안 지역교회가 총회를 위해 1억원 가까운 상회비를 지원한 것에 대한 감사의 마음도 전했다. 특히 이 교회가 속한 빠이 지방회 교인들의 십일조 참여가 많아지고 있고, 성도들이 교회에 헌신하며, 늘 감사하는 마음을 갖고 신앙생활을 하고 있음을 이야기했다.

그 외에도 현지 교인들이 선교사가 과거에 재정을 지원했던 역할을 감당해야 하고, 이를 준비해야 한다는 이야기도 했다. 더구나 기적처럼 신학교 기숙사 건축을 위한 지역교회의 큰 헌신에 대한 감사를 했다. 앞으로 현지인이 교회의 주인이기 때문에 우리가 스스로 이끌어 가야 한다는 의견도 나눈다. 새벽의 어둠이 남아 있을 때부터 시작된 이야기는 계속 이어졌다.

감사한 것은 루카 장로와 같이 동행할 때 나눈 이야기들을 루카 장로는 자신의 것으로 이해하고 나누고 있다는 것이다. 우리 스스로 서고, 나아가 남들을 섬겨야 하는 것이 교회의 역할이라는 것을 보다 확실하게 전달했다. 듣고 있는 나는 추가설명을 할 필요도 없었고, 특별한 의견을 낼 필요도 없었다. 그들이 현지 교회가 감당해야 할 문제와 앞으로의 계획을 진지하게 나누었기 때문에 나는 오히려 이야기를 듣고 감동했을 뿐이다. 어쩌면 그 새벽 추위를 이기기 위해 연기가 피어 오르는 모닥불 가에서 주고받은 이야기는 시설이 좋은 강의실에서 듣는 유명

루카 장로와 뽕사교회 교인대화

한 강사의 강의보다도 더 진지하고 풍성했다. 그 모닥불 주변은 최고의 강의실이었다. 최신 시설이 잘된 강의실에서도 이와 같은 환상적인 분위기와 본질적인 문제를 다루기가 쉽지 않기 때문이다. 그 자리에 그저 참여한다는 것이 내게는 귀한 배움의 기회이다.

2. 외국은 웬만하면 가지 않겠습니다.

2013년 글로벌 카렌침례연합회에서 만난 한 버마 카렌족 지도자의 고백에는 하나님과 자기 민족, 그리고 국가에 대한 사랑의 마음이 그대로 담겨 있었다.

텐쉐 박사, 그는 버마의 빠떼인이란 지역의 꼬싸뷰 신학대학 학장이다. 그가 감당하고 있는 버마민족을 위한 사역이 너무 특별하여 아시아의 선교지도자 모임에 그를 초청했다. 이때 그와의 대담 중에 그는 이렇게 말했다.

"외국은 웬만하면 가지 않겠습니다."

그는 미국 로스앤젤레스 근교 파사데나에 위치한 세계적인 선교대학원인 플러신학교에서 박사학위를 받고 1997년도에 귀국을 했다. 그리고 그의 고향이며, 몸을 담았던 신학대학으로 돌아가, 사역을 해 왔다. 귀국 이후 14년 동안 한 번도 외국에 다녀온 적이 없었다고 한다. 기회가 없어서가 아니다. 사실 여러 외국 모임에서 초청을 받았지만, 가지 않았다. 그가 미국 유학을 받고 오면서 결심한 바였다.

"내가 태어난 곳이 가난한 버마이고, 아픔을 가진 카렌족인데, 나의 영향을 넓히거나, 특히 모금을 위해서는 절대 외국에 가지 않기로 결심했습니다."

작년에 처음으로 외국에 갔는데, 그것도 몇 번이나 초청을 하여 부득이하게 다녀왔다고 한다.

"외국 모임에 꼭 가야 한다면, 자신과 그 모임에 유익을 끼쳐야 합니다."

이번 태국 카렌 모임도 처음 온 것인데, 이 모임에서 미국에 있는 분들이 초청을 했지만, 미국으로는 가지 않기로 했다.

그는 신학교 학장이면서 매우 특별한 사역을 하고 있다. 그것은 '약함에서 강함으로'의 선교이다. 소수 부족인 카렌족이지만 주 민족인 버마민족을 위한 선교사역을 십 수년 동안 이끌고 있다. 'Mission to the

Plain'이라는 이 선교사역을 통해 수 천명의 버마민족이 침(세)례를 받았다. 나는 그가 현재 하고 있는 카렌교회의 주 민족인 버마민족 선교사역을 아시아교회 선교지도자들에게 나누어 달라고 부

민족과 교회를 사랑하는 텐쉐 박사

탁했다. 아시아교회 선교지도자들의 네트워크의 중요성과 아시아 교회의 선교 활성화를 위한 역할도 할 수 있는 기회라고 했다. 그렇지만 그는 끝내 거절했다.

그가 성장한 시대는 미얀마 카렌족에게 가장 어두운 시기였다. 기회가 되어 그런 곳을 벗어나고 싶은 것이 사람으로서 자연스러운 것이다. 그런 그에게 기회가 왔지만, 그는 오히려 다시 돌아가서 민족을 섬기고 있다. 왜냐면, 하나님이 그를 불러 여기에서 일하라고 하셨기 때문이었다. 가난한 버마, 그리고 사연 많은 카렌족은 그가 피해야 할 대상이 아니라, 평생 같이 가야 할 이웃이었다.

내가 그 자리에 섰었다면, 그리고 지금 그의 자리에 있다면, 그처럼 할 자신이 없다. 그의 헌신과 삶 때문에 버마에 있는 카렌 민족의 교회가 그처럼 아름다운 것이다. 그는 어려운 길을 선택함으로 밝은 역사를 만들어가는 진정한 창조자이다. 그의 모습에 나를 비춰본다. 내 모든 모습을 다 드러내 보여주는 거울이다.

3. 과부 할머니의 두 렙돈 240바트

허름한 차림의 할머니가 이른 아침에 찾아오셨다. 그녀의 방문은 한 사람의 헌신이 얼마나 귀한가를 깨닫게 해주었다. 러까뽀 마을은 미얀마의 국경과 멀지 않은 곳에 위치했다. 쌀 농사가 경제활동의 거의 전부인데, 가격이 치앙마이에 비해 거의 반값이다. 가난한 전통 태국 카렌마을이었다.

율레 할머니는 마을 사람들 중에서도 가장 어려운 처지에 있다. 그녀에게는 태국 시민권이 없다. 미얀마에서 태어나 난리통에 태국에 넘어온 지 30년이 되었다. 이 정도면 시민권도 가질 수 있었으나 행정적인 처리과정에서 담당자가 실수를 했다.

결과적으로 지금까지 무국적으로 살고 있다. 이 세상을 떠날 때까지 어느 국가의 시민이 될 수 없을 것이다. 보호해 줄 국가도 없고, 재산도 없다. 밭이나 논도 없다. 나이가 70이 되어 원기도 없다. 남편도 일찍 세상을 떠나 혼자인지 오래되었다. 할머니는 집에서 노총각인 아들과 같이 산다. 하지만 아들도 시민권이 없다. 그래서 직장을 마련할 수도 없어 허드렛일을 하면서 살아간다.

그 할머니가 아침에 찾아왔다. 주름이 잡힌 손에서 돈을 내민다. 어제 나는 교인들 앞에서 신학교 기숙사 건축의 필요성을 이야기했었다. 바로 그 다음날 아침 그녀는 240바트를 들고 날 찾아왔다. 한국 돈으로 만원 정도이지만 이 할머니에게는 정말 큰 액수였다. 이곳에서 성인 이틀치 일당이다. 어쩌면 그 할머니가 가진 모든 현금이었을 수도 있다. 하지만 그녀는 하나님 나라를 위해, 가장 소중한 것을 드렸다. 성경에서 두 렙돈을 드린 과부가 아마 이 할머니의 모습이었으리라 생각한다.

율레 할머니

세속에 물든다는 것은 교회의 직분과 큰 연관성이 없는 것 같다. 목사이며 선교사로 이곳에서 있지만 내게는 이 할머니와 같은 순수성이 덜하다. 그래도 자신의 부끄러운 모습을 잊고 살아왔는데, 이 할머니는 이런 내 모습을 환기시켜주었다. 부끄럽고, 고맙고, 감동스러웠다.

하나님 나라에서 할머니의 헌금을 받으실 것이다. 나는 그 자리에 같이 참여하여 그분의 모습을 보는 것으로도 감사할 뿐이다. 예기치 않게 큰 스승이 이른 아침, 내게 찾아왔다.

4. 정규 학교 공부를 하지 못한 어떤 목회자와 그 교회

"저는 정상적인 학교 공부를 못했습니다."

'매니키' 교회를 방문했을 때 그 교회 담임인 레모 목회자는 자신의 처지를 이렇게 말했다. 그 고백 속에는 자신에 대한 정직한 이해가 담겨 있었다. 자신은 사회의 제도에 따른 공부를 하지 않았기 때문에, 사회적으로 매우 '낮은 자' 임을 스스로 인정하는 것이다.

그가 섬기고 있는 매니키 마을은 치앙마이에서 카렌이 많이 살고 있는 매쨈군에 위치한 깊은 산속에 있다. 41가구가 살고 있는데 이 주변의 카렌 마을 중에서도 더 외진 곳이며, 도로도 그 마을에서 끝난다.

주로 옥수수를 재배하여 그것을 팔아 생계를 유지한다. 일부 주민들은 화전을 일구며, 벼농사를 짓고 살아간다. 마을로 가는 길이 험하고, 좁아서 우기 때는 사륜차량도 조심조심 운전을 해야 한다.

레모 목회자는 이 마을 교회에서 담임 목회를 한 지 20년이 지났다. 20세에 예수를 믿고 26세에 담임 목회자가 되었다. 예수를 믿은 연조를 생각하면 빨리 목회자가 되었다고 볼 수 있다. 그는 신학교에서 공부를 하지 않았을 뿐만 아니라 초등학교도 다니지 못했다. 정상적인 학력은 없는 셈이다. 그의 학력은 신학교에서 했던 몇 주 동안의 특별 과정이 전부였다.

2001년 경에 도로가 생겼다. 그 이전에는 학교도, 도로도 없으니 공부할 상황이 못 되었다. 그래서인지 그 마을에서 레모 목회자 또래는 초등학교를 졸업한 경우가 없다. 그의 동생 또래가 처음으로 초등학교를 다니기 시작했다. 태국에서 매우 교육 환경이 열악한 지역이다.

나는 목회 이야기와 교회의 형편을 나누는 동안에 그 교회가 참 성숙한 교회임을 알 수 있었다. 복음에 대한 반응이 놀라웠다. 30여 년 전 이 마을 주민들은 전통 종교만을 믿었는데, 복음이 들어간 이후에 비교적 빠른 속도로 개종하여 지금은 모두가 교인이 되었다.

2016년 연간 헌금이 1,000만원 정도였다. 깊은 산속 오지 마을, 주민 소득이 열악한 형편에서 90여 명의 교인들은 헌금을 많이 하고 있었다. 이 가운데 태국카렌침례총회에 100만원 정도(한화로 계산하면)의 상회비를 지원하고 있고, 매니키교회가 속한 시온지방회에도 60만원 정도를 지원한다.

가난한 성도들의 헌금도 적지 않지만, 상위 기관을 위한 헌금이 전체 예산의 16%나 된다. 두 곳의 마을에 전도처를 개척하여 돌보는데 그 곳을 위해 15% 정도를 사용한다. 자체 교회가 아닌 상위 기관과 전도처를 위하여 30% 넘는 헌금을 사용하고 있다. 그것은 많은 교인들이 온전한 십일조 헌금을 하기에 가능했다. 나는 말씀을 전하기 전에 교회에 대한 소감을 솔직히 나누었다.

"학력이나 재정능력이나 사회기반시설을 볼 때 이 교회는 많이 부족한 듯하지만, 내적으로는 성숙한 교회입니다. 사실은 대학원을 졸업한 선교사들이 와서 배워야 할 교회입니다."

담임목회자는 자신의 무학력의 부족함을 고백하지만 사실 그의 지도력은 뛰어났다. 성숙한 교회의 다양한 모습을 통하여 증명되었다. 또한 '배운다'는 것은 꼭 제도권의 학교를 통해서만 한정되는 것이 아니다. 다른 배울 수 있는 길이 많음을 다시 생각했다.

돌아올 때 교회에서 봉투를 준비하여 교통비를 주었는데 1,100바트다. 그리고 한 성도가 악수를 하면서 200바트를 건네주었다. 7천원 정도인데 하루의 일당이 200바트임을 생각하면 결코 적은 액수가 아닙니다.

돈의 액수보다도 그들의 마음 씀씀이와 태도, 그리고 교회 내부의 모습이 더욱 아름답다.

5. 무학력의 스승, 캐포 사모님

평생을 살면서 가까이 알고 지냈으면 하는 분들이 있다. 오늘 그런 분을 만났다. 그는 세상적으로 보면 자랑할 것 없는 평범한 78세의 할머니이다. 캐포 할머니. 그녀는 공식 학교에서 공부를 한 적이 없다. 그래서 태국어를 읽지도, 쓰지도 못한다. 이전부터 그녀를 알고 있었지만 오늘 그분의 삶과 간증을 들으면서 "이분이야말로 나의 스승이구나" 하는 고백을 하게 된다. 왜냐면 하나님과 교회, 그리고 가정을 위한 헌신과 사랑이 그의 78년의 인생에서 강물처럼 흐르고 있었기 때문이다. 그녀의 간증을 듣게 된 것은 의도하지 않은 일이었다.

2019년 5월 신학교 첫 학기의 강의는 신학생 1학년들을 위한 전도학이었다. 카렌에서의 전도는 카렌 전도자를 통해 배우는 것이 좋겠다고 생각했다. 그래서 오늘은 18곳의 전도처와 교회를 세운 바베키(본나) 교회에 가서 원로목사님과 담임목사님을 통해 공부했다.

바베키(본나)교회의 원로목사님이신 93세의 쵀보목사님은 정말 위대한 전도자였다. 바베키 교회가 18곳의 교회를 개척하는데 결정적인 역할을 했다. 그분의 강의를 거의 마치고 잠시 쉬는 시간에 캐포 사모님께서 자신이 살아오신 이야기를 나에게 하신다. 듣다 보니 나 혼자만 들을 것이 아니라, 신학생들이 들으면 유익하겠다 싶어서 사모님을 모시고 학생들 앞에서 이야기를 이어간다.

그녀는 1962년 19세에 쵀보목사님과 결혼했다. 둘 사이에는 15년이라는 큰 나이차가 있었다. 사랑해서 결혼한 것이 아니었다. 교회에서는 외부에서 온 쵀보목사님을 계속 사역하게 하려면 결혼시켜야 한다고 생각했고, 교회지도자들은 캐포 할머니에게 중매를 하여 결혼을 성사시켰다.

남편은 전도를 하고, 전도처를 돌보기 위해 집을 오랫동안 자주 비웠다. 전도를 집중적으로 할 때는 주위 마을들을 하루씩 가서 전도하기 때문에 열흘이 걸리기도 했다. 처음에는 교회에서 사례비도 받지 못했다. 그러니 집안 살림과 5명의 자녀 양육은 많은 경우 캐포 사모님이 감당했다.

어떻게 생활비를 준비하셨는지 질문을 하니 세 가지 일을 했다고 한다. 첫째, 돼지를 키우고, 둘째, 옷감을 짜서 팔고, 셋째, 조그만 가게를 했다고 한다. 지금도 바베키라는 시골 마을에서 가게를 계속 운영 중이다. 마침 가게에 온 아이에게 아이스크림을 파는 모습이 억척스런 그녀의 모습이 여전함을 보여준다. 5명의 아이들을 키우면서 생활비를 벌고 가정을 돌보는 것은 쉽지 않은 일이었다.

그녀는 자신을 위해서는 절약을 하고, 하나님을 위해서는 부하게 쓰고 있었다. 1962년 결혼할 때 산 냄비를 57년 된 지금도 사용하고 있다. 식사할 때 밥과 반찬을 놓고 먹는 반상도 57년째 사용하고 있다. 그러면서 부엌과 창고에 가서 냄비와 반상을 보여주신다.

"이 반상은 지난 57년동안 우리 부부와 5명의 자녀들 그리고 식구들과 손님들의 식사 때 함께 한 것입니다."

나의 인생보다 더 오랫동안 사용한 냄비와 반상은 단순한 식생활도구가 아니다. 하나님의 사람을 키우고, 나그네를 섬기며, 동역자들에게 나눔의 기쁨을 경험하게 한 섬김의 중심도구들이었다. 그것을 보여줄 때 감출 수 없었던 사모님의 미소는 식도구가 아니라 평생지기로 함께 해온 동역자를 대하는 느낌이다.

19세에 결혼한 이후 그녀는 여전도회에 관심을 가지게 되었다. 바베키 교회와 치앙마이 지방회가 여전도회를 조직하고 운영할 때 그녀가 중요한 역할을 했다. 성미, 토요일 바자회, 그리고 회원들의 헌금을 통하여 기금을 만들어 교회 사역에 큰 도움을 주었다고 한다. 그러면서 여학생들에게 특별한 당부를 한다.

"사역자로 살아갈 때, 인내와 겸손을 늘 잊지 말고 살아야 합니다."

이것은 입으로 적당히 격려하는 것이 아니라 자신의 삶을 기반으로 한 고백이었다.

캐포 사모님의 헌금 방법은 독특하고 도전적이다. 매달 한 봉투에 십일조 2,000바트(66불)와 건축헌금 1,000바트(33불)를 한꺼번에 한다. 이렇게 건축헌금을 한지 5년이 더 되었다고 한다. 그 외 특별행사나 요청이 있을 때, 5,000바트(160불)내외의 헌금을 한다고 담임목사가 이야기 한다. 오늘이 마침 헌금하는 날이었다. 담임목사가 그녀의 헌금봉투를 보여 주었다. 십일조와 건축헌금 그리고 교회 뒤편에 비치할 책상을 위해서도 특별 헌금을 한다. 각각 2,000바트, 1,000바트, 그리고 200바트다. 아무리 생각해도 2,000바트를 십일조 할 수입이 안될 것 같다는 생각이 들어 예배 후 그녀에게 물었다.

"사모님! 아무리 생각해도 그 조그만 가게에서 한 달에 20,000바트 수입이 안 나올 같은데, 왜 그렇게 십일조를 많이 하십니까?"

그녀는 사실 자신도 얼마나 남을지 모른다고 대답했다.

"가게에서 팔 물건을 구입하면 계산하여 미리 십일조를 합니다."

다른 수입은 정부가 노인들을 위해 지급하는 보조금과 가난한 사람들을 위한 식량 보조쿠폰이 전부이다. 궁금증이 해소되지 않았다. 그 옆에 있던 아들 담임목사가 설명한다.

"사실 부모님 가게에서 한 달에 수입 20,000바트는 어렵습니다. 그런데 부모님께서는 믿음으로 그렇게 하십니다. 저도 십의 2조를 하시는지 십의 3조를 하시는지 모릅니다"

　내용을 보면 십의 2조인지, 3조인지 모르지만, 믿음으로 먼저 십의 1조를 정해서 드리시는 분, 남들은 생각지도 못한 건축헌금을 혼자서 하시는 분이시다.
　자신을 위해서는 깍쟁이로 57년 동안 냄비와 반상을 계속 사용하시지만, 하나님을 위해서는 계산도 안하고 넉넉하게 드린다.
　그녀는 하나님이 먹이시고, 채우시고, 인도하셨다는 말씀을 중간에 여러 번 반복적으로 하셨다. 사는 것이 하나님의 은혜이고, 하나님의 축복을 많이 받았다고 한다. 첫째 아들은 목사이면서 학교 교사이다. 둘째는 딸인데 어릴 때부터 선교단체에서 일을 했고, 사위도 목사이다. 셋째는 현재 고향에서 담임목사로 섬기고 있다. 넷째는 매홍손이라는 곳에서 공무원이고, 막내딸은 카렌 전통에 따라 집에서 부모와 같이 산다. 본인은 78년 동안 한 번도 병원에 가본적이 없다고 한다. 남편도 93세이지만 얼마 전까지는 병원에 가지 않았다. 하나님은 이 가난한 부부에게 하나님의 방법으로 5명의 아이들을 돌보셨고, 필요한 것들을 채워주셨다.
　박사학위를 받았지만 삶이 따르지 않으면 그 학위가 더 추해 보인다. 학위는커녕 초등학교도 다닌 적이 없지만 삶 가운데 하나님에 대한 사랑과 이웃에 대한 섬김, 교회를 위한 헌신이 배여 있는 분을 만나면 절로 머리가 숙여진다. 캐포사모님이 그런 분이시다.
　평생을 살면서 하나님 앞에서 우리의 삶을 돌아보고, 어떻게 살아야 할 것인지를 안내 해 줄 스승이 있다면 그 인생은 참 복된 인생이다.

캐포사모님은 나에게 한번 강의를 한 적도 없지만, 그녀는 하나님 앞에서 나의 삶을 돌아보게 한다. 그리고 앞으로 살아갈 길의 잣대가 된다. 학교를 한 번도 다닌 적이 없는 그녀이지만 그녀는 실로 나의 스승이다.

캐포 사모님의 간증을 듣는 신학생들

6. 외부지원은 요청하지 않기로 했습니다.

이 한 마디 속에 그들의 하나님에 대한 신뢰와 성숙한 신앙의 고백이 녹아 들어 있다. 태국에서 선교하는 한인선교사들을 위한 세미나에 참석한 강사의 나눔이었다. 강사는 파격적이었는데, 한국이나 서양인이 아니라 가난하고 못 배운 카렌족 목사였다. 한국선교사들의 반응은 예상대로였다.

"정말 감동이었습니다."

세미나에 참석한 여러 선교사들이 이구동성으로 고백한 느낌이었다. 강사로 온 무라카목사는 이전부터 한 번 한국의 선교사들에게 소개하고 싶었던 사람이다. 왜냐하면 그분의 영성과 삶, 그리고 많은 교회에서의 선한 영향력이 탁월하기 때문이다.

사실 그는 외형적으로 볼 때는 존경할만한 모습이 거의 없다. 그는 눈에 띄게 다리가 불편하다. 무릎이 좋지 않아서 세 번이나 수술을 받았다. 이번 한 시간 여의 강의 시간에도 오랫동안 설 수가 없어 의자에 앉아 강의했다.

학력은 미천하기 짝이 없다. 초등학교 4학년이 전부이다. 대학이나, 대학원을 졸업한 선교사들에게 강의를 할 만한 학력은 아니다. 카렌 마을에서 태어나고, 자라 카렌 교회를 섬겼기 때문에 태국어가 편치 못하다. 목소리도 정확하지 못하여 들으려면 신경을 써야 할 정도이다.

외모는 평범한 시골의 노인이다. 머리 모양이나 옷차림은 세련되지 못한 촌스러움이 물씬 배어 나온다. 나이는 76세로, 기력이 많이 떨어진다. 정확하지 않은 발음까지 많은 사람 앞, 특히 한국선교사 앞에서 나눈다는 것은 상상하기 어렵다. 일반적으로 한국선교사가 가르쳐야 할 대상처럼 느껴지기 때문이다.

그는 목사안수를 받았지만 신학교를 나오지도 않았다. 초등학교 4학년을 마치고 난 이후, 집에서 집안일을 돕다가 청년회에서 임원으로 일하면서 사역자가 되었다. 신학교도 안 나온 사람이 신학대학원 이상의 공부를 한 선교사들 앞에 강사로 선다는 것은 어울리지 않을 것이다.

그렇지만 이분을 모시고 싶었던 계기가 있었다. 그것은 약 6년 전 플러신학교의 박기호 교수님께서 그 분을 만나 뵙고는 너무 존경스럽다고 하셨기 때문이다. 당시 태국 카렌침례총회 연차총회의 주 강사로 오신 박기호 교수님은 일정을 마치고 내려오다가 잠시 그 집에 들렀다.

그때 무라카 목사님은 자신의 삶과 현재 교회의 상황에 대한 이야기를 나누어 주셨다. 박기호 교수님은 떠나면서 이런 분을 만나본 적이 거의 없다고 했다. 선교학에서 세계에서 가장 손꼽히는 신학교의 교수로, 수백 명의 박사과정 학생을 지도했던 분이 그런 말씀을 하신 데에는 그럴만한 이유가 있었다.

첫째, 그는 기도의 사람이다. 매일 새벽 4시부터 6시까지 두 시간을 기도한다. 어디를 가든지, 이것은 변치 않는다. 총회나 전체 모임을 할 때, 그가 참석하면 새벽에 그를 중심으로 기도 그룹이 자연스럽게 만들어진다. 혼자 기도하는 것이 아니라 기도에 대한 도전과 필요성을 나누고 퍼뜨린다.

둘째, 그는 성경의 사람이다. 그가 성경 암송을 얼마나 많이 하는지 본인도 모른다고 한다. 놀라운 것은 모어인 카렌어뿐만 아니라 태국어로도 많이 암송한다. 그리고 계속 암송을 확장하고 있다. 더욱 놀라운 것은 그 성경구절들을 재구성하여, 필요에 따라 주제로 만들었다는 것이다. 그의 강의는 성경이 끊임없이 연결된다. 어쩌면 그의 강의는 강의라기 보다는 주제를 향한 성경구절들의 놀라운 조화라고 할 수 있다. 그의 강의를 듣고 있으면 절로 숙연해진다. 말씀이 능력이 되어 다가오기 때문이다.

그는 많은 곳의 카렌교회에서 초청을 받아 3일 내외의 사경회를 인도하는 강사가 되었다. 놀라운 것은 그가 방문한 이후 대부분의 교회는 헌금과 헌신이 증가한다. 십일조와 헌신에 대한 그의 강의가 능력 있는 말씀으로 역사하기 때문이다.

그가 섬기고 있는 매뼁노이교회는 태국카렌침례총회에서 헌금을 가장 많이 한다. 1년에 십일조가 약 6만불 정도이다. 침(세)례교인들이 256명이니 평균 십일조를 220불 정도 한다. 한국이나 미국에서는 많지 않은 액수이지만 그들의 삶을 고려하면 진실되고, 아름다운 헌신이다. 성도들은 대부분 농부들이다. 논농사와 소를 키우고, 농한기에는 일용직 노동을 한다. 소수의 공무원과 사업을 하는 사람이 있긴 하지만 대부분은 가난한 시골의 농부들이다. 하나님에 대한 전적인 신뢰와 말씀에 근거한 방향결정의 결실이다.

2016년에는 교회를 헌당했다. 교인들이 순수하게 헌금한 것이 550만바트(약 1억 8천만원) 정도이다. 한 교인이 약 90만원 정도의 헌금을 한 것이다. 이것은 노동력과 그곳에서 구할 수 있는 나무와 모래와 같은 것은 포함하지 않는다. 교회 건물의 가치는 약 3억원 이상이다. 힘에 버거운 헌신을 기쁨으로 한 것이다.

이들은 건축과 관련한 중요한 결정을 내렸다. 그것은 교회 건축을 위해 외부에 요청하지 않기로 한 결정이었다. 외부에 요청하면 지원 받을 수 있는 곳이 있지만 하나님에게만 요청하기로 했다. 8년 동안 교인들은 헌신과 기도를 통하여 교회당을 건축했다. 외부 지원은 약 900만원 정도로서 전체 교회 건물을 고려하면 3%도 안 된다. 그 지원도 교회가 요청한 것이 아니라, 외부에서 방문 때 헌금해 준 것이다. 하나님께서는 그 요청을 그들의 헌신을 통하여 이루셨다.

그들이 관리하는 전도처가 여섯 곳이다. 그곳에서 관리되는 침(세)례교인들은 약 150여 명이다. 물론 그들을 돌보는 전도자들을 지원하고 격려한다. 그 교회는 지방회를 위하여 십일조의 10%를 지원하고, 총회를 위해서도 10%를 정확하게 지원하고 있다. 그리고 매년 1월에는 2박 3일 동안 금식기도를 하면서 하나님께 헌신을 다짐한다. 다양한 영역에서 영적인 성숙함을 보여주고 있다.

한국선교사들을 대상으로 강의를 한 무라카 목사님

선교지의 상황이 변하고 있다. 그리고 앞으로도 변할 것이다. 그 변화는 우리가 기존에 생각했던 선교사의 역할에 대한 전환을 요구하고 있다. 선교지가 이제 완전 개척지인 경우는 드물다. 물론 여전히 많은 곳은 교회개척이 필요한 불모지이다. 그런데 한 국가 전체를 보면 그 안에는 이미 하나님의 교회가 세워져 있다. 한국선교사가 가기 전에 이미 하나님께서는 하나님의 사람들을 통하여 하나님의 교회를 그 상황에 맞게 세워놓으셨다. 경제적으로 가난하지만 다른 면에서 부유하며, 세상에서는 못 배웠지만 배워야 할 부분이 많고, 무명하지만 하나님 앞에서 유명한 교회들이다. 일부 교회는 재정능력은 물론 신학적 이해수준이나, 교회구조가 일반적인 한국교회보다 뛰어난 경우도 있다. 선교사의 역할이 과거와 다른 시대에 와 있음을 의미한다.

이럴 때에 선교사가 해야 할 첫 단계는 그들 안에 세워진 하나님의 교회와 하나님의 사람들에 대하여 배워야 한다. 왜냐면 하나님의 교회와 사람들은 우리 생각보다 훨씬 크고, 넓기 때문이다.

무라카 목사와 매뻥노이 교회는 하나님의 교회와 사람이 얼마나 큰 지를 보여주는 대표적인 교회이다. 교회 건축을 위해 외부지원은 요청하지 않기로 한 그 교회의 결정은 사실 모든 선교사가 꿈꾸는 선교지 교회의 고백이기 때문이다.

7. 약자에서 강자로의 복음전파: 우연 같은 필연

신학교 후원을 작정한 무찌니교회 성도들과 이야기하는 중 낯선 얼굴의 젊은 여학생 세 명이 들어왔다. 카렌과는 다른 분위기라는 느낌이 들었는데, 역시 타이족 학생들이었다. 깊은 산 속에 있는 이 카렌 마을에 타이족 학생들이 온 것 자체가 호기심이 생기는 일이다. 일을 마무리한 후 그들이 누구이고, 왜 방문했는지를 확인했다.

놀랍게도 그들은 카렌 여학생을 통하여 복음을 소개 받고, 예수님을 믿고 싶어하는 타이민족 학생들이었다. 이들을 만난 곳은 이 교회의 담임인 '요부' 목사의 집이다. 그의 손녀인 '낸'은 이제 고3을 졸업하여 올해 치앙마이에 있는 대학에 입학한다. 세 명의 여학생은 '낸'의 친구들이다. 작년 말 성탄절 때 '낸'은 같은 반에서 공부하는 다섯 명의 태국 친구를 초대했다. 카렌 교회의 성탄절은 큰 축제라고 할 수 있다. 무찌니 교회는 큰 기독교 공동체이기 때문에 성탄절 행사가 더욱 크다. 이 행사에 참석한 이후 세 명이 복음에 큰 관심을 가진 것이다. 세 명은 집으로 돌아간 후 기독교 신앙에 대한 관심을 이야기 했더니 태국인 부모 모두가 반대하여 교회는 못 다닌다고 한다.

마침 내일부터 이 교회가 속한 시온지방회에서 지방회 총회가 있기 때문에 '낸'이 다시 초대를 한 것이다. 복음에 관심을 가진 세 명은 큰 주저함 없이 먼 걸음을 했다. 하나님의 사랑에 대하여 관심을 가지고, 더 알고 싶었던 것이다. 나는 전혀 다른 목적이었지만 그 자리에 우연히 참석했다.

마침 아침에 묵상한 말씀이 생각이 났다. 룻기 2:3이다.

> "룻이 가서 베는 자를 따라 밭에서 이삭을 줍는데 우연히 엘리멜렉의 친족 보아스에게 속한 밭에 이르렀더라."

아침에 기도하면서 우연 같은 필연의 사건으로 인도해 달라고 기도했었다. 이 여학생들 세 명과의 만남이 어쩌면 바로 우연 같은 필연의 만남이라는 느낌이 왔다. 세 명의 여학생과 손주 '낸'을 잠시 불러서 이야기를 나눈다. 이들이 무엇을 알면 좋을까 생각하다가 카렌과 타이민족 왕국의 관계에 대한 역사적 배경을 나누었다. 왜냐하면 타이민족은 소수민족인 카렌족을 무시하는 의미로 '산족'이라고 부르기 때문이다. 타이 민족과 카렌 민족의 특별한 상호협력과 보완의 역사를 알게 되면 더욱 가깝게 느낄것 같았기 때문이다.

18세기부터 카렌족은 태국의 중부왕국인 사이암과 북부의 란나 왕국의 국가안보, 경제, 사회적인 면에서 매우 중요했음을 설명했다. 태국에서 가장 존경 받는 5대 왕인 쭐라롱꼰 왕이 얼마나 카렌을 좋아했고, 소중하게 여겼는지를 소개했다. 19세기 말 프랑스와 영국의 식민지 확장은 태국에 직간접적인 영향을 주었고 이 과정에서 카렌의 역할은 축소되었다. 20세기 초반 이후 카렌은 태국 왕과 새로운 군사정부에 의해 잊혀진 존재가 되었고 지금까지 이르고 있음을 알려주었다.

20여 분 정도의 짧은 시간이고, 낯선 외국인으로부터 태국 역사에 대한 설명을 들었지만 매우 흥미롭게 듣는다. 나의 설명을 마치니 '낸'이라는 요부목사 손주가 카렌어로 세 명의 태국 친구에 대한 이야기를 한다. 물론 그녀는 유치원부터 태국어로 12년 이상 공부를 했기에 태국어가 편하다. 카렌어로 한다는 것은 본인이 카렌족이라는 긍정적인 자아상을 가졌음을 의미한다. 친구 세 명이 복음에 관심이 있고, 부모들이 반대하고 있지만 더 하나님을 알고 싶어서 지방회 총회에 참석한다고 했다.

그녀는 소수부족 카렌족이지만 주 민족인 타이민족 친구들에게 복음을 전했다. 복음이 약자에서 강자로 흘러갔다. 그리고 더 구체적으로 알리고 싶어서 이들을 초대했다. 그는 소수부족이라는 수치스러운 자아상이 아닌, 자부심이 그 안에 있었다.

일정을 마무리하는 시간이 되어 요부목사 댁에서 마지막 인사를 한다. 이번 방문에서의 환대와 신학교에 대한 헌신에 감사를 전한다. 교회를 대표하여 운영위원장인 장로가 우리의 방문에 감사하면서 마침 그 자리에 함께한 태국인 여학생 3명에 대한 기도부탁을 한다. 태국여학생을 위하여 기도할 때는 태국어로 기도해 달라고 부탁한다. 그들이 그들의 언어로 기도를 듣게 됨으로 유익을 얻었으면 한 것이다.

교회지도자들에겐 카렌어로 감사 인사 했지만 기도는 세 명의 태국

여학생을 위하여 태국어로 했다. 하나님의 사랑에 대한 감사와 이들이 하나님을 알 수 있는 기회를 달라고 기도했다.

이야기를 나누면서 이들의 전화번호와 이름을 적어놓았다. 이들이 가게 될 대학교 근처에 있는 교회나 선교사들에게 연락처를 주고, 부탁을 하고자 함이었다. 이제 이들은 올해 대학생이 된다. 부모가 있는 매쩜이라는 군소재지를 떠나 치앙마이와 파야오라는 도시에서 대학을 다닐 것이다. 그 도시는 이들이 교회에 나가는 것이 어렵지 않을 것이다. 그들이 만약 계속 예수님을 믿고 싶은 마음이 여전하다면 말이다.

3일이 지난 오늘 '낸'에게 전화를 했다. 지방회에 참석한 세 명의 학생의 반응이 궁금해졌기 때문이다. 세 명 가운데 '넴'과 '앤'은 더욱더 예수님을 믿고 싶어한다고 했다. 그리고 메시지로 남긴 '낸'의 고백이 다가온다.

> "저는 언젠가 그들도 하나님을 따를 것을 믿습니다. 하나님께 불가능이란 없습니다."

그녀는 민족적으로 약자였지만, 하나님의 능력을 경험했고, 더 나아가 타인들에게 경험시키는 전도자의 자리에 있었다. 무시 받는 소수부족 카렌족의 신앙인 기독교에 관심을 가진 세 명의 학생은 우연한 것이 아닐 것이다. 그 가운데 우리의 그 곳 방문은 필연적인 예비하심이다.

복음의 확장은 예상치 못한 통로와 사람을 통하여 이루어질 때가 많다. 약자에서 강자로의 복음전파이다. 나아만 장군에게 하나님의 능

낸과 세명의 태국친구들

력을 전한 이름도 모르는 이스라엘의 포로 여종이 대표적인 경우이다. 그럴 때 하나님의 사랑과 능력이 더 선명하게 드러난다. 소수부족 카렌 여학생인 '낸'이 주 민족인 세 명의 여학생에게 복음을 전하는 과정도 비슷하다. 그 자리를 지켜보고 참여할 수 있다는 것이 정말 복된 자리이다. 우연처럼 보이는 필연의 자리이기에 더욱 소중하다.

8. 108세 할아버지의 인생 여정

무찌니교회를 방문하기 전부터 마음이 설렜다. 그곳에 가면 꼭 만나고 싶은 분이 있기 때문이다. 패애라는 할아버지였다. 6년 전에 그를 처음 만났다. 당시는 실로암 신학교 기숙사 건축이 시급히 요청되고 있어서 카렌교회를 방문하면서 모금을 할 때였다. 시온지방회의 중심 되는 교회인 무찌니(림짹)교회를 방문할 때 100살 넘은 성도님이 계시다는 소식을 들었다. 담임으로 목회하는 '요부' 목사의 아버님이셨다. 그때 패애 할아버지는 102세였는데, 청력이나, 시력 그리고 기억력이 범상치 않아 놀라웠던 기억이 있다. 교회에 출석하여 정상적으로 예배를 드리고 있었다. 신학교 기숙사의 필요성과 헌금에 대한 도전을 했는데,

당시 패애 할아버지는 적지 않은 헌금을 했다. 정부에서 주는 노인지원금의 한 달치인 1,000바트(33불)를 한 것이다.

한달 전에 요부목사님을 만나면서 아버님 근황을 물었더니 기력이 떨어졌지만 여전하시다고 한다. 지난 월요일에 교회방문 계획을 이야기했더니 흔쾌히 오라고 했다.

매차타 마을은 치앙마이에서 3시간 반 정도를 가야 한다. 토요일 오후 두 시에 출발하여 저녁 경에 도착하니 요부목사님이 반갑게 맞아주었다. 짐 정리를 하고 난 뒤 패애 할아버지를 찾아갔다.

그는 여전했다. 청력도, 시력도, 소화력도 정상이다. 놀라운 것은 기억력이 또렷하여 과거의 사건들을 순차적으로 잘 기억하고 있다는 것이다. 주민등록증의 나이는 1911년생이었다. 요부목사님의 이야기에 따르면 실제 나이는 그보다 적어도 한살이 많다고 한다. 등록할 때는 한참 뒤인 성년이 되어서인데, 그 때 계산을 정확히 하지 않아 늦게 되었다고 한다. 주민등록증의 나이는 107세이지만 실제 나이는 108세, 한국 나이로는 110세이다.

얼마 전에 병원에서 검진을 했는데, 장기 기능이 모두 정상이며 특별한 병이 없다고 한다. 작년까지는 간단한 일을 했다. 작년에 집 주위에 있는 잡초를 뽑다가 뒤로 넘어진 뒤로는 자녀들이 일을 하지 못하게 한다.

흥미로운 것은 음식은 돼지고기 지방인 비계를 주로 드신다고 한다. 그러면서 부식재료를 보여주는데, 돼지 비계와 돼지선지(피)였다. 돼지고기를 넣어도 주로 비계만 먹는다. 쓸개와 같이 쓴 음식을 좋아하고, 밥은 많이 먹지 않는다. 비정기적인 식사지만 소화를 잘 한다. 의사는 돼지 지방만 주로 먹으면 몸에 안 좋다고 하는데 현재까지 잔병이 없으니 신기할 뿐이다. 잠은 저녁에 자기 시작하면 아침까지 잘 주무신다. 낮에도 한 시간 정도 잔다. 나무 계단을 지금도 오르내리고 있고, 가까운 곳은 걸어서 다닌다. 한국에 살고 계셨다면 텔레비전 방송국에서 취재할 만한 건강을 유지하신다.

그와의 대화가 계속된다. 옆에서 아들인 요부 목사가 대화에 참여하여 거들어 준다. 108세 할아버지의 기억은 매우 또렷했다. 2차세계대전때 이 지역을 지나가던 일본군의 모습을 선명히 기억하고 있었다. 그가 예수를 믿은 것은 2차세계대전이 끝난 뒤였다. 그렇지만 그에게 잊을 수 없는 사람이 있었다. 미얀마에서 복음을 전하기 위해 고립된 이곳까지 온 카렌 선교사였다. 그의 이름은 포쎄였다. 그는 1940년 전후로 이곳을 세 번 방문했다. 현재 이곳의 180여 가구가 다 기독교인이 된 것은 카렌 선교사의 헌신이 있었기 때문이다. 포쎄 선교사는 길이 없었던 이곳에 며칠 걸려서 왔다. 중간에 다른 마을들을 방문 하면서 이곳에도 들렀다. 미얀마 카렌 선교사가 와서 복음을 전할 때는 믿지 않았다. 그런데 2차세계대전이 끝난 후 변화가 찾아왔다.

당시 이곳은 매우 가난한 곳이었다. 기본적인 식량 문제가 해결되지 않았다. 이런 문제를 더욱 악화시키는 것은 아편과 술이었다. 이곳에 있었던 기독교인들이 결단을 내려 기독교 공동체를 선포하고, 아편과 음주를 금했다. 만약 이것을 행하면 마을에서 쫓아내는 결정을 했다. 주위에 이 소식을 들은 사람들이 찾아들기 시작했고 이들은 예수를 믿기 시작했다. 그 때 패애 할아버지도 예수를 믿었다. 이전에 그는 18년 동안 아편을 했다. 예수를 믿기로 하면서 아편을 끊었다. 이후 그는 이곳의 교회에 중요한 역할을 하면서 교회를 섬겨왔다.

그의 삶은 살아 있는 신앙의 유산 자체였다. 그가 108세로 건강하게 오랫동안 살아왔기 때문이 아니다. 하나님을 향한 신앙의 흐름이 그의 세월만큼 이어지고 있기 때문이다.

그의 2세손인 아들은 이 교회의 담임목사로서 28년 동안 사역하고 있다. 현재 68세인데 40세부터 담임으로 섬기기 시작했다. 태국 카렌 침례교회는 본인이 원한다고 목회자가 되는 것이 아니다. 교인들이 교인 중에서 목회자로서 적합한 지도자를 스스로 선출한다. 그의 아들은 신앙과 삶, 지도력과 가정에서 본이 되었기 때문에 선출되었다.

그의 3세손인 손녀들은 매쨈에서 기숙사를 돌보는 사역자로 어려운 아이들을 돌보는 일을 하고 있다.

그의 4세손인 증손녀는 매쨈에 있는 학교에 다니는데 태국인 친구들에게 복음 전함을 주저하지 않는다. 작년에 태국 친구들을 성탄절에 초대하여 복음을 듣게 했다. 그의 5대손이 작년에 태어나 이제 한 돌이 지났는데, 그가 그의 선조들을 따라 하나님을 섬길 것이다. 오늘은 5대손까지 한 집에서 볼 수 있었는데, 신앙이 아름답게 전승됨을 확인할 수 있었다.

그의 인생이 늘 행복하고 편안하지는 않았다. 세 명의 자녀를 병으로 먼저 보내야 했다. 그 때마다 이별의 큰 슬픔과 부모로서의 책임감으로 찢어지는 아픔을 경험했을 것이다. 반복되는 기근은 풍요로운 삶

108세 패애 할아버지

과는 거리가 멀었다. 그는 70년 이상을 길도 없는 고립된 마을에서 살았다. 그 마을에 길이 들어선 것은 약 40년 전이고, 우기 때에 통행이 가능해진 지는 20년도 되지 않았다. 학교를 다닌 적도 없다. 태국어를 읽지도 쓰지도 못한다. 장수 했지만 삶의 무게가 만만치 않았다.

그렇지만 그의 인생 전체에서 흐르는 하나의 흐름이 있었다. 그것은 하나님을 향한 신앙과 인도하심에 대한 신뢰였다. 오래 사셨는데 후손들에게 해 주고 싶은 이야기가 무엇인가에 대한 대답에서 알 수 있었다.

"다른 길은 없어요."
"하나님께서 돌보아 주셨기에 지금까지 살고 있습니다."

예수님만이 길이라는 신앙이 그의 내면 깊은 곳에 자리잡고 있었다. 생전에 5대까지 이르는 신앙의 흐름이 그것을 증명하고 있다. 그는 사연 많고 풍요롭지 않았던 삶을 한탄하지 않는다. 그 가운데에서도 인도하시고, 지키시고, 공급하신 하나님을 고백하고 있다.

이번 방문에서 그의 손녀들은 적지 않은 신학교를 위한 헌금작정을 했다. 헌신하는 후손들의 모습은 그의 신앙 여정이 이어지고 있음을 보여준다. 108세의 한 인생은 내가 어떻게 살아야 할 것인가를 지금도 보여주고 있다. 참 부러운 인생이다.

9. 송금했습니다.

"신학교를 위하여 17,000바트를 송금했습니다."

모꼬키교회의 성도 노애모에게서 갑자기 전화를 받고 깜짝 놀랐다. 미국 돈으로 500불을 넘는 헌금은 이들의 현실을 생각하면 정말 큰 액수의 헌금이기 때문이다. 모꼬키는 태국에서 가장 오지라고 할 수 있는 옴꼬이와 타송양 경계에 있는 카렌 마을이다. 지금도 여전히 전기, 전화, 학교, 보건진료소도 없다. 전화를 하려면 오토바이로 한 시간 이상 마을 밖으로 가서 신호가 터지는 높은 산으로 가야 한다. 모꼬키와 연락을 하려면 때로는 며칠을 시도해야 간신히 연락이 닿는다.

2018년 3월 7일 모꼬키교회를 방문하면서 변화하는 카렌의 현실과 미래를 위한 지도력의 필요, 그리고 지역교회의 역할을 나누었다. 보통 전기나 발전기가 있으면 노트북과 프로젝트를 사용하는데 그럴 상황이 아니어서 교회에서 모여 설명하고, 질문에 대답을 하는 방식으로 진행했다.

그때 8명의 교인들이 5년 동안 매년 약속한 헌금이 전체 17,500바트(약 530불)였는데 고맙기는 하지만 사실 걱정이 되었다. 이들에게는 너무 무리한 헌금작정이었기 때문이다. 그래서 몇 번 너무 무리하는 것이 아닌가 질문했다. 그렇지만 그들은 할 수 있다고 했다. 하나님이 감동을 주시니 큰 헌신을 했다.

그로부터 8개월이 지난 달 추수를 끝냈는데, 예년이면 풍성하고 기쁨이 가득해야 할 마을에 큰 걱정이 닥쳤다. 왜냐하면 큰 병충해로 인하여 예년과 비교하면 삼분의 일 정도 밖에 수확하지 못했다고 한다. 약 50가구 중에 1년 먹을 수 있는 쌀을 생산한 집안은 아무도 없다고 한다. 목회자의 말에 의하면 큰 시험이어서 걱정이라고 한다. 이렇게 어려워지니 신학교를 위한 헌금은 고사하고, 어떻게 그 마을의 쌀 문제를 해결해야 하는가 고민하고 있던 차였다.

그런데 오늘 전화가 왔다. 17,000바트를 송금했고, 한 교인만 작정한 500바트를 못했다고 한다. 사실 이 정도의 액수면 그 교회 1년 예산의 사분의 일 정도의 액수이고 목회자 사례비의 거의 세배이다.

마게도니야 교회의 헌금이 생각난다. 고린도후서 8:2다.

> "환난의 많은 시련 가운데서 그들의 넘치는 기쁨과 극심한 가난이 그들의 풍성한 연보를 넘치도록 하게 하였느니라".

어쩌면 자신들의 식량도 해결하지 못할 마을의 상황, 즉 극심한 가난의 상황에 넘치는 연보를 미래의 지도자를 위해 보낸 것이다. 이 마을에 처음 갔을 때는 지금부터 약 20년 전인 1999년이었다. 당시 그 지역은 아편과 마약이 너무 심각했다. 너무 큰 문제가 되어 기독교인들이 그 마을에서 멀지 않은 곳에 공동체를 형성하고 살고 있다는 소식을 듣고 방문했었다. 그때는 마을까지 길이 없어서 마지막 차가 갈 수 있는 산 언덕에 차를 세우고 한 시간 이상 걸어서 가야 했다.

처음 느낌은 '이런 곳에서도 사람이 살 수 있는가?'라는 생각이었다. 너무 척박한 상황이었다. 모두가 화전을 하고 있었는데 6월이 되면 쌀이 거의 떨어진다. 그러면 하루 이상을 걸어 나와 일거리가 있으면 일을 하고 쌀을 사갔다. 대부분의 사람들이 당시에는 50kg 이상 나간 적이 거의 없을 정도였다.

주민등록증도 거의 없었다. 태국 말을 하는 사람도 거의 없었다. 물론 화장실도 없었다.

몇 번 방문하니, 차가 올 수 있도록 동네 사람들이 손 도구를 이용하여 길을 만들어 주었다. 내가 처음으로 차를 운전해 갔는데, 중간에 길이 너무 좁아서 동네 사람들이 와서 길을 다시 넓혀주어야 갈 수 있었다.

당시 경제활동은 쌀농사가 거의 전부였는데 쌀 부족은 생존에 큰 어려움을 주었다. 논을 만들 땅은 있는데, 시냇물과 너무 떨어져 있고 그 중간에 바위 지대는 땅을 팔 수 없어서 화전이 거의 유일한 쌀 생산 방법이었다. 바위 지대를 파이프로 연결할 수 있도록 지원한 이후 논을 개간할 수 있게 되면서 쌀농사는 획기적으로 달라졌다. 약 5년 전부터는 대부분의 마을 주민들이 1년 동안 넉넉히 먹을 수 있을 정도의 쌀이 수확되었다.

그런데 올해는 병충해가 심하게 발생하여 식량 확보가 마을 공동체의 큰 짐으로 등장했다. 이런 어려움 중에도 그들은 헌신하여 그들의 신앙의 성숙함을 보여주었다.

오지 마을 모꼬키의 헌신자 노애모

그 마을에서 설교할 때마다 그들의 말씀에 대한 사모함을 느낀다. 나의 언어가 그들에게는 여전히 부자연스런 카렌어겠지만, 그들의 집중에 압도되곤 한다. 대접하고, 섬기고자 하는 그들의 태도가 자연스럽게 배어 있다. 만날 때마다 '하나님의 은혜'를 말한다.

한국은 물론 태국의 일반 농촌지역보다 매우 열악한 상황이지만 하나님의 은혜로 살고 있다고 고백한다. 그리고 미래지도자를 위한 신학교 사역의 헌신에 그들의 어려움은 걸림돌이 되지 않았다. 나는 그들의 먹을 쌀 걱정을 하고 있는데 그들은 하나님 앞에 헌신을 우선시 하고 있었다.

영수증을 보니 ATM 기계에서 세 번 시도하여 17,000바트를 채웠다. 1,000바트 짜리도 제법 있었지만 100바트 짜리도 17장이 있었다. 그들이 하루하루 벌어 준비해온 돈이었을 것이다. 여유가 있어도 어려운데 어려움 중에 결단한 흔적을 느낄 수 있었다. 연말이 되어 올해를 넘기기 전에 송금하자고 했고, 마침 면사무소를 방문할 때 송금을 한 것이다. 그리고 이내 집으로 출발해야 한다고 하면서 맑은 목소리로 인사를 건넸다.

이들의 헌신은 세속에 물든 나의 모습을 선명히 보여준다. 자원함과 기쁨으로 넘치는 풍성한 연보는 그들이 진정한 나의 스승임을 다시 생각하게 한다.

10. 스스로 짓는 교회, 도움 받고 지은 교회

오늘 치앙마이 사명군에 위치한 보깨오라는 마을의 교회에서 특별한 행사를 한다. 3년반 동안의 교회 건축을 마무리하고 헌당식을 하는 날이다. 이들의 경제사정을 고려하면 교인들이 감당하기에는 교회건축 예산이 많이 사용되었다. 650만바트인데, 한국 돈으로 하면 2억 2천만원 이상 되는 금액이다. 315명의 침(세)례교인들이 평균 2만바트(약 70만원)를 부담한다.

이것은 이들의 경제수준을 고려하면 개인당 6개월 정도의 수입을 헌금한 것이다. 이 교회의 건축 모습을 보면 어떻게 지역교회가 건축을 해야 하는지에 대한 중요한 원리를 배울 수 있다.

첫째, 충분한 시간을 가지고 준비했다. 건축공사 기간은 3년 6개월이었지만 실제 공식적인 모금을 한 것은 2009년 부터이다. 공사를 하기 전에 약 5천만원이 모금되었다. 그리고 건축의 필요성을 처음 이야기 한 것은 2000년도이므로 거의 20년이 되었다. 건축공사를 시작한 이후 3년 반 동안에 교인들은 약 350만바트를 모금했다. 1년에 100만바트씩 모금한 셈이다. 길게는 18년, 구체적으로는 거의 9년이 소요되었다.

둘째, 교인들이 직접 참여하는 것이 중요하다. 이번 공사는 카렌 교회에서는 아주 드물게 처음부터 건축 회사에 발주하여 시작했다. 최근에 헌당예배를 드린 교회와는 대조적이다. 바로 옆에 있는 손사왕교회는 작년에 헌당을 했는데 건축비는 200만바트(7,000만원) 정도로 보깨오교회와 비교하면 삼분의 일도 안 되는 금액이다. 물론 대부분 현지 교인들이 했다. 그런데 교회건물의 가치는 약 1억 7천만원으로 보깨오교회와 차이가 많지 않다. 교인들이 교회건축에 전적으로 참여했기 때문이다. 보깨오 교회당의 외형 모습이 스스로 하기에는 어려운 점이 있었다. 손사왕 교인들의 직접 참여는 노동과 기술을 통하여 헌신은 비용절감이 되었다.

셋째, 교회건축은 가능하면 현지에서 구할 수 있는 자재를 사용하라는 것이다. 보깨오 교회가 비용이 많이 들어간 이유는 건축 자재를 대부분 외부자재로 사용했기 때문이다. 마침 헌당예배를 축하하기 위해 온 매옴숭이라는 교회를 비교하면 더 분명하게 알 수 있다.

한달 전에 헌당예배를 드린 이 교회는 실제 교인들이 한 헌금은 1,000만원 정도이지만 교회 예배당 가치는 1억이 넘는다. 왜냐면 근처에서 비교적 쉽게 구할 수 있는 티크목을 사용했고, 교인들이 직접 작업을 했기 때문이다.

위에서 언급한 이 세 교회의 공통점이 있다. 그들은 외부에 도움을 요청하지 않았다. 외부에서 방문 시 소정의 헌금을 주면 받았지만, 일부러 도움요청을 하지는 않았다. 성숙한 자세인데, 이것은 성경의 가르침인 헌신과 희생 그리고 협력을 실천한 것이다. 그 결과 그들은 자부심을 가질 수 있었고, 주인으로서의 자세를 경험할 수 있었다. 그리고 후손들에게도 어떻게 헌신해야 하는가를 보여주었다.

태국 북부의 많은 소수부족 마을에는 대부분 외부에서 지원을 받은 교회당들이 있다. 그 액수는 이번에 소요된 액수의 10%정도 내외인 1,000만원에서 2,000만원 내외이다. 만약 그곳의 교인들이 보깨오 교인이나 손사왕 또는 매옴숭 교회의 성도들처럼 헌신했다면 스스로 교회당을 지을 수 있었을 것이다.

하지만 그들은 외부에 요청했거나, 아니면 아니면 외부에서 찾아와서 건축의 필요성을 이야기하고 도움을 주었던 경우이다. 한국교회와 선교사들은 좋은 의도이지만 세계 각지에서 이런 저런 명분을 가지고 결국 선교지에 한국교회의 재정을 통하여 교회 건축을 한다. 그리고 건축을 할 때 하나님이 하셨다고 하며 감사하고, 또 다른 곳에도 그렇게 지을 계획을 한다.

보깨오교회의 모습을 보면 한국교회의 이런 건축지원은 감사할 일이라기 보다는 돌아보아야 할 일이다. 이런 과정을 통하여 외부 지원을 의존하게 할 수 있기 때문이다. 스스로 전도하고, 스스로 지원하고, 스스로 책임지는 모습이 선교의 목표이다. 이들은 이미 그렇게 하고 있다.

이렇게 볼 때 이곳 보깨오뿐만 아니라, 손사왕이나 매옴숭교회는 한국교회와 선교사들이 와서 배워야 할 것이다. 그들은 가난한 중에도 헌신하고, 희생하고, 협력하여 교회당을 스스로 짓고 있기 때문이다. 그 교회를 오랫동안 이끌었던 원로지도자의 이야기가 생각난다.

"IWMI라는 단체는 좋은 목적으로 교회건축을 도와주었지만 너무 많이 도와주어 우리의 자립전통에 문제를 일으켰습니다"

스스로 건축한 보깨오 교회의 헌당예배

"우리가 Y선교사에게 감사하는 것은 우리에게 지원금을 가지고 와서 필요한 것이 없는가 질문하는 것이 아니라, 우리 스스로 헌신하여 건축해야 하며 이를 위해 현지교회를 방문하여 모금활동을 하고 있기 때문입니다."

원로지도자의 고언은 너무 많은 외부지원이 현지 교회에 부정적인 영향을 끼치고 있음을 보여주고 있다. 더불어 선교사의 역할이 단지 주는 것이 아니라 그들에게 예비하신 하나님의 자원을 보게 해야 함을 말하고 있다.

신학생들과 같이 나는 토요일에 미리 가서 교제하며 콰이어 찬양으로 축하했다. 풍성한 점심식사를 마치고 돌아올 때 보깨오 교회지도자가 부르더니 수고했다고 교통비를 챙겨준다. 헌신과 희생을 보인 교회는 성인으로서 손님을 대접하고 섬기는 자세를 보여주는 것이다.

예배 중에 찬양대에 유치원에 다니는 아이들도 같이 찬양한다. 그들은 이런 과정을 통하여 교회를 위하여 어떻게 희생하고 협력해야 하는지를 자연스럽게 배워가는 것이다.

11. 자원한 목사와 천거된 목사

선교사로서 태국 카렌침례총회와 동역을 하면서 가장 감동을 받는 내용 중 하나는 목사 됨의 과정이다. 왜냐면 과하다고 할 정도의 철저한 검증을 통해 목사가 되기 때문이다. 목사 안수식은 태국 카렌침례총회에서 가장 성대한 행사이다. 4일의 총회 기간 중 마지막 날 오전 8시반부터 시작하여 11시가 넘기까지 두 시간 반 이상 걸린다. 오늘이 바로 그날이다.

한국의 목사 됨의 과정과 비교하여 가장 차이가 나는 것은 누가 목사를 결정하는 주체인가이다. 나를 포함한 한국의 목사는 신학교를 졸업한 후 본인이 원함으로 목사 고시 원서를 작성한다. 물론 추천서가 원서에 있지만 약식인 경우가 대부분이다. 그런데 이곳의 목사는 그 결정권이 본인에게 있는 것이 아니라 천거를 받아야 목사가 된다.

목사 선서를 담당하는 총회 전 총무 써니목사가 태국 카렌침례교회 목사 됨의 과정에서 다른 점을 설명한다.

"세상에서 지도자가 되는 과정은 본인이 자원하면 됩니다. 국회의원이 대표적인 경우입니다. 그런데 우리 태국 카렌침례총회의 목사되는 과정은 다릅니다. 교인들이 목사가 될지를 결정하고 천거를 합니다."

그는 천거할 때 교인들이 어떻게 담임목회자를 지켜보는지를 설명한다. 교인들이 목회자의 삶과 가정 그리고 가르침, 리더십 그리고 성품 등등의 전반적인 사항을 돌아보고 천거를 한다. 목사는 신학교나 총회 근무와 같은 특별한 경우가 아니면 담임목회자 중에서 선출한다.

사실 목회자가 된다는 것도 쉬운 일이 아니다. 신학교를 졸업했다고 바로 목회자가 되는 것이 아니다. 담임목회자는 그들의 전통에 따라 그 교인 중에서 선발한다. 적당한 나이와 경험, 가정생활과 성품, 그리고 리더십 등등을 보고서 교인들이 적합한 사람을 고른다.

담임목회자가 된 이후 제법 오랫동안 다시 지켜본다. 그리고 담임목회자가 목사 자격이 된다고 하면 천거를 한다. 보통 나이도 40세 이전에 안수를 받는 경우는 매우 드물다. 그러므로 담임목회자 가운데 목사안수 받은 사람은 많지 않다.

때로는 교회가 지방회로 신청을 하면 그 때부터는 지방회의 목사회가 주관하여 검토를 한다. 드물지만 지방회에서 거부하는 경우도 있다. 또 다른 시험과정이 있음을 의미한다. 이어서 총회 목사회에서 필기시험, 면접 등의 시험을 거쳐야 목사안수를 받는다.

얼마나 목사 수가 적은지, 총회 산하 12곳의 지방회 총무 가운데 목사안수를 받은 사람은 세 사람 정도이다. 심지어 현재 태국 카렌침례총회에서 가장 중요한 중심 지도자인 총회 총무도 목사가 아니다. 신학교 교수 중에는 현지인 목사가 한 명도 없다. 총회 상비부 국장도 아직은 목사가 없다. 어떤 지방회는 목사가 혼자여서 지방회 산하의 모든 교회와 전도처의 침(세)례와 성찬을 혼자 감당하기도 했었다.

전체 총회 산하 218 교회와 400여 미조직교회에 약 63,000명의 성도가 있는데 목사는 124명뿐이다. 실제로 담임목회를 하는 목사는 50명도 안 된다. 충분히 목사로서 섬길 수 있는 목회자들도 많은데, 교인들은 목사청원을 더 지켜보고 기다린다.

이번에 목사안수 받은 세 분의 목회자를 보면 목사안수가 얼마나 검증을 거치는지 알 수 있다. 다게 목사는 쏘도데키 목회자인데, 올해 43세이다. 실로암 신학교를 졸업하고 바로 목회자가 된 것은 아니다. 장인의 뒤를 이어 교인들이 그를 목회자로 선출한 지 18년이 지났다. 그리고 이번에 목사안수를 받게 된 것이다. 교인들은 그들의 목회자를 18년동안 지켜보다가 천거를 했다. 장인의 뒤를 이은 목회자라고 하여 세습이라고 생각하면 안 된다. 사실 이곳에서는 목회자라고 해서 특권을 누릴 것도 없다. 희생과 헌신이 요구되기 때문이다.

분씨목사는 올해 49세이다. 그는 목사안수 받기 전에 19년 동안 목회자로 섬겼다. 교인들은 거의 20년을 지켜보고 난 뒤에야 목사청원을 했다.

마지막으로 께파목사는 올해 나이가 68세이다. 그는 초등학교를 졸업하고 신학교에서 공부를 한 후 전도처를 돌보는 전도인으로 사역을 시작했다. 이후 지방회 청년회 총무, 그리고 지방회 총무로 일을 했다. 이어 지방회장으로 10년 이상 봉직하였다. 그의 전 목회기간이 50년이 넘는다. 그런데 이제야 목사안수를 받게 되었다. 사실은 3년 전에 교회에서 천거 했지만 본인은 아직 목사가 될 때가 아니라고 하면서 고사했다. 작년에 교회에서 다시 천거를 하니 받아들이고 목사가 되었다.

카렌족 교회를 무시하는 태국교회 지도자들에게 일침을 주었던 분

랏목사의 이야기가 생각난다.

> "태국 카렌침례총회의 목사과정은 우리 태국교회보다 훨씬 까다롭게 분명하고 철저하게 검증을 합니다. 왜냐하면 우리 태국교회는 자원하여 시험을 보아 목사가 되지만 카렌교회는 교인들로부터 삶, 신앙, 가정, 태도 등등의 모든 것을 검증 받아야 하기 때문입니다."

그는 태국 기독교총회 산하의 신학교교수, 총회 총무 그리고 총회장을 수십 년간 섬겨온 태국의 가장 영향력이 있는 지도자 중 한 분이었다. 나는 그의 의견에 전적으로 동의한다.

나는 자원함으로 목사가 되었다. 하나님의 부르심이라는 확신이 있었지만 주위에서 천거를 한 것은 아니었다. 검증과정이 부족함을 의미할 수 있다. 우리 교단은 그렇게 해 왔기에 깊은 생각을 하지 않고 따라갔다.

이들의 목사안수 과정을 생각하면 나는 정말 검증과정이 거의 생략된 것이라고 할 수 있다. 내가 만약 철저한 검증 속에 목회 했다면 과연 천거 받을 수 있었을까 생각하면 자신이 없다. 어쩌면 평생 목사가 되지 못했을 것이다. 그래서 농담 반 진담 반으로 이들과 이야기할 때 이렇게 이야기하곤 한다.

> "나는 어차피 이곳에서 목사 받지 못할 것이기 때문에 미리 목사안수를 받고 왔습니다."

겉으로 볼 때는 학력이 낮고, 가난하고, 소외된 사람들이라고 해서 이들을 가르치고자 접근하면 큰 오산이다. 목사를 임명하는 과정과 그분들

68세에 목사안수를 받으신 께파목사님

의 삶들은 오늘 한국교회가 가르칠 부분이 아니라 배워야 할 부분이다. 이들에게서 배워야 할 부분이 어찌 이것뿐이겠는가. 교회개척, 교회 건축, 교회구조, 목회자 임명과 손님 섬김 등등은 이들의 상황에 너무나 적합하게 잘 정착되어 있음을 배웠다.

선교사를 선교지에서 가르치고, 주고, 안내하고, 이끄는 역할로만 이해하는 것은 교정이 필요하다. 상호간에 배우고, 나누는 관계가 선교사와 현지교회와의 건강한 관계이다. 천거된 목사제도는 자원하여 목사가 된 선교사에게 목사 됨이 무엇인지를 생각하게 한다.

3장

못 배웠지만 배움을 주는 사람들

1. 넘치는 봉투 넘치는 감사
2. 2,000바트는 해야죠.
3. 차를 팔고 교회건축 헌금을 했습니다.
4. 아내가 다시 가라고 해서
5. 돈을 건네는 악수
6. 할아버지 장례식을 바라보는 아이들
7. 약한 자의 선교
8. 예수님의 흔적 십자가 문신
9. 부끄럽습니다.
10. 기억하고 있습니다.
11. 죽는 것도 유익하니까요.
12. 죽음을 각오한 성도들의 삶과 신앙
13. 죽지 않고 살았습니다.

못 배웠지만
배움을 주는 사람들

가르치려고 선교사로 왔지만 그들의 신앙과 삶을 통하여 훨씬 많이 배웠다. 왜냐하면 척박한 환경이지만 성숙한 신앙을 고백하고, 따르고 있기 때문이다. 같은 예수님을 고백하고, 하나님께 예배하지만 상황이 다르므로 교회의 모습은 다르다. 카렌족이 주님께 신앙을 고백하고, 교회를 섬기고, 손님을 섬기는 모습을 보면 나의 모습이 얼마나 세속적인가를 자주 느낀다.

1. 넘치는 봉투 넘치는 감사: 후웨이홈 교회 이임식 때 사랑

상대에게 고마움을 나타내는 방법은 지역마다, 시대마다 다르다. 후웨이홈 교회의 목회자 이임식에서 떠나는 목회자에 대한 카렌 성도들의 감사의 표현은 소박하지만 감동적이었다.

태국 북서부에 미얀마와 국경을 맞댄 매홍손도는 주민 60% 정도가 카렌족이다. 그들은 대부분 화전을 일구고, 논농사를 하면서 살아가기에 가난에서 벗어나지 못한다. 그 가운데 후웨이홈 마을은 해발 1천 미터에 주위가 첩첩 산중이어서 생활여건이 만만치 않다.

2017년 1월 22일, 그 교회의 담임교역자와 부교역자가 동시에 이임을 하는 자리에 축하를 위하여 방문했다. 의식이 진행되다가 목회자의 길에서 떠나는 두 분을 위하여 고마움을 전하는 순서가 되었다. 그런데 한국 교회의 이임식과는 매우 달랐다. 우선 절차가 매우 단순하다. 바로 돈 봉투를 직접 당사자들에게 전해주었다. 먼저 총회대표, 지방회 대표, 주변 지역교회 대표가 나와서 봉투를 전해준다.

이어서 이번에는 교인들과 개인들이 전달할 차례라고 광고를 하자, 예기치 않은 일이 벌어졌다. 수 많은 사람들이 이임하는 목회자에게 감사의 정을 전달하기 위해서 줄을 서서 기다리다가, 자기 차례가 오면 전달했다. 이러한 일을 예측하지 못해서 아무런 준비도 하지 않았던 두 목회자는 한 손으로는 악수하고, 한 손으로 봉투를 받았다. 그런데 너무 많으니까, 한 성도가 가지고 온 카렌 가방을 두 목회자에게 주고

이임식의 넘치는 봉투

거기에 봉투를 넣도록 했다. 곧 가방에 봉투가 꽉 찼다. 다른 성도가 다른 가방을 전해주었다.

이임사 순서가 되었다. 이임자들은 봉투가 들어 있는 가방과 봉투를 내려 놓았는데, 그것을 바라보는 나의 마음이 뜨거웠다. 흔한 감사패도 없었지만, 두 이임자의 마음에는 감사가 새겨져 있었을 것이다. 세련되지 않은 모습이지만, 넘치는 교인들의 감사의 마음을 떠나는 사람들은 확실히 보았기 때문이다.

소박하다고 할 수 있지만, 교인들에겐 두 목회자에 대한 사랑과 감사의 모습이 넘치고 있었다. 그래서 교인들의 소박한 봉투는 성숙한 교인들의 모습을 그대로 보여주었다.

겉으로는 이름이 알려지지 않는 교회이고, 교인들도 못 배우고, 척박한 환경에서 가난하게 살아가지만, 그 안에 풍성하고, 진실된 감사가 넘치는 봉투처럼 넘쳐났다. 왜냐하면 그들은 주님을 진실로 사랑하고 있고, 가난하지만 이 산골에서 그래도 하루하루 살아간다는 사실에 대해 진심으로 감사하고 있었다.

순서를 맡은 참석자들에게는, 교회에서 봉투와 정성이 담긴 목도리를 선물로 주었다. 마지막 기도순서를 맡은 나에게도 교회대표가 찾아와 봉투를 전달해 주었다. 봉투에는 30불 정도인 1,000바트가 들어있었다. 그 돈은 그곳에서 4일치 일당인데, 열명 가까운 순서자들을 생각하면 최선을 다한 섬김이다. 그 이임식 순서를 맡기 위해서 500km가 넘는 긴 여행을 했지만 피곤함보다는 감동의 여운이 내 가슴에 오래오래 남아 있을 것이다.

2. 2,000바트는 해야죠: 후웨이홈 교회의 노인 야포 부부의 헌신

예상을 뛰어넘는 성도들의 헌신을 보면 왠지 나의 모습이 초라하게 보인다. 그러면서도 그들과 같이 있다는 것 자체가 선교사로서 큰 행복의 샘이 된다. 오늘은 그런 분을 만났다. 매홍손 '후웨이홈'이라는 마을에 사는 80세가 넘은 야포라는 노부부이다.

그는 태국에서 1957년부터 커피를 가장 먼저 재배하기 시작한 후웨이홈이라는 마을에서 태어나 그곳에서 살고 있다. 커피 재배 환경이 좋아서 오랫동안 커피를 재배하면서 살고 있는 교회지도자이다.

그의 교회는 신학교 기숙사 건축 헌금을 분에 넘치게 해 주었다. 마침 그 교회에 행사가 있어 감사표시를 할 겸 방문했다. 다정한 분위기에서 이야기를 나누었다. 그러다가 그 분이 하나님의 일은 죽을 때까지 해야 한다고 했다. 이런 이야기를 듣고서, 신학교의 발전에 관한 필요성과 지역교회의 역할을 나누었다. 학교 발전을 위한 기금에 참여할 수 있으면 좋겠다고 말했다. 이어 1년에 1,000바트 정도 헌금할 수 있는지 요청했다.

이때 야포라는 할아버지의 대답이 감동을 준다.

"1,000바트는 물론이고 2,000바트도 할 수 있습니다."

부부 한 사람이 1,000 바트씩 하면 1년에 2,000바트를 죽을 때까지 헌금할 수 있다고 말했다. 뿐만 아니라, 본인이 커피조합에 관련하고 있으므로 회원들에게도 이런 일에 참여할 수 있도록 이야기를 하겠다고 했다. 2,000바트는 60불 정도인데, 이들에게는 열흘 정도의 일당이므로 적지 않은 액수이다. 이렇게 보면 사실 이 노부부에게는 1년에 1,000바트도 쉬운 액수가 아니다.

더군다나 그 때 할머니는 집안에서 넘어진 후 걷지 못하는 상태였다. 앉을 수는 있으나 거동을 못하는 심각한 상황이다. 어떻게 보면 하나님께 원망하고, 시험에 들 수 있을 텐데 그들은 그저 믿음으로 순종하고 있었다.

행함이 없는 믿음은 죽은 믿음이라는 말씀이 떠오른다. 그리고 그 말씀을 실천하는 분 앞에 내가 있음을 확인한다. 늙은 내외는 내가 살아가야 할 삶을 미리 사는 사람들이다. 바라볼수록 머리를 숙이게 한다. 이런 분들의 헌신으로 주님의 나라가 세워져 간다. 못 배우고, 부하지 않고, 유명하지 않고, 권력과는 거리가 멀지만, 하나님 나라를 세우는데 있어서 너무 귀한 분들이다.

더불어 두 부부의 헌신을 통하여 내 신앙의 실상을 점검하게 되었다. 하나님의 임재가 경험되는 행복한 시간이다.

3. 차를 팔고 교회건축 헌금을 했습니다.

대화를 나누던 중에 전혀 예상치 못한 이야기를 했다. 그것은 건축비를 마련하기 위해 자신의 차를 팔았다는 것이다. 치앙마이 깊은 산속에 위치한 바베키 교회의 담임인 따쁘라 목사의 고백이다. 내용을 자세히 설명해 달라고 하니, 차를 완전히 판 것은 아니고, 차를 저당잡아 급하게 돈을 마련했다고 말했다. 교회 건축 공사가 막바지에 이르면서 건축 자재 회사에게 자재대금을 지불해야 하는데, 교회에 지불할 돈이 없었다. 일단 자신의 차를 맡기고, 급하게 돈을 구하여 지불했다. 본인 소유 중 가장 아끼는 것으로 드린 것이다. 무명의 한 지도자가 얼마나 하나님을 의지하고, 헌신하는가를 보여주는 고백이다.

바베키 교회는 2015년에 교회건축 시작을 위한 기공식을 하고 건축을 한지 약 4년이 되었다. 건축을 시작할 때는 약 5년 정도 걸릴 것으로 예상했었다. 마침 그 때가 성탄절 행사가 있어서 같이 기공식에 참여했다. 그런데 31가구 100여 명의 교인들이 건축하기에는 300명의 좌석 규모가 너무 커서 내심 걱정이 되었다. 나와는 오랫동안 알고 지내고 있기에 혹시 나에게 건축헌금을 요청하지 않을까 하는 마음마저 있었다.

그런데 이것은 완전 기우였다. 왜냐하면 바베키 교회의 건축 과정은 하나님의 도움으로 교회가 어떻게 건축되고 있는가를 보여주는 좋은 사례이기 때문이다. 처음 교회의 건축 예산은 250만 바트로 약 1억 정도의 예산이었다. 이것은 교인들의 노동력을 제외한 순수한 헌금이었다.

그런데 처음부터 이 교회는 일반적인 교회 건축과 다른 방법을 선택했다. 첫째, 교회는 건축할 때 외부에 도움을 요청하지 않기로 했다. 담임인 따쁘라 목사는 현지 카렌 교단에서 외부인사와 가장 친분이 많은 지도자 중 한 명이다. 그가 원하면 선교사들과 태국교회 지도자들에게 건축 프로젝트를 만들어 요청할 수 있었다. 그런데 교회는 그렇게 하지 않기로 결정했다.

둘째, 기공예배를 드리기 전에 약 700만원 정도의 건축헌금이 모아져 있었는데, 그것을 지방회의 센터 건축헌금으로 드렸다. 이 점에 대해서는 교인들의 불평과 원망도 있었다고 한다. 본인들도 급한데, 지방회의 일까지 돌볼 형편이 아니었기 때문이다. 이런 상황에서 교회 건축이 시작되었다.

그리고 1년 반 정도 지났을 때, 다시 바베키 교회를 방문했다. 놀랍게도 지붕 공사를 마무리하고 있었다. 그때 그가 했던 이야기가 지금도 머리에 맴돈다. 한국의 한 선교사가 방문해 건축헌금을 지원할 수 있다고 하니, 이런 대답을 했기 때문이다.

> "건축 헌금을 하지 않으셔도 되는데, 기도는 필요합니다. 건축을 위하여 기도해 주시면 고맙겠습니다."

그는 외부의 지원 대신 하나님의 지원을 요청하고, 그 응답을 성도들의 헌신을 통하여 이루고 있었다. 이번에 다시 약 1년 만에 방문하여 그 동안의 이야기와 함께 자신의 차를 저당 잡아 공사비를 마련한 이야기도 들었다. 공사는 거의 마무리 단계였다. 지금까지 들어간 재정이 모두 250만 바트, 약 1억원이라고 한다. 본인도 어떻게 준비했는지 모르지만 교인들은 약 3년 동안 분에 넘치는 헌신을 했다.

태국의 건축업자가 와서 이 정도의 건축을 하려면 최소 500만 바트, 약 2억원이 필요하다고 했다. 교인들은 헌금은 물론 그들의 노동력을 통하여 하나님께 헌금만큼 드린 것이다.

몇 가지 이야기를 더 해 주었다. 3년 반전 처음 건축 할 때 교인들에게 도전을 주었다고 한다.

> "하나님이 앞으로 5년 동안 3천만 바트의 축복을 해 주시면 십일조 300만 바트을 주님께 드릴 수 있고 그것으로 건축하면 됩니다."

700만원 정도를 지방회 건축헌금으로 드리니 남은 돈이 15,000바트(약 50만원) 정도였다고 한다. 그런데 하나님은 신실하게 건축과정을 인도해 주셔서 예상보다 1년 먼저 올해 12월에 헌당식을 드릴 수 있게 되었다고 한다. 꼭 오라고 신신당부 하여 꼭 참석하겠노라 화답했다.

따쁘라 목사는 한국선교사의 이야기를 한번 상기 시켜 주었다. 그는 약 1,500만원 정도를 후원할 수 있다고 했다. 그리고 건축을 위한 특별예배를 한국에서 온 손님들과 같이 드리기를 원한다고 했으나 바로 거절했다고 한다.

교인들이 훨씬 더 많은 헌금을 하고, 헌신을 했는데 한국에서 와서 마치 주인공처럼 헌당예배를 드리는 것에 대하여 본인은 편치 않았다고 한다. 그의 이야기를 들으니 얼굴이 달아올랐다. 많은 한국교회의 교회 건축 지원을 통한 선교의 방법과 형태가 고스란히 들어있기 때문이다. 따쁘라 목사의 말대로라면 현지의 교인들은 들러리이고 한국에서 오신 분들이 마치 선교를 한 것처럼 보이기 때문이다. 초기 '네비우스 선교원리'에서 가난하지만 한국교회가 스스로 교회건축을 하게 했던 모습과는 전혀 다른 모습이다. 교회건축 지원이 필요하지 않다는 것이 아니라 현지 교인들의 헌신과 하나님을 의존하는 것을 해치는 외부의 지원은 깊게 생각해야 한다는 것이다.

한 번은 라후족 신학생이 방문했다고 한다. 그 학생은 "어디에서 후원 받아 건축을 진행하셨나요?"라고 물었다. 이 정도의 규모라면 당연히 외부에서 지원을 받고 건축을 했을 것이라고 생각했던 것 같다. 스스로 건축한 과정을 들으니 그는 듣지도, 보지도 못한 일이라고 한다. 적어도 그 라후족 학생이 아는 교회들은 스스로 교회를 건축한 경우가 없었던 것 같다. 그가 살던 마을과 주위 마을에도 차를 소유하고, 본인의 집을 수리하는데 적지 않은 돈을 사용하지만, 하나님의 교회를 건축할 때는 외부에게 지원 받는 것이 일종의 문화가 되었던 것 같다. 자신을 위하여 헌신하지만 교회건축에는 의존적인 모습과 바베키 교회의 모습은 너무 대조적이어서 놀란 것이다. 특별한 배움의 시간이었다고 하면서 돌아갔다고 한다.

근처 지역교회 목회자와 했던 말을 이어간다. 마침 한 지역교회에서 건축을 해야 하는데 혹시 도움을 받을 곳이 없느냐고 목회자에게서 연락이 왔다고 한다. 답을 하기 전에 그 교회의 가구수가 얼마인가를 되물었다고 한다. 70가구 정도가 된다고 대답하자 외부에게 요청하지 말고 먼저 교인들 안에 재정이 있으니 교인들을 통하여 하라고 했다고 한다. 그는

차를 팔고 헌금한 따쁘라목사와 바베키 교회당

선교계에서 오랫동안 고민하고 있는 현지 교회 건축 문제의 해답을 체득하고, 가르치고 있었다.

건축하는 가운데 두 곳으로부터 도움을 받았다고 한다. 한곳은 파얍대학교 신학대학 학생들이 방학을 이용하여 시멘트와 일부 자재를 구입하고 와서 도왔다. 전체 공사에서 미미한 액수이다.

또 한곳은, 태국기독교총회총회장이 성탄절 때 방문하여 개인적으로 헌금하고 싶다고 하면서 10만 바트를(약 400만원) 했는데 역시 전체 약 2억원의 가치를 생각하면 매우 작은 액수이다.

많은 경우 교회건축을 위한 선교사나 외부의 도움은 현지교회가 선교사를 의존하게 만든다. 따쁘라 목사는 외부에서 도움을 받을 길이 있었지만 하나님을 의지하는 방법을 택했다. 예배설교시간에 교인들의 헌신이 얼마나 귀한지를 나누면서 좋은 모범을 보여줘서 고맙다고 했다.

따쁘라 목사는 짧지만 오래 남을 이야기를 했다.

"하나님이 진짜 공급자이시고 채워주시는 분이심을 교인들과 진심

으로 고백하고 싶습니다."

넉넉하지 않은, 무명한 산속의 30여 가구 100여 명 성도들의 교회 건축을 위한 헌신은 유명한 선교대학원에서의 가르침보다 훨씬 선명하고 성경적인 선교의 방법을 보여주고 있다

4. 아내가 다시 가라고 해서

2018년 7월 22일 주일 오후, 후웨이까이빠 교회의 담임목회자의 집에서 잠시 쉬고 있는데 어떤 남자가 찾아왔다. 용건이 있어서 온 것 같은데, 쑥스러운 모습이 약간은 부자연스럽게 느껴진다. 종이를 한 장 들고 왔는데, 조금 전에 신학교를 위하여 작정한 헌금작정서이다. 아내가 다시 가라고 해서 왔다는 것이다.

최근 필자가 집중하고 있는 사역은 실로암 신학교의 자립을 위해 카렌 지역교회를 방문하며 모금하는 것이다. 후웨이까이빠 교회를 아내인 김보순 선교사와 같이 방문한 주요 목적은 현지교회의 실로암 신학교를 위한 재정적인 후원을 요청하는 일이다. 현지 신학교가 자립하기 위해선 결국 현지 지역교회가 참여해야 한다. 태국 카렌침례총회의 교회와 지방회는 자립을 하는데, 총회 산하의 프로젝트와 부서는 자립을 못한다.

왜냐하면 1955년 총회를 만들면서부터 서양 선교사의 도움을 받아 시작한 것이 일종의 의존하는 문화가 되어 버렸기 때문이다. 지금은

총회를 위한 지역교회의 헌금이 늘어났지만, 신학교가 자립하기에는 많이 부족하다. 급변하는 새로운 카렌족의 미래와 타이민족 선교를 위한 사역자를 양성하기 위해 신학교의 자립은 시대적인 요청이다.

10시부터 시작된 낮 예배 설교는 간단히 했다. 대부분의 시간은 신학교 사역의 중요성과 변화하는 카렌의 상황들을 설명하고 성도들의 참여를 권유하여 도전을 받도록 했다.

예배 후에 남아서 작정하거나 헌금한 성도가 모두 30명이 넘었고, 작정한 헌금도 36,000바트(120만원)가 넘었다. 그 자리에서 10,100바트(약 35만원)의 헌금을 냈다. 하나님께서 가난한 성도들의 마음에 감동을 주셔서 그들의 형편을 넘어선 분에 넘치는 헌금을 한 것이다.

'무래'라는 남자 성도도 후웨이까이빠 교회의 헌금을 작정한 30여 명 중 한 사람이었다. 5년 동안 매년 1,000바트 씩을 헌금하기로 작정했다. 1,000바트면 35,000원으로 이곳에서는 4일치 일당이다. 태국에서 가장 개발되지 않은 매홍손이라는 지역의 한 평범한 시골에서 사실 적은 액수는 아니다.

주민들은 주로 콩과 옥수수 그리고 벼를 심고 살아간다. 무래 장로도 예외가 아니어서 콩, 옥수수, 바나나를 심고 부인은 카렌 전통 가방을 만들어 판다. 이름 없이 그저 살아가는 평범한 농부이다. 사실 이 정도만 헌금을 약속해도 그들의 형편에선 많은 것이므로 고맙고 실제적으로 도움이 된다.

그런데 그의 부인의 믿음은 보통이 아니었다. 왜냐하면 남편이 매년 1,000바트를 5년 동안 하기로 했다고 하니 핀잔을 주었다고 한다. 남편의 작정보다 두 배가 많은 2,000바트로 하고 5년이 아니라 평생을 하라는 것이다.

"아내가 헌금작정을 다시 하고 오라고 해서 찾아왔습니다."

올해 헌금 액수인 1,000바트를 예배시간에 헌금했는데 다시 추가로 1,000바트를 가져왔다. 작정서의 액수와 작정기간도 수정하는 것을 보면서 하나님의 관점을 생각한다. 그들은 세상 사람의 눈에는 풍요롭지 않은 평범하고, 무명한 시골 부부이다. 그렇지만 하나님 앞에서 풍성하고, 뛰어나고, 유명한 하나님 나라 백성들이다. 겸연쩍게 찾아온 무래 장로의 모습은 나를 돌아보게 한다. 시골 부부의 순수한 신앙과 헌신에서 세속 사회에 찌든 나의 모습도 드러났기 때문이다.

5. 돈을 건네는 악수: 짜포 장로의 사랑과 자세

짜포 장로와 악수하는데 손바닥 느낌이 확 달랐다. 악수를 하면서 돈도 함께 전해 주었던 것이다. 카렌 교회와 사역을 하다 보면 악수를 자주한다. 태국인들은 손을 모아 합장하여 인사를 하지만, 태국 카렌 교회에서는 악수 인사가 오랜 전통이다. 그러다 보니 방문하면 악수를 자주 한다. 헤어질 때도 자연스럽게 악수를 하면서 하나님의 축복을 기원한다.

후웨이까이빠 교회에서 이틀 동안 일정을 마무리하고 떠날 시간이 되었다. 짜포 장로는 교회 서기의 집 바로 옆에 살고 있다. 떠난다고 하니 오늘 그는 일도 안 나가고 기다리고 있었다. 그의 아들이 신학교를 졸업했고, 이전에도 몇 번 그 집을 방문했었다. 그 때마다 늘 따뜻하게 맞아 주었다. 마지막 인사를 하면서 악수를 하는데 손에 돈을 쥐어 준다.

150바트, 우리 나라 돈으로 하면 5,000원 정도이다. 이곳에서는 하루 일당의 반이다. 이번이 처음이 아니다. 지난 4월 카렌 총회에서 우연히 만났을 때에도 악수를 하면서 100바트를 전해 주었다.

사실 그의 섬김은 이전부터 계속 이어졌다. 약 8년 전, 신학교 기숙사 건축을 위하여 모금을 왔을 때 가족이 분에 넘치는 헌금을 했다. 그리고 그 때 같이 간 신학생들을 위하여 키우던 돼지도 잡아서 섬겨 주었다. 지난 7월 신학교 기금을 위한 모금을 위해 왔을 때 가족이 5년 동안 적지 않은 약정을 했다. "형제를 사랑하여 서로 우애하고 존경하기를 서로 먼저 하며"라는 로마서 12:10의 말씀이 몸에 배어 있다.

선교사는 일반적으로 가르치며, 주는 역할을 한다고 생각한다. 그런데 그의 자세는 선교사인 내가 어떻게 살아야 할지에 대한 큰 본을 보여준다.

그는 나보다 가난하고, 그의 학력은 나와 비교할 수 없을 정도이다. 가난한 시골에서 농사를 짓고 있고 제대로 학교 공부를 하지 못했다. 그렇지만 그의 사랑과 섬김, 그리고 존경의 자세는 나를 부끄럽게 한다. 그보다 나은 나의 형편을 짜포 장로가 모르지는 않을 것이다. 그렇지만 나를 만날 때 그는 그가 가지고 있는 최선의 것을 존경의 마음으

짜포 장로: 악수할 때 전해주는 돈

로 전한다.

150바트는 나에게 많은 액수는 아니다. 하지만 그 속에 있는 형제 사랑과, 선교사를 존경하는 자세는 나에게 큰 가르침을 준다.

사실 이번 방문은 신학교의 일이나 총회의 일이 아닌 순전히 개인적인 일이었다. 선교사의 역할이 어떻게 그들의 인식변화에 영향을 끼치고 있는가를 연구하기 위하여 인터뷰를 하러 갔다. 잠자리도 제공하고, 식사도 섬김을 받고, 필요한 방문지도 안내를 받는다. 그래서 내가 약간의 돈으로 마음을 전하는 것이 정상이고 도리이다. 그런데 완전히 거꾸로 되었다.

신학교를 졸업한 아들 완은 이 교회의 부교역자인데, 신실함과 친절함이 몸에 배었다. 아버지의 그러한 모습이 자연스럽게 아들에게 전해졌다. 그렇게 보고 자란 아이는 누구보다 아버지가 큰 스승이 된다.

하나님의 교회를 세우는 것은 부자이고 많이 배웠기 때문에 할 수 있는 일이 아니다.

가난하고 못 배운 사람이라도 넉넉히 할 수 있다. 형제 우애와 사랑과 존경의 자세를 가진 사람이라면 어떤 상황에서나 가능하다. 짜포 장로는 하나님의 교회를 어떻게 세워가야 할 것인가를 보여주는 대표적인 사람이다.

6. 할아버지 장례식을 바라보는 아이들

한국의 장례식과는 아주 다른 장례식 광경을 보게 되었다. 마지막으로 관을 무덤에 묻기 직전에 하관예배를 드리는 순간이다. 그 주위에 놀랍게도 아주 어린 아이들이 둘러 있었다. 이것은 우발적인 일이 아니라 상주나 어른들이 서로 뜻을 맞추고 어린아이들에 대해 배려하는 것이다. 초포끌라 마을의 파뿌앵 할아버지 장례식의 마지막 정경이다.

그런데 그것이 조금도 이상하게 느껴지지 않았다. 돌아가신 분에 대해 함부로 대한다는 생각이 전혀 없다. 오히려 하관 절차를 바라보는 아이들은 지금 인생에 가장 소중한 공부를 하고 있다는 생각이 든다.

손자인 상가대표가 미리 준비한 할아버지가 살아온 내력을 정리하여 모인 사람들 앞에서 읽는다. 파뿌앵 할아버지는 100살로 천수를 누리다가 아픔 없이 주님 나라로 가셨다. 12명의 자녀를 포함한 증손까지 모두 129명의 자손들을 보았다.

겉으로 보기에는 어려운 생활로 일생을 마쳤으니 어쩌면 별 볼일 없는 초라한 인생이었는지도 모른다. 초등학교도 못나온 무학력이었다. 일평생 부를 누려본 적도 없는 가난한 삶이었다. 그런데 노인의 죽음 앞에서 모두들 숙연해졌다. 왜 그럴까? 모인 사람들에게는 그 할아버지 인생이 부럽다고 생각하고 있을 것이다.

100살이 되도록 건강하게 장수했기 때문이었을까? 그것보다는 주님이 그에 주신 삶의 몫을 다했기 때문일 것이다. 이 마을에서 처음으로 주님을 만난 믿음의 첫 열매였다. 노인은 주님을 만난 이후로 늘 기

할아버지의 장례식을 바라보는 아이들

도하면서 여생을 보냈다고 한다. 그의 기도를 통하여 129명이라는 신앙의 유산들을 남기고 그는 이 세상을 떠났다. 설사 풍요한 삶을 누리지는 않았더라도, 그는 자기의 자리에서 주님으로부터 받은 바를 잘 실행하고, 자손들에게까지 물려주었다. 노인의 하관하는 주위에 모여 있는 자손들 모습이 참 아름답다.

그의 시신은 숲 속에 묻혔다. 자그마한 묘이지만, 하나님께 충직한 종으로서 제 몫을 다하려고 애쓰면서 살았던 아름다운 인생을 보여주는 증거물이다. 할아버지의 마지막 모습을 배웅하기 위해서 어린 후손들이 모였다. 장례식 자리는 회한, 슬픔, 아쉬움의 자리가 아닌, 할아버지에 대한 감사와 존경을 담아 보내기 위한 모임이었다.

순간 전도서 7:2 말씀이 떠오른다.

"초상집에 가는 것이 잔칫집에 가는 것보다 나으니 모든 사람의 끝이 이와 같이 됨이라 산 자는 이것을 그의 마음에 둘지어다"

비록 음악, 태권도, 영어, 수학 학원은 없지만, 산속의 아이들은 할아버지를 보내면서 최고의 인생을 공부하고 있었다. 자기의 몫을 다하고 간 할아버지의 마지막 모습을 보면서, 자신도 남은 인생을 의미 있게 살아야 되겠다는 다짐을 하고 있기 때문이다. 나도 그처럼 이 땅에서의 삶을 아름답게 마무리할 수 있을까?

7. 약한 자의 선교: 세계 선교 주체가 변하고 있다.

"저희들은 미얀마 카렌 침례교회에서 방문한 교인들입니다."

참 귀한 손님들이다. 120여 명의 신자들이 특별 찬양을 하기 전에 그 대표가 인사말을 했다. 그들은 단순한 방문객이 아니었다. 변화하는 세계교회의 한 모습을 보여주는 분들이었다. 그들을 통해서 세계 교회의 모습이 바뀌고 있음을 확인할 수 있었다. 가장 큰 변화 중에 하나는 서구 교회의 약화와 비서구교회의 성장이다.

1900년대 세계 기독교의 80%는 서양에 있었다. 그런데 약 110년이 지난 현재, 세계 기독교인의 70% 정도는 서양이 아니라 아프리카, 아시아, 라틴 아메리카에 있다. 그래서 세계의 선교도 이런 영향을 받게 되었다. 서구권 국가 선교사들은 줄어들었고, 비서구권 교회 선교사들이 증가하고 있다.

1970년대만 해도 선교사 하면 백인을 생각했지만, 지금은 그렇지 않다. 지난 20여년 동안 같이 일했던 선교사들 가운데 영국과 노르웨이에서 온 선교사들은 다 철수했다. 미국 선교사들도 대폭 감소했고, 스웨덴 선교사는 한 가정만 남아 있다. 그도 멀지 않아 철수한다고 한다. 반면 인도에서 온 선교사들이 증가했고, 필리핀 선교사들도 있다. 아직 확실하게 그 실상이 드러나지는 않지만 세계 선교에서 많은 일을 할 수 있는 교회가 미얀마 카렌 침례교회이다.

지난 2013년부터 미얀마에 있는 카렌 교회가 태국 카렌에 선교사를 보내기 시작했다. 2018년 현재 5명의 젊은 선교사들이 사역하고 있는데, 그들을 보낸 교회의 대표들이 이번에 방문한 것이다. 이들을 파송한 지 5주년을 기념하면서 감사예배를 드리고, 앞으로 협력을 의논하기 위하여 찾아왔다.

이들을 파송한 지방회는 '빠떼인'(Pathein) 지방회인데 역사적으로 한국교회 자립에 영향을 준 지방회이기도 하다. 이들 120명은 지방회에서 온 대표들이다. 일부는 지방회에서 전임으로 일을 하는 직원들이고, 대부분은 각 교회 대표였다. 이들 중 40여 명은 비행기편을, 나머지는 버스를 이용하여 태국으로 왔다. 버스를 이용한 경우 너무 불편했을 것이다. 하지만 그들의 헌신은 너무 신실해서, 나를 부끄럽게 했다. 이 지방회에서는 선교사들을 보내고 지원할 뿐 아니라, 이번에 120명의 방문팀들의 여권과 비자관련, 그리고 항공료와 교통비를 모두 지원했다고 한다.

빠떼인은 양곤에서 서남쪽으로 약 150Km 정도 떨어진 곳에 있는데, 이 지역의 카렌족은 대부분 가난하다. 대부분 농사를 짓고, 일부는 바닷가에 사는 어부들이다. 현재 하루 일당이 한화로 계산하면, 약 3,000원 정도인데, 이것도 많이 나아진 것이라고 한다.

그리고 지난 2008년 사이클론 나기스가 그 지역을 강타하여 지방회의 거의 10% 정도인 4,000여 명의 교인들이 생명을 잃었다. 아직도 그 슬픔은 남아 있다. 이런 아픔들이 있지만 그들은 적극적으로 선교한다. 마치 고린도후서 8:2에서 바울이 말한 마게도냐 교회들의 헌신을 21세기에 보는 것 같다.

> "환난의 많은 시련 가운데서 그들의 넘치는 기쁨과 극심한 가난이 그들의 풍성한 연보를 넘치도록 하게 하였느니라."

극심한 가난과 환난의 많은 시련이 그들의 삶에 깊이, 오랫동안 흐르고 있지만, 그들은 그것을 믿음으로 넘어서고 있었다. 사실 미얀마 카렌 교회 단기 선교팀은 이번이 처음이 아니다. 지난 몇 년 동안 12월이 되면 50명 내외의 단기 팀이 태국으로 와서 그들이 파송한 선교사들과 선교지를 돌아보고 격려해왔다.

사실은 이들의 태국에서의 선교사역은 19세기까지 올라간다. 이들은 1880년에 태국에 있는 카렌을 위하여 선교사 4명을 파송했다. 1881년 1월 이들은 치앙마이에 도착하여 당시 미국에서 온 최초의 선교사인 맥길버리를 만나서 선교에 대해 의논했다. 이후 거의 140년이 넘은 선교사역을 하고 있다.

이 세상의 모든 교회는 선교의 부르심을 받았다. 그 방법은 그들의 처지와 형편에 따라 다를 수 있다. 선교사라고 하면 경제적, 교육적, 정치적으로 강한 나라에서 약한 나라로 보낸다고 생각해 왔다. 그러나 이제 선교에서도 새로운 시대에 접어들었다. 그것은 경제적, 정치적으로

빠떼인 지방회에서 온 120여명의 단기 선교팀들의 찬양

강하지 않은 나라와 민족의 교회가 세계 선교에 앞장선다는 사실이다.

사실 약자에서 강자로의 선교는 새로운 것은 아니다. 예수님도 낮은 자로 세상에 오셨고, 그분과 함께 했던 많은 제자들도 사회적 약자들이었다. 사도행전의 선교 이야기는 약자였던 소수의 기독교가 강자인 로마를 향했던 것이 아니었던가? 사도행전의 선교를 실천하는 미얀마 카렌 침례교회의 모습은 21세기 새로운 선교의 방향을 분명하게 보여주는 좋은 모델이다.

8. 예수님의 흔적 십자가 문신

차이 목회자는 오른쪽 가슴에 큰 십자가 문신을 새겼다. 평소라면 그런 문신을 했는지 몰랐을 것이다. 그런데 목회자 훈련 기간이어서 신학교에서 목회자들과 같이 숙식을 하다 보니 바로 옆 잠자리에 누운 그의 가슴에 있는 십자가가 눈에 확 들어왔다. 목회자에게 가슴 십자가 문신이 투박하기도 하고, 덕스럽지는 않은 것 같았다. 무슨 사연이 있을까 궁금해 질문을 한다.

"어떻게 해서 십자가 문신을 앞에 하셨나요?"

그러자 그는 대답 대신 그의 등 뒷면과 양 어깨를 보여 준다. 그곳에는 세 개의 큰 문신이 있었다. 태국 불교인들이 하는 문신이다. '얀뜨라'라고 하는 문신인데, 신적인 능력과 마술이 있어서 행운을 가져다주고, 보호해 준다는 의미의 문신이다.

태국인들은 집이나 사업장, 심지어 차에도 비슷한 문양을 새겨 넣는다. 안녕과 복을 비는 문신이다. 전통종교와 힌두교 그리고 실천불교가 조합된 신앙행위이다. 더군다나 등에 있는 가장 큰 문신은 석가모니의 얼굴이었다. 이 그림을 하면 스스로 불교도임을 자연스럽게 보여주는 것이다.

"저의 몸에 있는 문신을 보면 사람들이 저를 불교로 오해하거든요. 그래서 예수를 믿는 사람이라는 것을 알리기 위해서 십자가 문신을 했습니다."

그는 태어나면서부터 불교도였다. 그의 삶의 어느 때엔 불교에 대한 남다른 헌신이 있었다. 1995년 당시 태국 왕의 어머니인 왕태후가 세상을 떠났을 때는 2주 동안 승려가 되기도 했다. 죽은 왕태후의 명복을 빌기 위함이었다. 그만큼 불심이 특별했다. 20여년 동안 그는 다른 일반 타이불교도처럼, 불교와 전통종교가 혼합된 실천불교도로서 젊은 날을 살았다.

1996년 경, 그가 18세가 되었을 때, 동네 절의 주지가 문신을 해 주었다고 한다. 친구들과 같이 문신을 했다. 사고와 위험으로부터 보호를 받고, 행운과 능력을 받을 수 있다고 믿었기 때문이다. 일종의 태국 실천불교에 대한 신앙고백이었다.

그런데 그가 1999년에 마을 주민 몇 가정과 같이 예수를 믿었다. 그의 마을에서 거의 처음으로 믿은 사람들이었다. 그는 예수를 믿자 마자 전혀 다른 삶을 살았다. 전에 했던 행동에 대하여 반성했고, 그 중에 하나가 문신이었다. 이전의 문신을 없애기는 어려우니, 나름대로 고민을 많이 했다. 그 결과 문신을 대체하기로 하고, 예수를 믿은 이후 5년이 지난 뒤 십자가 문신을 했다. 그것도 가장 잘 보이는 가슴에 제법 큰 크기로 새겼다.

2013년 경에 그는 신학을 공부하고 마을 교회를 돌보는 사역자가 되었다. 그리고 지난 2017년에 마을의 전도처가 조직교회가 되면서 담임목회자가 되었다. 그는 신학교에서 공부를 하지 않았지만 목회자로 임명을 받았다. 그 만큼 교회 일을 열심히 했고, 하나님에 대한 사랑이 눈에 띄었기 때문이다. 이번에 목회자훈련원에 온 것은 앞으로 2년 동안 준비하여 교회를 더 잘 섬기고 싶었기 때문이다.

십자가 문신은 이제 하나님을 따르는 사람이 되었음을 그의 방식으로 선포하는 것이다. 그는 그의 상황 가운데 예수님의 흔적을 보여주고 싶은 것이다. 투박하지만 직설적인 그의 표현은 예수님에 대한 선명한 사랑과 헌신을 보여준다.

그의 모습을 보면서 스스로에게 질문을 하게 된다.

나는 예수님의 흔적을 얼마나 갖고 있는가?
얼마나 예수님의 흔적을 보이기를 원하고 있는가?
그리고 얼마나 예수님의 흔적을 보여주고 있는가?

별로 자신이 없는 것이 솔직한 심정이다. 갈라디아서 6:17에서 고백한 사도바울의 고백을 생각한다.

"내가 내 몸에 예수의 흔적을 지니고 있노라"

바울에게 예수의 흔적은 무엇이었을까? 그것은 예수님을 사랑하여 예수님의 복음을 전하다가 남은 외적인 흉터일 수 있다. 왜냐하면 그의 전도여정에서 감옥에 갇혀 매를 맞았고, 때로는 돌에 맞아 거의 죽을 뻔 하기도 했기 때문이다. 파선하는 배에서 긁힌 자국들도 있을 것이다. 이 모든 것이 그의 몸에 흉터로 남았을 것이다. 어쩌면 그런 외형적인 흉터보다도 바울의 예수님을 위한 고난, 충성, 헌신, 사랑의 자세와 삶이 그 안에 끊임없이 이어지고 있다는 의미일 수도 있다. 예수님의 흔적이 상처의 외형적인 흉터이든, 예수님에 대한 끊임없는 바울의 헌신과 충성이든, 그런 흔적이 나에게 얼마나 있을까를 생각하면 부끄럽기 그지없다.

선교사로 살고 있는 나에게 태국 이웃들은 나에게 무슨 흔적을 발견할까? 나를 '선생님'이라고 부르지만, 그것은 나에게 학위가 있고, 강의를 했기 때문일 것이다. 나의 수업을 듣고 함께 공부를 한 존재로서 생각하지 않을까? 그렇다면 예수의 흔적과는 먼 삶이다.

카렌 총회의 동료 카렌 지도자들과 카렌 성도들은 나에게서 무슨 흔적을 발견할까? 혹시 그들보다 여유 있는 국가에서 와서 그들과 다른 생활을 하는 존재로 나를 먼저 생각하지 않을까? 그것은 예수의 흔적이 아니다. 현지인들과 관계나 일에서 예수님의 십자가의 복음과 사랑보다 나의 생각과 관점이나 나의 후원자들의 능력을 더 강조한다면 이것은 예수의 흔적과 먼 모습이다.

차이 목회자는 그가 할 수 있는 방법으로 그의 상황 속에서 예수의 흔적을 보여주었다. 그의 가슴에 있는 십자가 문신은 세련되지 않았다고 할 수 있다. 꼭 그렇게 하지 않고 다른 방법으로 신앙을 표현할 수도 있다. 하지만 세련된 것처럼 보여도 그 안에 진짜 사랑과 헌신이 없는 것보다는 훨씬 진솔하다.

예수님의 흔적이 더 선명히 필요한 이 시대이다. 그런데 예수님의 흔적보다는 한국교회의 흔적이나 선교사의 흔적을 보이기를 원하고 있지 않은지 모르겠다. 다시 나에게 질문한다. "나에게 예수님의 흔적이 있는가?"

9. 부끄럽습니다.

이렇게 표현 할 수밖에 없는 것이 나의 솔직한 고백이다. 왜냐하면 너무 큰 헌신과 환대 앞에 선 나의 모습이 부족했기 때문이다. 꺼초포타 교회 방문에서 느낀 마음이다.

2019년 3월 신학생 4명과 함께 꺼초포타 교회를 주말을 이용하여 방문했다. 신학교 발전기금 모금이 목적이었다. 몇 달 전에 꺼초포타에서 담임하는 목회자를 치앙마이에서 만났을 때 한 번 방문을 하고 싶다고 했었다. 목회자는 마치 그 이야기를 기다렸다는 듯이 꼭 오라고 했다.

꺼초포타는 치앙마이에서 가장 카렌족이 많이 밀집되어 있는 지역 중 하나인 매쨈이라는 군에 위치해 있다. 두 시간 정도의 포장 도로를 간 뒤 비포장 도로를 약 2시간 정도 가야 한다. 건기가 한참인 3월의 비포장 도로는 엄청난 먼지가 기다리고 있었다. 사륜구동차이고 우기가 아니지만, 일부 도로는 너무 많은 먼지가 나고, 파인 상태여서 바퀴가 헛돌았다.

꺼초포타는 20가구가 전부인 작은 카렌 마을이다. 깊은 마을이어서 전기도 없고, 전화신호가 거의 잡히지 않는다. 하나님의 특별한 은혜로 모두가 기독교인이고, 6년 전에 조직교회가 되었다. 대부분 옥수수 재배와 논, 화전을 통한 쌀 농사를 한다. 여유 있는 생활은 아니지만 산악지역에서 자연과 하나되어 살고 있다.

주일 아침예배 설교를 하면서 카렌 교회에 대한 이야기를 했다. 그리고 낮 예배에서는 새로운 상황에서 어떻게 카렌 교회가 미래를 위한 지도자를 세워야 하는가를 나누었다. 그리고 신학교의 중요성, 특히 새로운 시대에 필요한 지도자 배출을 위한 변화와 지역교회의 참여를 도전했다. 구체적으로 지역교회와 성도들이 어떻게 참여할 것인가를 제시했다.

헌금작정 할 성도들은 목회자의 집으로 와서 참여하라고 독려하면서 마무리했다. 정성스럽게 준비한 점심을 먹고 기다리는데, 성도들이 오지 않았다. 속으로 '이 교회는 헌신이 약한가?', 아니면 '너무 가난해서 헌금할 상황이 아닌가 보다' 생각한다. 어쩌면 내가 카렌어로 헌금 참여를 독려한 것이 부담일 수도 있겠다고 생각하던 때였다. 두 명의 남자가 목회자 집에 와서 서성이고 있다가 들어왔다. 직감으로 헌금 작정을 위해 왔음을 알 수 있었다. 들어오라 하고 이런 저런 이야기를 시작한다. 담임목회자에게 헌금 작정에 대한 내용을 적으라고 부탁한다. 헌금 작정을 하는 동안에 또 몇의 여성이 들어온다.

이어서 또 다른 몇 분의 여성들이 들어온다. 작정을 바로 하는 것이 아니라, 가족 이야기와 살아가는 이야기를 했기 때문에 시간이 걸린다. 그 사이 몇 분이 다시 들어왔다. 모두 12명이 작정을 했다. 마을의 가구가 20가구이니 60%정도의 가구가 작정을 한 것이다. 작정된 전체 액수는 15,500바트(500불)이다. 대부분 5년 동안 하겠다고 했다.

이 헌금이 얼마나 큰지를 알고 있다. 이곳의 일당이 하루 200바트(약 6.5불)이다. 일이 늘 있는 것도 아니다. 그런데 대부분의 작정자들이 1,000바트 혹은, 2,000바트를 작정했다. 그들의 5일, 또는 10일치의 일당이다. 온 분들과 이야기를 하면서 이들의 상황이 그리 쉽지 않음을 알게 되었다.

그 중에 한 명이 에스더라는 여자 성도였다. 그녀의 나이는 54세이지만 얼굴을 보면 거의 70대처럼 느껴진다. 그 만큼 지나온 삶의 자리가 쉽지 않았기 때문이다. 14년 전 교회 장로였던 남편이 갑자기 세상을 떠났다. 자다가 아침에 깨어보니 세상을 떠났다고 한다. 그 때가 41세였는데 이후 과부가 되어 5명의 자녀를 돌보고 결혼시켰다.

그런데 그녀는 매년 2,000바트의 헌금을 5년 동안 하겠다고 작정했다. 나는 그녀에게 너무 액수가 많으니깐 이렇게 하지 않아도 된다고 했다. 왜냐하면 그녀의 형편이 도저히 스스로 매년 2,000바트를 할 상황이 아니었기 때문이다. 건강도 썩 좋지 않아서 옥수수를 재배할 수 없었다. 힘이 많이 들지 않는 딸의 논농사를 돕고 있다. 본인이 돕지 못하면 같이 사는 네 번째 딸이 도울 수 있다고 했다. 그런데 딸은 지금 막 아이를 낳아 키우고 있어서 쉽지 않다. 좀 더 액수를 내려도 된다고 했지만 믿음으로 하겠다고 한다.

그녀보다 먼저 온 세 명의 여인 중 한 명은 또 다른 딸이었다. 그리고 다른 한 명은 그녀의 며느리라고 한다. 그 딸과 며느리는 매년 1,000바트를 5년 동안 하겠다고 한다. 글도 잘 모르니 목회자가 대신 적어주고 사인도 해 준다. 에스더는 그의 육체적 상황이나 외적인 조건은 도움을 받아야 할 사람처럼 보이지만 분에 넘치는 헌금을 작정한다. "제가 참 부끄럽습니다."라고 말할 수 밖에 없었다. 너무 큰 믿음의 헌신이기 때문이다.

또 한 명의 성도도 나를 부끄럽게 한다. 그는 떠이라는 그 교회의 장로이다. 처음에는 2,000바트를 1년 한다고 했다. 그것도 적은 것이 아니니 고맙다고 했다. 그런데 나중에 다시 정정하겠다고 한다. 자기가 할 수 있을 때까지 매년 2,000바트씩 하겠다는 것이다. 이것의 의미는 죽을 때까지 하겠다는 의미와 같은 것이다.

사실 그는 정말 이렇게 많은 액수를 할만한 형편이 아니다. 왜냐하면 예배 후 바로 나를 억지스럽게 그 집으로 데려가서 기도를 부탁하면서 그의 형편을 들었기 때문이다. 그는 몇 달 전 위와 다른 부분에 문제가 있어서 수술을 받았다. 현재 일을 할 수 없다. 건강에 큰 문제가 있기 때문이다. 그러면서 6명의 아이들에 대한 이야기를 했다. 사위의 외도로, 딸이 어려움에 빠져 있고, 생각하면 마음이 아프다고 한다.

도울 수 없는 상황에서 그저 기도밖에 할 것이 없다고 한다. 다른 자녀들의 기도제목들도 이야기하고 기도를 부탁한다. 간절한 마음으로 같이 기도하니, 잠시 기다리라고 하면서, 선물을 주었다. 손으로 짠 카렌 전통 천이었다. 이것을 짜려면 적어도 3일은 다른 일 하지 않고 짜야 한다고 했다. 그냥 감사한 마음을 전하고 싶었던 것이다. 그런데 그가 헌금 작정을 위해서 온 것이다. "정말 부담이 되지 않겠는가?"라고 질문했다. 액수를 줄여도 된다고 했다. 그렇지만 그는 주저함 없이 대답했다.

"믿음으로 감당하겠습니다."

마음을 다한 열두 명의 작정자들과의 만남과 헌금작정은 한 시간 반 정도가 걸렸다. 떠날 시간이 되어 준비를 하는데, 담임목회자가 일어서더니만 방문에 감사하다고 하면서 교회에서 준비한 작은 것이 있다고 이야기 한다. 가방과 돈 2,000바트였다. 이것은 60불 정도 되는데 이들의 상황에서는 결코 적은 것이 아니었다. 담임목회자의 한달 사례비가 1,200바트이니, 그의 월급의 한달 반 정도되는 액수이다. 가방도 보통 정성으로 준비한 것이 아님을 알 수 있었다. 정말 이들의 환대는 나를 부끄럽게 한다. 이들이 얼마나 성숙한 모습으로 손님을 환대하고 섬기는 표징인지 잘 알기 때문이다.

꺼초포타 교인들의 신학교를 위한 헌신작정

이들과 대조적인 한 그림이 그 마을에 있었다. 국회의원 선거 기간 이 지역에서 출마한 34명의 국회의원 출마자의 사진이었다. 국민들에게 봉사하고, 섬긴다고 하고 거창한 공약을 약속한다. 그렇지만 속 마음은 권력을 얻고 싶은 사람들이다. 그들은 그 지역에서 교육과 경제, 기회를 누리는 사람들일 것이다.

꺼초포타의 성도들도 약속을 했다. 권력을 잡기 위해서가 아닌, 미래의 사람을 키우기 위해서 헌금 약정 지원을 한 것이다. 이들은 교육 기회나 경제적, 사회적, 정치적 특권을 누려본 적이 없었고 앞으로도 없을 것이다. 그렇지만 하나님 앞에서는 이들의 자원함과 헌신이 훨씬 가치가 있다.

떠나면서 장로 한 분이 이야기를 한다.

"꺼초포타를 잊지 마십시오."

이것은 단순히 잊지 말라는 의미 이상의 의미가 있다. 그것은 방문에 감사하며, 다시 방문해 달라는 것이다. 깊은 곳에 살고 있는 자신을 방문한 외국인 선교사의 방문을 진심으로 환영하며, 섬기고, 다시 만나고 싶어하는 것이다. 가난하지만 최선을 다해 하나님 나라를 드림을 통해 나를 부끄럽게 하는 이들을 어찌 잊을 수 있을까.

10. 기억하고 있습니다.

성숙함을 보는 것은 가정이든 교회든 마음을 흐뭇하게 한다. 성숙한 교회에서 성숙한 가정을 보는 것은 더욱 흐뭇한 일이다. 오늘은 바로 그런 날이다.

2019년 3월 2일과 3일에 치앙마이에서 카렌족들이 밀집되어 살고 있는 매쨈군에 위치한 매무끌로 마을을 방문했다. 매무끌로 전도처가 이제 조직교회로서의 모든 조건을 충족하여 조직교회가 되는 식을 축하하기 위해서이다.

태국 카렌침례총회에서 조직교회가 된다는 것은, 완전한 성인교회로서 역할을 다 할 수 있다는 의미이기 때문에 한 교회를 위한 행사로서는 가장 큰 행사라고 할 수 있다.

조직교회가 되는 조건은 까다롭다. 자립은 기본이고, 그 외 조건도 만만치 않다. 침(세)례교인이 50명 이상 되어야 하고, 여전도회와 청년회가 조직되어야 한다. 그리고 교회당이 있어야 하며, 담임목회자를 부양할 수 있어야 한다. 그리고 운영위원회가 구성되어야 하는데 장로, 서기, 회계와 같은 구성원뿐만 아니라, 총회와 지방회를 위하여 교회에

산의 약 20%를 상회비로 보낼 수 있어야 한다. 그리고 지방회와 총회의 여러 행사와 활동에 주체가 되어 참여하고, 많은 경우는 전도처를 관리해야 한다.

오늘 태국 카렌침례총회 215번째 조직교회가 생긴다. 그래서 총회장을 비롯한 총회관계자와 그 교회가 속한 지방회의 모든 목사들, 그리고 지방회의 모든 교회 대표들이 와서 같이 축하해 준다. 마치 성인 남녀가 결혼하여 가정을 책임지고 성숙한 사회인으로 서 가는 것을 축하하는 것과 비슷하다.

총회 산하 400곳의 예배처소와 전도처소는 한국교회의 관점으로 보면 교회이지만 이곳에서는 교회가 아니기 때문에 교회의 관리 하에 흩어져 있다. 매무끌로 교회도 현재 침(세)례교인만 84명인데 지금이야 조직교회가 되었다. 이전에도 자체적으로 많은 활동을 하고 있었지만 이제야 조직교회의 기준을 통과했다. 그만큼 조직교회가 된다는 것은 성숙함을 내포하고 있다. 매무끌로 교회는 이 행사를 위하여 다섯 마리의 큰 돼지를 잡았고, 적지 않은 재정과 많은 선물을 준비하여 손님을 맞을 준비를 했다. 돌봄을 받는 교회에서 주는 교회로 첫 출발을 성숙한 자세로 시작한 것이다.

축하를 위하여 방문한 우리를 맞이하는 가정도 역시 성숙함을 가진 가정이었다. 치앙마이에서 약 4시간 정도 걸려 저녁쯤 도착했는데, 안내위원들이 반갑게 맞이하면서 특별손님을 위한 가정으로 안내해 주었다. 자연스럽게 집주인 식구들과 이야기를 할 수 있었다. 젊은 부부와 초등학교 1학년 아들과 유아원에 다니는 딸 그리고 마침 방문한 아버지까지 다섯 명이었다. 그런데 식구들의 얼굴이 어디에서인가 본듯한 익숙한 모습이었다. 아니나 다를까 가장이 이야기를 한다.

"저희들은 오영철선교사님을 지금도 기억하고 있습니다."

30세의 찬티웃이라는 가장은 매애키 출신이었다. 매애키는 태국에서 가장 높은 산인 도이인타논산의 한 자락에 위치한 마을이었다. 태국어 공부를 방콕에서 마치고, 1997년에 치앙마이에 이주한 이후부터 방문했다. 치앙마이에서는 가까워서 차로 한 시간 반정도 걸리기 때문에 초기 얼마 동안 1년에 몇 번 방문했다. 즉, 20년 이전에 나를 본 것이다. 그 때 나는 카렌어를 공부 중이었고, 태국어도 잘 못해 서툴었지만, 늘 반갑게 맞아주던 매애키를 방문하는 것은 선교사로서 즐거운 일이었다.

그러면서 그동안의 이야기를 자연스럽게 나누게 되었다. 그는 16세 치앙마이 실업계 고등학교에서 공부 중 지금의 아내를 만났다. 당시 아내는 17세였고 근처의 다른 실업계 고등학교를 다녔다. 만난 후 둘은 사랑에 빠졌고 1년 뒤에 결혼을 했다. 당시 그는 17세, 부인은 18세였다. 한국의 시각에선 문제 있는 결혼이고, 가정적인 우환이 될 상황이었다.

그렇지만 그들은 이후 아주 성숙한 가정을 이루고 살고 있다. 첫째 아들은 8살로 초등학교 1학년, 둘째는 세 살로 유아원에 다니고 있다. 그들은 현재 교회의 악기를 담당하고 있다. 그리고 주일학교에서 가르치기도 한다.

매무끌로는 옥수수 재배를 주로 하는데, 작년에 가격이 좋아서 전체 수입이 약 23만바트이고 투자비가 6만바트라고 한다. 순 수입은 약 17만바트, 한화로는 약 630만 원이다. 이 정도면 북부 태국의 농촌에서는 안정된 수입이다. 화전과 약간의 논을 통하여 작년에 약 35가마의 쌀을 수확했다. 이 정도면 식구가 1년 먹는데 문제가 전혀 없다.

4년 전 중고 픽업을 친지들로부터 돈을 빌려 구입했는데, 반 이상을 갚았다고 한다. 작년에 오토바이 한 대를 다시 구입하여 사용하고 있다. 경제적으로도 태국의 시골에서는 안정된 편이다.

십일조에 대한 질문을 했다. 작년에 수확한 쌀은 정확하게 십일조를 했지만 옥수수 수입에서는 잘 하지 못했다고 한다. 빌려서 구입한 차량 대금 때문이라고 하는데, 빨리 빚을 정리하여 온전한 십일조를 하겠다고 한다. 쌀에 대한 십일조를 격려해 주고 나머지 수입에 대한 십일조를 결심한대로 잘 하기를 바란다고 했다. 이제 30세와 31세의 젊은 부부이지만, 남편과 아내, 아버지와 어머니, 신앙인과 사회인으로 자리를 잘 지키며, 성숙하게 지내고 있었다.

마침 온 아버지와 이야기를 나눈다. 모두 5명의 자녀가 있고 그 중에 방콕으로 간 딸만 제외하고는 모두 20세 이전에 결혼을 했다고 한다. "아들이 17세에 결혼해서 걱정하지 않았는가?" 질문을 했더니 본인은 좋았다고 한다. 때가 되어 부인과 만나 가정을 꾸리는데 좋은 것이 아니냐는 것이다. 그도 그렇게 결혼했고 아이들도 그렇게 가정을 꾸려 건실하게 살고 있다.

결혼이 늦어지고 기피하며 아이 낳는 것을 두려워하고 주저하는 한국 젊은이들의 모습과는 매우 대조적이다. 한국보다 훨씬 적은 가정 수입, 고립된 지역, 척박한 환경과 쉽지 않은 노동상황에 있지만 이 부부 안에는 그들의 상황에 잘 어울리는 성숙함이 있다. 대화 중에 그가 불쑥 질문했다.

"혹시 쌀이 필요하지 않으신가요?"

뭔가를 주고 싶은 것이다. 주면 고맙다고 하니, 부부가 쌀을 준비한다. 그리고 아직 도정되지 않은 낟알도 많으니 가져가라고 한다. 다음 날 오후에 떠나기 전에 정성껏 준비한 쌀과 낟알 한 가마니를 차에 싣는다. 마침 같이 온 손님에게 치마 원단을 주고 싶은데 괜찮겠느냐고 질문했다. 며칠 동안 손으로 짠 원단을 주는 해맑은 부인의 모습은 주는 기쁨이 무엇인가를 느끼게 해 준다.

20여 년 전부터 나를 알고 기억해 준 깊은 산속 카렌의 한 가정은 나도 오랫동안 기억에 남을 것이다. 왜냐하면 성숙한 교회의 모습을 가진 곳에 있는 성숙한 가정이기 때문이다.

11. 죽는 것도 유익하니까요.

"주님과 함께라면 죽는 것도 유익하니까요.."

태국 람푼도에 위치한 '파단'이라는 곳에서 신앙생활을 하는 블래

뻬 성도의 간증이다. 그녀의 나이가 79세인데, 늙어서 이제 주님 앞에 돌아갈 때가 되었다는 것이 아니다. 이것은 이 마을주민 몇 사람이 기독교인이라는 이유로 교회가 방화된 사건과 관련이 있었다.

비교적 깊은 산에 위치한 이곳 마을에 10여 년 전, 한 전도인의 전도로 몇 사람이 예수를 믿기 시작했다. 그 군소재지에서 현재까지 유일한 교인들이다. 약 5년 전, 6가구의 소수의 기독교인들이 신앙생활을 하고 있었는데, 생각지 않은 큰일을 만났다. 수백 명의 주민들이 교회로 몰려와, 그 중 몇 명의 주동자들이 교회에 불을 질렀다. 방화 원인은 이 지역의 신을 노하게 하고 있다는 것이다. 기독교인들은 이 마을에서 없어져야 한다는 것이다. 성도들은 집 밖으로 나올 수 없었고, 두려움과 걱정으로 집안에서 있을 수밖에 없었다.

이 사건은 큰 뉴스가 되었다. 그렇지만 성도들은 일단 방화자들이 잘못을 고백하면 용서하기로 하고, 더 이상 문제삼지 않기로 했다. 이런 소식을 전하고 기다렸지만, 3년이 가도록 잘못 고백은커녕, 오히려 방화자들은 협박, 위협으로 계속 기독교인들을 어렵게 했다.

성도들은 태국 기독교인들의 도움을 받아 결국 법에 호소해야만 했다. 태국법은 종교시설을 파괴하는 행위를 매우 엄중한 범죄행위로 여기고, 최고 사형을 언도할 수 있었다. 그 사실을 모르고 방화자들은 "그깟 작은 교회하나쯤이야…" 했던 것이다. 구속이 되고, 법정에 서고 나서야 그들은 모든 사실을 알고 말았다.

법정에서야 그들이 잘못했다고 용서를 빌었지만, 이젠 판사의 손으로 넘어간 상황이다.

죽음을 각오하고 신앙을 지키는 파단교회 성도들

결국 8명에게는 5년 형이 선고되어 지금 복역 중이다. 이것도 그나마 피해자들인 교회 성도들이 선처를 부탁한다고 해서 이렇게 된 것이다. 이 사건은 큰 사회사건이 되어 이것을 잘못 처리한 군수와 경찰서장은 좌천되었다.

남아 있는 가족들은 참 생각지 않은 상황을 맞게 되었다. 이제는 법이 무서워 밖으로 직접적으로 표현하지 않지만, 성도들을 원망하고 있다. 성도들의 마음들도 편치 않다. 3년이나 기다린 자신들에게 돌아온 것은 위협, 협박이었는데, 법정에서 이렇게 크게 될 줄을 몰랐다.

그 동안 4가족의 새로운 신자가 생겼다. 이런 일련의 과정을 보면서 성도들의 모습을 보고 감동을 받아 믿기로 작정한 것이다. "죽음도 주님안에서 유익하니까…"라는 고백은 이런 상황 속에서 나온 것이다. 이것은 사건이 아직도 끝나지 않았음을 의미하는 것이기도 하다. 옥살이를 마치고 온 8명의 사람들은 어떻게 반응할 것인지, 아직 확신할 수 없다.

한 가지 확실한 것은 주님 안에서만 살아갈 수 있다는 것이다. 때로는 그 과정에서 죽음을 생각해야만 할 수도 있다. 예수를 믿는다는 것 때문에 생명을 각오해야 하는 사람들이 있다. '파단'에 사는 소수의 카렌족 그리스도인들의 고백 속에 그 각오가 선명히 보인다.

12. 죽음을 각오한 성도들의 삶과 신앙

"주민들은 귀신들이 그들을 죽일지도 모른다는 두려움으로 인하여 우리를 마을에서 추방시켰습니다."

이것은 매틀에 있는 소수의 성도들이 당한 핍박과 환난의 하나에 불과했다. '드안'이라고 하는 35세의 여인이 겪은 사건들은 복음의 능력과 사단의 저항과 핍박이 선명하게 충돌된 경우였다. 이 사건의 시작은 그녀의 아버지가 귀신들림에서 해방된 것과 관련이 있었다.

그녀의 아버지 쏙디는 귀신의 영향으로 인하여 마을에서 골치 아픈 존재였다. 낫으로 돼지나 닭을 해치는 등의 행동을 하다가 결국 마을 옥에 갇힌다. 마침 순회목회자였던 분밋이 알게 되고 일주일 동안의 치열한 축사사역을 한다. 마지막, 숨겨두었던 수정구슬을 기도의 힘으로 깨뜨려 비로소 해방되었다. 이것을 통하여 그의 가족 7명은 예수를 믿고 침(세)례를 받게 된다.

이 사건 이후 또 다른 귀신들린 여인이 기독교인들을 쫓아내야 한다고 하면서 그렇지 않으면 큰 문제가 생길 것이라고 경고한다. 얼마 뒤 한 남자가 숲에서 원인 모를 죽음을 당했는데, 교살 흔적이 역력했다고 한다. 시신을 화장하는 장례식 마지막 날 밤에 그의 동생 역시 같은 방법으로 사망했다. 동네 사람들은 그 사건이 인간이 아닌 '지역신'이 노해서 죽였다고 믿고 있다. 주민들이 집단적인 두려움 속으로 몰입되었다. 귀신들의 공격을 피하기 위해, 두 세 가정이 한 집에 모여서 밤을 보냈고,

신앙 때문에 마을에서 쫓겨난 매틀의 성도들

남자들은 여장을 하여 남자를 공격하는 귀신을 피하고자 했다.

결국 이들은 150여 가구의 공동체가 귀신의 분노로 사라질 수 있다는 두려움에 사로잡혔다. 이들은 기독교인들을 공동체에서 몰아내기로 결정했다. 각 가정의 대표로부터 사인을 받아낸 주민들은 밤 8시경 이제 막 예수를 믿는 유일한 가정의 집으로 몰려들었다. 그들은 그냥 온 것이 아니라, 총과 몽둥이를 들고 왔다. 위협 정도가 아니라, 총을 쏘았다.

결국 더 이상 마을에서 살게 되면 더 큰 일이 벌어질 것을 염려한 식구들은 추방되었다. 집은 헐리고 옛 묘지에서 살 수 밖에 없었다.

하지만 사건은 정리되지 않았다. 성도들을 핍박할 때 앞장섰던 지도자들이 기괴한 죽음을 맞기 시작했다. 한 사람은 동네 청년에 의해 총에 의해 사망했고, 한 지도자는 큰 담석을 발견하여 수술 후 고통을 견디지 못해 자살했다. 다른 지도자는 멀쩡하다가 장례식에서 커피를 마시고 와서는 그대로 세상을 떠났다. 또 한 사람은 지병으로 고통스럽게 죽음을 맞이했다.

대조적인 모습의 삶이 지금도 이어지고 있다. 쫓아낸 매틀 마을의 카렌 주민들은 여전히 강력한 두려움에 살고 있지만, 쫓김을 당한 가정은 어려움이 있어도 주님 안에서 살아가고 있다. 사도행전의 역사는 지금도 계속되고 있다.

13. 죽지 않고 살았습니다.

한 생명이 태어나고 자라는 것은 어느 곳에서나 소중하다. 생명은 존재 자체만으로도 귀하기 때문이다. 그렇지만 모든 생명이 소중하게 다루어지지 않는다. 올해 24세가 된 센차이라는 청년은 태어날 때 보호와 소중함과는 거리가 먼 출발을 했다. 그 이유는 그가 25년 전 평범하지 않게 태어났기 때문이다. 그는 출생부터 생과 사의 극적인 긴장 속에서 위태롭게 생명을 유지해야 했다.

'매패'라는 마을은 매홍손도 솜머이군에 속해 있는데 해발 고도가 1,000m가 넘는 높은 곳에 위치한 카렌 마을이다. 그 교회를 담임하는 '유타나' 목회자의 집을 방문하면서 평범하지 않은 가족 이야기를 듣게 되었다.

그에게 세 자녀가 있는데, 두 딸은 직접 낳은 자식이지만 막내 아들은 양자를 삼았다고 한다. 막내 센차이를 양자로 둔 것은 전혀 예기치 않은 사건과 관련이 있었다. 지금부터 25년 전, 보건소 직원이 급하게 유타나에게 찾아 왔다. 매패에서 그리 멀지 않은 후웨이 창이라는 마을에서 큰 일이 벌어졌다고 한다. 아이를 낳다가 산모가 사망한 것이다.

동네 사람들은 낙심과 두려움으로 사망한 산모를 묻을 때 갓난아이도 죽여서 같이 묻으려고 했다. 만약 아이를 살리고자 하면 빨리 가 보아야 할 것이라고 전했다. 그 소식을 들은 그는 그 생명을 살려야 한다는 위급함을 느꼈다.

그 때는 차는 물론 도로도 없었던 때였다. 마침 매패에서 전도하기 위해 카렌어를 배우는 스콧 선교사의 오토바이가 있어서 같이 타고 급하게 마을을 갔다. 마을에 도착하자 마자 소리를 질렀다.

"멈추시오! 멈추시오!"

가보니 기가 막힌 장면이 연출되고 있었다. 친인척들은 사망한 산모에 대한 슬픔으로 아이를 돌볼 생각을 전혀 하고 있지 않았다. 태어난 지 약 두 시간이 지난 아이는 그냥 버려져 있었다. 탯줄이 여전히 있었고 핏자국은 태어난 그대로였다. 그들은 이제 산모의 시신과 아기를 함께 묻으려고 하고 있었다. 아이가 살아 있으면 사망한 산모의 귀신이 와서 해친다는 믿음 때문이었다. 그는 급하게 아이의 아버지에게 이야기했다.

"아이를 일단 나에게 맡기세요. 그 다음에 어떻게 할지는 나중에 생각해도 좋습니다."

이 제안에 아버지가 동의하여 아이는 죽음을 피할 수 있었다. 집으로 데리고 와서 탯줄을 자르고 핏자국들을 씻었다. 유타나도 무슨 대책이 있어서 그 아이를 데리고 온 것은 아니었다. 일단 아이의 생명을 구해야 한다는 급박한 상황 때문이었다.

당시 그에게는 아이의 양식이 될 분유를 살 돈도 없었다. 마침 그의 둘째 딸이 한 살 정도 되었는데 부인이 여전히 수유를 하고 있었다. 부인에게 갓난이에게 젖을 먹이자고 제안했고, 부인은 흔쾌히 동의했다. 그 아기는 젖을 나눠 먹으며 겨우 생존할 수 있었다.

한 주가 지난 뒤 본인과 주위 지인들의 도움을 받아 분유를 살 수 있었다. 이후 분유로 아기의 양식을 삼았다. 2주가 지난 뒤 그는 아이를 안고 아이의 아버지에게 찾아가서 이야기했다.

"갓난 아이를 이제는 기르셔도 되고, 아니면 저에게 양자로 줘도 됩니다."
"만약 직접 기르시겠다면 아이를 위한 분유는 제가 감당하겠습니다."

아버지는 아이를 안고 몇 시간 동안 걸으면서 깊은 생각에 빠졌다. 그리고 무겁게 말을 꺼냈다.

"내가 일을 해야 하는데 만약 밖에 나가서 일을 할 때 아이를 돌볼 자신이 없습니다. 맡아 주시면 고맙겠습니다."

유타나는 아기 아버지의 말을 듣고 난 뒤 이야기를 했다.

"아이에게는 친부모가 누구인지 숨기지 않고 이야기를 하겠습니다."

그리고 아이를 군청에 본인의 아들로 호적신고를 하고, 데리고 살기 시작했다. 당시 거의 모든 주민들은 전통 종교를 믿고 있었으며 그 믿음의 중심은 두려움이었다. 아이를 데리고 살기 시작하자 동네 사람들은 유타나에게 인사도 제대로 하지 않았다. 두려움 때문이었다. 그들은 이제 아이 엄마의 혼이 귀신이 되어 아이와 유타나 가족에게 해를 끼칠 것이라고 믿었다. 그렇게 되면 가까이 지낸 사람들도 해를 받을 수 있다고 생각했다. 밤에 개가 짖으면 사람들은 아이 엄마의 귀신이 찾아왔다고 하면서 피했다. 동네 사람들은 무서워 아이에게 가까이 오지 못했다. 귀신이 어떻게 그들을 해치는가를 무서운 마음으로 유심히 살펴보았다고 한다.

유타나 부인은 아들을 원했기 때문에 양아들을 친아들처럼 사랑하고 돌보았다. 두 명의 누나들도 새로운 동생을 친동생처럼 대해 주었다. 본래 화목한 가정이었기에, 새로운 생명은 그 사랑을 듬뿍 받고 자랐다. 아이가 자라 이해할 때부터 유타나는 아이에게 생부모에 대한 이야기와 왜 입양하였는가를 소상히 알려 주었다. 센차이는 비극적인 생모의 죽음과 생사의 고비가 있었지만 사랑 많은 가정환경에서 안정적으로 자랐음을 알았다.

아이는 고등학교를 지역에서 졸업하고 방콕에서 대학을 졸업했다. 현재는 방콕에서 풋살(실내축구)선수로 활약 중에 있다.

센차이는 하나님을 진심으로 사랑한다. 경기가 주일에 주로 있기 때문에 교회를 나가는 것이 어렵다고 한다. 그래서 그는 아침에 예배를 드린다. 전화를 하면 하나님께 같이 감사의 기도를 드린다. 그리고 그는 양부모를 깊은 마음으로 존경하고 본이 되는 청년으로 자랐다. 두 명의 누나들과도 전혀 거리감이 없이 격려하고 돌보는 오누이들이다. 센차이가 양부모를 어떻게 생각하는지를 말해 준다.

유타나 목회자 부부와 두 딸 그리고 양자 센차이

"양부모님이 아니었으면 저는 이 세상에서 살지 못했을 것입니다. 양부모님께 감사 드리고 새로운 가족을 주신 하나님께 감사 드립니다."

그들 부부는 정식 학교교육을 받지 못해 윤리나 사회, 그리고 도덕을 배운 적이 없다. 그렇지만 그는 사회적 조소과 집단적이고 광적인 종교적 두려움으로 팽배한 지역에서 한 생명을 지켰고, 하나님의 사람으로 키웠다. 그는 실로 하나님의 능력과 생명사랑을 실천한 목회자이다.

그의 이야기를 듣는 동안 그 가족이 누리고 있는 학교에서 배울 수 없는 하나님 나라 생명의 풍성함과 신비를 느낀다. 하나님을 만난 유타나는 하나님의 형상으로 만들어진 한 생명의 가치를 알았기에, 그 생명에 대한 위협을 온 몸으로 맞섰다. 비극적인 인간의 아픈 현장에서도 하나님의 긍휼하심과 섭리는 여전히 흐른다. 우리가 하루하루 사는 것은 당연한 날들의 연속이 아니라, 성령님의 은혜이고 신비임을 다시 느낀다. 24살의 센차이는 그 사실을 다시 일깨워준다.

4장

다르지만 아름다운 사람들

1. 16세 엄마, 31세 할머니, 49세 증조할머니
2. 결혼식장의 신랑 슬리퍼
3. 21세 노처녀 크쎄 이야기
4. 카렌 대통령 무뚜의 소망
5. 아름다운 카렌극단
6. 16살 신부 완니다
7. 쥐 다섯 마리, 목회자를 위한 사랑의 마음
8. 자식이 모두 열네 명입니다.
9. 생년월일을 잘 몰라서….
10. 지뢰 희생자들의 찬양

다르지만
아름다운 사람들

다양함은 틀림이 아닌 다름이다. 카렌족은 다양한 환경에 있다. 정치적, 경제적, 사회적, 교육적 다양성이 그들 안에도 존재한다. 그들은 그런 다양함 속에서 독특한 문화와 사회를 만들어왔다. 그것은 우리와 다르지만 분명 아름다운 모습들이다.

1. 16세 엄마, 31세 할머니, 49세 증조할머니

아직도 앳된 소녀인데 역시 젊은 남자 청년과 같이 있어서 결혼을 했구나 하는 느낌이 들었다. 열 다섯의 '포힐라'라고 하는 젊은 신부였다. 그녀의 마을 매쁘이키는 치앙마이와 멀지 않은 곳이어서 비교적 자주 방문한다. 그녀가 초등학교 다니기 전을 기억하고 있던 나는 아직 결혼하기엔 어리다고 생각했었다. 그런데 그녀가 결혼한 것이었다.

올해 중 3을 졸업하고 지난 4월에 결혼했으니 아직도 두 달이 안된 신혼이다. 남편은 20세로 역시 어린 편이다. 2년 이상 서로 마음을 두고 사귀어 왔다고 한다. 결혼하기까지 과정과 지금의 삶에 대한 짓궂은(?) 질문을 하는데, 어린 신혼부부는 내내 수줍은 웃음과 밝음이 가득하다.

특유의 호기심이 발동하여 그녀의 엄마에게 결혼할 때 나이를 묻는다. 그녀의 엄마는 그녀보다 어린 14세에 결혼을 했다고 한다. 현재 나이는 30세였다. 마침 잠을 자게 된 집이 그녀의 할머니 댁이었다. 자연스럽게 동일한 질문을 던졌다.

그녀의 할머니는 16세에 결혼했으며 현재 나이는 48세라고 한다. 그러니까 15세 신부의 엄마는 30세, 그리고 할머니는 48세였다. 내년에 그녀가 아이를 낳으면 그 아기는 16세의 엄마 31세의 할머니, 그리고 49세의 증조할머니를 두게 될 것이다. 너무 일찍 결혼하는 것 같아서 부모에게 각자 동일한 질문을 했다.

젊은 4대 카렌가족

"일찍 결혼하는데 괜찮습니까?"

모두가 기쁘다고 대답했다. 그들도 동일한 과정을 거쳐온 것이다. 부모로서보다도 인생을 먼저 경험한 선배로서 문제가 없음을 경험했기 때문이다.

가정이 위협받고 있는 시대이다. 한국의 이혼율이 40%를 넘나들고 있다고 한다. 이들의 결혼을 보면 염려스러울 수 있다. 우리들의 눈으로 보면 아직 너무 어린 나이의 무책임한 결혼처럼 보이기 때문이다. 그런데 정작 문제는 걱정하며 염려하는 관점을 가진 우리 사회에 있다. 어린 신부의 부모와 조부모가 얼마나 건강한 가정으로 살고 있는지 지켜볼 수 있었다.

물론 적절한 나이에 결혼을 하고, 책임 있는 삶을 살아야 한다. 하지만 그 기준과 관점은 상황에 따라 다르다. 열 다섯 살 된 포힐라 신부는 일반적인 가정보다 더 건강한 기초와 경험을 가진 가정과 환경 속에서 새 출발을 했다. 젊다 못해 어린 가정이지만 안쓰러움보다는 기대감이 드는 것은 삶과 축복으로 함께 하는 건강한 윗세대가 있기 때문이다.

2. 결혼식장의 신랑 슬리퍼

2019년 5월 '크러데'라는 깊은 카렌 마을에서 결혼식이 진행되고 있다. 결혼식은 교회 옆에 아담한 임시 결혼식장을 만들어 소박하게 진행되었다. 카렌 마을에서 쉽게 구할 수 있는 대나무로 기둥과 받침을 만들어 플라스틱 차광막을 덮은 결혼식장이다. 교회에서 사용하는 긴 의자를 하객을 위하여 갖다 놓았다. 순서를 맡은 담당자와 신랑, 신부, 부모를 위한 의자와 책상을 앞에 준비했다. 신랑, 신부의 이름을 붙인 빨간색 천이 식을 진행하는 앞 부분에 놓여 있다.

외부에서 처음 보는 사람들은 신부의 작은 면사포를 제외하면 결혼식이라고 알아챌 수 없을 정도이다. 결혼식에 참석한 사람들에게 공통적으로 눈에 띄는 것이 있다. 슬리퍼이다. 축하객들은 대부분 맨발에 슬리퍼를 신고 있었다. 주례하는 암폰 목사도 맨발에 슬리퍼이다. 신랑과 신부의 양가 부모들도 모두 맨발에 슬리퍼이다. 심지어 신랑도 슬리퍼이다. 자세히 살펴보니 신랑의 오른발 슬리퍼는 한 쪽이 찢어져 있었다. 평범한 태국 카렌족 산골의 소박한 결혼식이었다.

새로운 가정을 이루는 신랑과 신부에 대한 내용을 보면 다소 놀라운 점을 발견할 수 있었다. 그들은 깊은 오지의 카렌 마을에서 태어났지만 태국의 유수한 대학의 임상병리학과를 졸업했다. 신부는 치앙마이에 있는 정부병원의 혈액검사실에서 근무하고 있고, 신랑은 고향의 보건진료소에서 근무하고 있다. 이 정도면 태국에서 중산층에 진입할 수 있는 환경이다. 같이 온 신랑과 신부의 태국 친구들은 모두가 태국의 공립의

료기관에서 근무하는 안정된 직장인들임을 확인할 수 있었다.

신랑과 신부는 대학을 졸업하고 태국의 정부기관에서 일을 하면서 주위에서 태국인들의 결혼식을 자주 보았을 것이다. 이제 태국사회에서의 결혼식은 매우 화려하고 상당한 수준의 혼수비용을 준비한다. 이들의 사회적 신분이나 수입을 고려하면 화려한 결혼식을 해도 문제가 없었을 것이다.

그런데 그들은 카렌교회의 전통적인 방법을 선택했다. 신부의 어머니는 신랑, 신부가 결혼식을 부모의 집에서 하기를 원했다. 그것은 태국 사회와 태국어에 익숙하지 않은 양가 부모를 위한 배려였다. 신랑과 신부를 위한 특별예복은 없었지만 양가 부모를 위한 존중과 사랑은 넘친다. 보일 듯 말듯한 신부를 위한 작은 면사포가 신부임을 알 수 있는 유일한 예복이다. 신부는 결혼한 부인들이 입는 투피스의 카렌 전통 옷을 입었고, 신랑은 평범한 카렌 옷을 입었다. 시골에서 하는 평범하고 전통적인 결혼식의 모습이다. 신랑, 신부의 양가 부모들도 평소에 입는 옷과 신발을 신고 참석했다. 일상에서 만나는 카렌 사람들의 모습이다. 신부댁에서 새로운 가정을 위한 사진 촬영 장소를 준비했다. 멀리서 온 축하객들이 사진을 찍으면서 축하해준다. 결혼식을 위하여 동네에서 6마리의 돼지를 잡았다. 넉넉한 돼지고기요리와 야채들이 하객을 위하여 준비되었다. 화려함은 없지만 풍성한 결혼식 잔치를 통하여 축하객들과 동네주민들이 풍성함과 기쁨을 나누고 있었다.

태국 카렌의 가정은 배울 점들이 많다. 깊은 시골에서는 대부분 20세가 되기 전에 결혼했었다. 이제는 교육환경이 급변하여 대부분 고등학교를 졸업하기 때문에 결혼연령이 늦어지는 추세이다.

결혼식 이후 만찬

결혼하면 대개 신랑이 신부집에서 산다. 모계사회이기 때문이다. 이들은 대개 건실한 가정을 이룬다. 남편은 식사 준비 등의 가사일과 아기 양육에서 거의 동등하게 책임을 진다. 농사를 지을 때 남녀의 차이는 거의 없다. 남녀가 큰 구분 없이 서로를 돕고 의지하며 지내왔다.

중요한 것은 그 지역의 카렌 공동체가 새롭게 꾸민 가정이 건강한 가정이 되도록 가까이에서 지지해 준다는 점이다. 17세 전후로 결혼한 카렌 부부들이 건강한 가정을 이루어 살아가는 모습을 보는 것은 어려운 일이 아니다.

한국의 젊은이들은 대부분 멋진 결혼식을 소망한다. 그리하여 결혼식과 신혼여행을 위하여 수천만 원을 준비한다. 평생 잊지 못할 로맨틱하고, 아름다운 모습을 남기고 싶기 때문이다. 일생에 한 번 있을 결혼을 위하여 준비하는 것은 필요한 일일 것이다.

그런데 이런 과정에서 너무나 부담이 되는 결혼식 준비 비용과 이후의 삶을 위한 준비 때문에 결혼이 늦어지고, 아예 결혼을 포기하는 젊은이들도 늘고 있다.

4장. 다르지만 아름다운 사람들

카렌 결혼식장의 신랑 신부

태국 카렌사회에서 가정을 이루는 데는 멋진 결혼식과 신혼여행이 필요하지 않다. 소박하지만 공동체의 지지와, 서로를 위한 헌신을 통하여 건강한 가정이 이루어지고 있다. 초라하고 엉성한 결혼식이라고 해서 내적인 가정의 아름다움이 빛을 바래는 것은 아니다.

결혼을 주례하는 암폰 목사는 지금까지 수십 번의 결혼식을 주례했는데 어떤 결혼은 확신이 서지 않는 부부도 있었다고 한다. 그런데 이번 부부는 하나님과 사람 앞에서 확실히 서갈 부부라는 확신이 선다고 했다. 그는 결혼 예식 처음 순서에서 이번 결혼에 대하여 하객들에게 질문을 한다. 이 둘이 결혼하는 것에 대하여 반대하는 사람이 있으면 의견을 표하라고 했다. 모두가 기쁨으로 동의함을 보면서 주례를 시작했다.

주례자 그리고 신랑, 신부 양가 부모와 대부분 하객들이 신고 있는 슬리퍼는 가난함과 소박함을 의미하지만, 그것이 건실한 가정을 이루는 새 부부가 초라한 부부가 됨을 의미하지는 않는다. 축복과 지지를 통하여 공동체는 앞으로도 그들과 함께 할 것이기 때문이다.

넥타이도 없고, 찢어진 슬리퍼를 신은 신랑은 안쓰러운 모습이 아니라, 건강한 가정의 출발을 이루어가는 상징처럼 다가온다. 왜냐하면 겉으로 드러난 화려함으로 준비된 결혼예식이 아니라 서로를 향한 사랑과 헌신, 그리고 약속으로 준비된 결혼식이었기 때문이다.

3. 21세 노처녀 크쎄 이야기: 저는 노처녀입니다.

21세의 '크쎄'라는 오지의 카렌 마을인 '모꼬키'에서 온 여자 청년의 말이다. 21살의 어린 나이임에도 그녀는 자신이 노처녀라고 생각하고 있었다. 그녀의 삶을 돌아보면 같은 태국이지만 매우 다른 세상에서 살아왔음을 알 수 있다. 이제 새로운 도시에서 살아야 하는 상황에서 삶의 의미와 방향을 고민하고 있었다. 그녀는 급격하게 변화하고 있는 태국 소수부족의 현 상황을 잘 보여주는 카렌이다.

그녀는 화장품을 사용해 본적이 없다. 세탁기를 사용해 본적도 없다. 텔레비전은 얼마 전에 마을에 들어왔는데 전기가 없으니 배터리를 이용한다. 동네에는 그녀보다 나이 많은 처녀는 없다고 한다. 왜냐하면 그 지역은 대개 17세 전후하여 결혼을 하기 때문이다. 심지어 그가 초등학교 6학년 2학기 때에는 같은 반의 12살 친구가 결혼을 했다고 한다.

그녀가 살던 곳은 초등학교조차 없었다. 그곳에서 가장 가까운 학교가 '크러데'라는 마을에 있는 학교였다. 그녀는 초등학교 1학년부터 학교기숙사 생활을 해야 했다. 그곳도 오지인데 왕비프로젝트를 통하여 학교가 세워졌고, 근처 오지의 학생들에게 기숙사도 무료로 제공하고 있었다. 그곳에 가려면 집에서 8시간을 걸어야 했다. 초등학교 6년 동안 두 번 차를 타고 집에 갔다고 한다. 나머지는 방학을 전후하여 1년에 몇 번씩 8시간을 걸어야 했다. 초등학교를 나왔지만 태국어가 아주 능숙하지 않다. 태국어를 읽는 것도 익숙하지 않다. 그의 태국어를 들으면 바로 카렌임을 알 수 있을 정도이다.

그녀의 고향인 모꼬키는 하루 일당이 120바트(3.7불)이다. 태국에서 고시된 최저임금이 약 10불임을 감안할 때, 그곳의 경제적 수준이 얼마나 열악한지를 알 수 있다. 물론 이런 일도 늘 있는 것은 아니다. 다른 경제 활동은 매우 제한적이다. 일부는 소와 돼지를 키우고, 커피도 최근에 재배되고 있지만 태국에서 가장 가난한 지역 중 한곳이다.

지난 8월에 13명의 주민들이 그곳에서 약 200km 정도 떨어진 람푼이라는 곳에 보름 정도 갔다 왔다고 한다. 쌀이 부족하여 돈을 벌어 식량과 필요한 것을 사기 위해 마침 람야이(용안) 수확기에 일꾼이 부족하여 그곳에 간 것이다.

보름 동안 일하여 받은 돈이 4,000바트(약 130불)이다. 꽤 많이 받은 것이다. 그런데 왕복 교통비가 2,000바트라고 한다. 너무 길이 험하고, 다른 교통편도 없으며, 우기여서 높은 교통비를 지불해야 했다. 마을에서 새벽 5시에 출발했는데 중간 면소재지에 포장된 길까지 40km도 되지 않는 거리를 6시간 걸렸다. 그날 저녁 어두울 때에야 도착했다고 한다.

보름 동안 일하고, 교통비를 제하고, 쌀 두 포대를 사니 돈이 부족했다고 한다. 올해 농사가 병충해로 수확이 줄어든 상황에서 남자 청년들은 모두 도시나 다른 지역에 가서 일을 하는 상황임을 전했다. 마침 치앙마이에서 한 분이 가정부를 구해달라고 하여 흉년 소식을 알고 있었기에 연락을 한 것이다. 그 지역 목회자에게 연락이 닿아 부탁을 했는데 그녀와 직접 통화를 한 것은 일주일이 지난 뒤였다. 왜냐하면 그 동네에 전화신호가 잡히지 않기 때문이다. 연락을 주고받는 데에 1주일이 걸렸다.

그녀는 지난 목요일에 이틀을 걸려 치앙마이에 왔다. 우리 집에 며칠 동안 기거하면서 일자리를 다시 알아보아야 했다. 영어가 안되기 때문에 커뮤니케이션 문제가 되어 처음 요청했던 곳에서는 일할 수 없었다. 마침 이곳에서 교육 사업하는 한국인 사업가가 사람이 필요하다고 하여 같이 만났다. 그곳의 노동조건이 생각보다 좋았다. 태국 노동법에 따라 급여와 휴일은 물론, 본인이 원하면 영어나 한국어도 배워서 특별수당을 받을 수 있다. 한 달에 받게 될 급여는 300불 정도인데 숙박비를 제하면 약 240불 정도이다. 이런 상황을 이해한 후 5일 동안의 우리 집 생활을 정리하고 근무할 곳으로 데려다 주었다.

떠나기 전에 완전히 다른 곳에서의 생활에 대하여 아내와 같이 격려도 하고 조언도 해주었다. 아내는 딸의 허락을 받아 큰딸이 입었던 옷들을 여러 벌 챙겨준다. 처음 올 때 추리닝을 입고 왔는데 가장 좋은 옷을 골랐을 것이다. 그래도 이곳에서는 아무래도 시골티가 물씬 났는데 새로운 옷을 입으니 제법 자연스러웠다.

재정사용에 대한 조언을 한다. 한번도 이런 돈을 받아 본적이 없기 때문에 관리가 걱정 되었기 때문이다. 십일조는 당연히 한다고 한다. 미래 지도자를 양성하는 신학교를 위한 지원에 대하여 1년에 2,000바트(60불)를 기꺼이 돕겠다고 한다. 먼저 집에서 빚진 5,000바트를 갚고 난 뒤, 저축하는 것도 이야기 해 주었다.

지난주까지 오지에서 손빨래를 하고, 손으로 옷을 짜고, 땔감을 하기 위해 산으로 가서 나무를 모았던 그녀였다. 가방을 손으로 짜서 만들면 2일이 걸리는데, 하나의 가방에 필요한 실 가격이 30바트(1불)이고 가방 하나를 100바트(약 3불) 정도 받을 수 있다고 한다. 하루에 얻게 되는 수입이 35바트(약1불)의 가치이다. 다른 마땅한 일들이 없으므로 과거부터 조상들이 해 오던 삶을 살아오고 있었다.

마을에는 전기가 없으니 잠은 8시가 되기 전에 자고, 해가 뜰 때쯤 일어났다고 한다. 하지만 이제 이곳에서는 전혀 다른 삶의 방식이 기다리고 있다. 이곳에서 그녀는 문화충격을 겪을 것이다.

태국은 도시화와 세속화가 빠른 속도로 진행되면서 카렌 사회에 영향을 주고 있다. 결국 카렌의 젊은 세대들은 도시로 이주를 할 것이다. 크쎄라는 21세의 노처녀(?)는 그런 도시화 과정에서 새로운 곳으로 이주하는 대표적인 경우이다.

이들이 세속화된 태국의 도시에서 적응하고, 살아가는 것은 이들의 미래에 있어서 매우 중요한 도전이다. 왜냐하면 결국 20년이 지나면 다수의 카렌들은 결국 도시로 이주하게 될 것이기 때문이다. 이들의 미래가 이제 원하든 원치 않든 도시에서 펼쳐진다. 그러므로 카렌 공동체의 미래는 이들이 도시에서 어떤 삶의 자리를 살아가는가에 달려 있다.

이것은 소수 카렌 교회가 어떻게 주민족인 타이민족에게 복음을 전할 것인가 와도 관련이 있다. 이것을 위해서 꼭 해야 할 것은 이들의 카렌 민족정체성과 타이국가 정체성 그리고 신앙정체성을 건강하게 가지고 있어야 한다. 만약 어느 한 가지라도 잊어 버린다면 새로운 도시에서 주변인이 되거나, 태국화되어 민족자체가 소멸될 수도 있다. 만약 이들의 열

21세의 노처녀 크쎄

린 민족정체성과 국가관을 가지고 하나님 나라의 소망과 능력을 가진다면 선교적 공동체가 될 수 있다.

초대교회는 약자인 유대인 디아스포라 기독교인들이 결국 강자인 로마제국을 복음화했다. "하나님께서 세상의 약한 것들을 택하사 강한 것들을 부끄럽게 하려 하시며"(고전 1:27). 이 말씀은 2,000년 전에만 가능한 말씀이 아니다. 새로운 기독교환경을 맞이한 21세기에도 여전히 동일하다. 약자이고 소수민족인 카렌족 교회가 강자이고 다수인 타이민족에게 이 말씀이 이루어지기를 소원한다.

크쎄는 못 배우고 가난한 청년이지만 하나님의 능력과 지혜로 이 말씀을 따르고, 고백하기를 기도하며 기대한다. 첫날 근무가 어떤지 궁금하여 전화를 했더니 할만하고 주인도 좋다고 한다. 시작이 좋으니 걱정도 되지만 기대가 되는 날이다.

4. 카렌대통령(Karen National Union 의장) 무뚜의 소망

태국과 미얀마의 국경도시인 매솟은 양국의 정치와 경제, 그리고 사

회가 혼재된 특별한 도시이다. 2013년 그 곳의 카렌 교회를 방문하는 중, 작년 말에 미얀마에서 독립을 소망하는 카렌 정부의 대표인 무뚜 대통령을 만났다.

한 시간 정도 나눈 그와의 대화에는 미얀마 카렌족의 아픔과 슬픔이 그대로 배어 있었다. 그 가운데에서 민족에 대한 소망을 놓치지 않으려는 생명력도 흘러 나왔다.

현재 그는 76세이다. 고등학교를 졸업하고 18세에 카렌 독립군에 자원 입대했다. 군인으로 작년까지 57년을 보내다가, 총사령관으로 추대된 후, 작년 카렌 대표자회의에서 4년 임기의 대통령(Karen National Union 의장)으로 선출되었다. 수백만의 미얀마(버마) 카렌 사람들이 그를 바라보고 있다. 미얀마 정부와 군부도 그를 주목하고 있다.

미얀마 대통령을 포함하여 미얀마의 장관들과 군인들을 최근 몇 번 만나면서, 미얀마의 안정을 위한 과정을 밟아 가고 있다. 60여 년간의 전쟁에서 잠시 휴전했지만, 상호불신은 쉽게 해결되지 않는다.

특히 핍박 받은 카렌민족의 입장에서는 미얀마 사람, 특히 미얀마 군부를 믿을 수가 없다. 아예 대화의 상대로 인정할 수 없다고 말하는 카렌 지도자들도 적지 않다. 미얀마와의 대화를 어느 정도에서 할 것인가에 따라서 다양한 입장이 있다.

카렌 내부의 문제도 녹록지 않다. 무장단체만 적어도 네 개의 분파로 나누어져 있다.

그 사이에서의 내부 전투가 오랫동안 지속되었다. 하나가 되어 미얀마 군부를 대항해도 부족한데, 분열된 카렌의 모습은 더 깊은 상흔을 남겼다. 다행히 내부의 휴전도 되었고, 상호간에 신뢰의 가능성이 발전되고 있지만 여전히 긴장이 있다.

작년 11월 카렌 대표자들이 모여서 중요한 안건, 특히 새로운 대통령과 총리를 선출하는데, 한 달 이

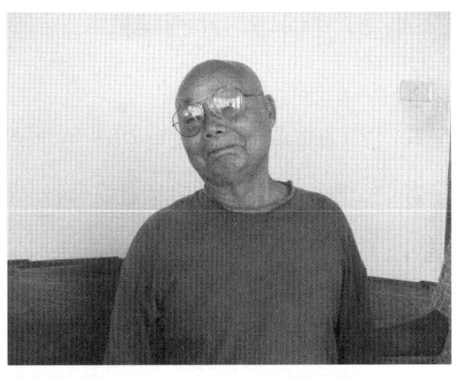

카렌대통령(Karen National Union 의장) 무뚜

상 걸린 것을 보면 얼마나 예민하고, 긴장이 되었는지 알 수 있다.

그가 경험한 지난 60여년 간의 이야기를 한다. 특히 미얀마 정부의 카렌에 대한 핍박, 살상, 속임수를 이야기할 때는 흥분하기도 했다. 그렇지만 그는 이제 대화를 해야 한다고 말한다.

그들이 완전히 믿을 수 있는 상대이기 때문이 아니라, 더 이상 지금 같은 상황이 지속되어서는 안 되기 때문이라고 한다. 해결을 해야 할 때인데 쉽지 않다고 한다. 대통령이라고 하지만 번듯한 사무실조차 없다. 직무를 수행하는데 필요한 예산, 조직도 시원치 않다. 허름한 옷차림이 그가 이끌고 있는 수백만 카렌 민족의 현 모습을 느끼게 한다. 그러나 소망의 끈을 놓치지 않는다. 그 소망의 맨 끝자락은 하나님에 대한 믿음과 관련되어 있었다.

어느 때보다 가능성이 높은 미얀마 내부의 평화의 움직임은 가장 큰 소망의 대상이신 하나님의 회복하심을 보여주는 사인처럼 보인다.

5. 아름다운 카렌 극단

국경지대의 후웨이 '남낙'이라는 카렌 마을을 방문하는 중 밤새껏 들린 스피커 소리가 궁금해졌다. 아침에 동행한 총회 회계인 루카 장로와 그 마을 목회자와 같이 소리가 난 곳으로 갔다.

넓은 마을 공터였는데, 쓰레기가 너저분하게 널려 있었고, 허름하고 조잡한 임시 무대가 눈에 들어왔다. 극단이었다. 극을 마치고 정리하는 아침 시간이어서 더욱 어수선하다.

일부 단원은 잠을 자기도 한다. 극단 대표인 '소몽앙우'라는 나이가 지긋하신 분을 찾아가 이야기를 나눴다.

그들은 미얀마 카렌 주에서 국경을 넘어서 왔다. 국경지대여서 여권을 통해서가 아니라 지역 행정기관의 도움을 받고 왔다. 단원은 46명이었다. 공연은 모두가 5가지 세트로 되어 있는데, 저녁 8시부터 아침 6시까지 가능하다.

'플로스고 꺼루따힐라' 라고 하는 다소 긴 이름의 극단인데, '아름다운 플로스고 카렌극단'이란 의미이다. 미얀마의 교통사정이 좋지 않아 건기 때만 공연을 하고 우기 때에는 각자 농사를 짓는다. 한 번 공연을 하면 100만원 정도 공연비를 받는다고 한다. 1년에 20-30곳을 방문하고 있다.

나도 그렇고 그들도 신기하고도 들뜬 마음으로 대화를 한다. 그들은 미얀마의 한 카렌극단이고 나는 한국사람이지만, 단지 카렌어로 통한다는 것을 넘어서 무엇인가 깊게 통하는 느낌을 받았다. 카렌을 사랑하는 공통점이 있었기 때문이었을 것이다. 극단 단장을 통하여 이들이 마을에 들어온 목적을 알 수가 있었다.

아름다운 카렌 극단

첫째, 카렌 문화 유지, 둘째, 카렌 문화 발전, 셋째, 경제적인 수입이었다.

사실 셋째인 경제적인 수입은 그저 유지되는 수준임을 알 수 있었다. 그렇지만 나는 이들에게서 어떤 예술인의 혼과 정신을 느낄 수 있었다. 어떻게 보면 자유로운 진정한 의미로서의 예술가라는 마음마저 든다.

사실 그들의 외형은 허술하기 짝이 없다. 공연장 환경도, 그들의 무대 수준도, 장비도, 수입도, 영 아니다. 그렇지만 한국의 많은 유명 연예인들과 비교하면 더 예술적인 삶을 살고 있었다. 이들은 인기가 없어지면 어떨까 고민하지 않는다. 가십거리가 되면 어떻게 될까 걱정하지 않는다. 같이 공연하지만, 속으로는 시기와 경쟁관계를 떨구지 못할 염려가 없다.

그들은 하나였다. 그 중 극단에 전혀 도움이 안 되는 맹인 한 사람을 돌보는 여인을 통하여 알 수 있다. 유명해지거나 경제적으로 풍요를 위해서가 아니다.

"카렌문화를 유지하고 발전할 수 있어서 좋습니다."

무명극단이지만 극단 단장의 말을 통하여 감을 잡을 수가 있다.

진리가 자유케 함을 알고 있다. 사실 그것 때문에 선교사로서 삶을 살고 있다. 그런데 이 극단의 소신 있는 이야기를 들으면서 나의 모습을 돌아보았다. 영원한 자유를 전하는 나의 모습이 때로 이 무명배우들의 예술에 대한 자유로움과 대조되는 부분들이 있기 때문이다. 그것은 나를 자유케 하는 진리 되신 예수님의 문제가 아니라. 내 안에 한계가 있기 때문이리라. 참 진리 되신 예수님의 자유케 하심으로 묶여 있는 이 세상 사람들에게 자유를 나누기를 소망하는 날이다.

6. 16살 신부 완니다

"다음 달이면 둘째 딸 완니다가 결혼하게 됩니다."

신부의 어머니가 약간은 부끄러운 모습이지만 기쁜 마음으로 이야기를 한다. 그런데 그녀의 나이가 이제 16세이다. 그녀는 작년에 중학교를 졸업하고 7개월 동안 방콕 근교에서 일을 하다가 돌아왔다. 그리고 그 전부터 알고 지내던 청년과 결혼을 하게 되었다.

한국인의 입장에서 보면 참 문제 있는 결혼처럼 보인다. 아직 미성년자이다. 고등학교도 졸업하지 못했다. 아직 가정을 책임질 수 있는 나이가 아닌 것처럼 보인다.

그렇지만 깊은 산에 위치한 카렌 마을에서 살아가는 이들에게는 특별한 모습이 아니다. 물론 지금은 20세 이후에 결혼하기도 하지만 대개는 20세 이내에 결혼한다. 고등학교까지 의무교육을 시행하게 되면서 20세가 넘는 신부도 제법 보인다. 얼마 전까지는 특별한 경우가 아니면 20세가 되기 전에 결혼했었다.

16살 신부 완니다

중요한 것은 이들의 결혼 이후의 삶이다. 물론 이곳도 부부 사이에 긴장이 있고, 자녀교육 등의 문제로 어려움을 겪고 있다. 그렇지만 일반적으로 대부분 건실한 가정을 이루며 살고 있다. 특별한 경우가 아니면 이혼은 없다. 신부 집에서 처음 살아가는 남편도 모든 일을 같이 나누어서 한다.

어린 나이의 결혼을 권장할 필요는 없다. 그렇지만 쉽게 우리의 기준으로 판단하여 불쌍하다고 보는 관점도 문제가 있다. 왜냐하면 보편적인 한국의 가정보다 더 강한 유대관계로 살아가고 있기 때문이다.

결혼준비가 궁금하여 질문하니, 두 마리 돼지를 준비하고 있다고 한다. 부모들의 마음은 조혼으로 인한 걱정의 모습은 전혀 보이지 않는다. 이제 새로운 가정을 만들어 갈 딸의 모습을 기대에 찬 눈으로 바라보고 있다. 나도 부모와 같은 마음으로 작지만 마음을 모은 축하금을 쥐어 주었다.

7. 쥐 다섯 마리, 목회자를 위한 사랑의 마음

러꺼뽀 교회의 목회자 부나 전도사 댁에서 쉰다. 저녁에 교회 장로가 왔다. 빈손이 아닌 몇 마리의 물건을 가지고 왔다. 가만히 보니 쥐를 가지고 온 것이다. 간 밤에 쥐덫을 이용하여 잡은 쥐가 27마리라고 한다. 그 가운데 5마리를 가지고 온 것이다. 외부에서 손님이 방문하니 나름대로 도움이 되고 싶었을 것이다. 부끄러운 듯한 미소에서 그의 마음을 느낄 수 있다. 더 좋은 것을 드리지 못한 미안함도 있었을 것이다. 그렇지만 이 상황에서 수고하는 목회자와 함께 함을 표현한 것이다.

다음날 아침 그 쥐를 이용한 특별 요리가 나왔다. 쥐를 다섯 부위로 자르고, 바나나 잎에 놓고, 소금, 고추를 비롯한 각종 양념을 넣어, 숯불에 익힌 요리였다. 생각보다 괜찮다.

일반적으로 쥐 고기는 훈제하여 국물에 넣고 먹는데, 그러면 고기 맛을 거의 경험할 수가 없다. 왜냐하면 너무 말라 비틀어 버리기 때문이다. 그런데 오늘의 요리는 특별했다. 쥐 고기의 살이 주 요리의 소재로 사용된 것이다. 맛도 좋았지만, 이들이 목회자를 섬기는 모습이 더욱 맛나 보인다.

다섯 마리의 쥐 고기에는 수고하는 목회자에 대한 사랑의 마음이 듬뿍 담겨져 있다. 이 상황을 모르는 사람들은 이들을 보고 미개하다고 말할 수도 있다. 어떤 사람들은 지저분하다고 거부할 수 있다. 혹 일부 도시인들은 역시 우리 한국의 음식이 깨끗하고 좋다고 할 수 있다.

하지만 모두가 자기 중심적인 관점에서 본 것이다. 목회자를 섬기는 방법에서 가장 좋은 것은 그 상황에 적합한 것이다. 소위 문명화된 도시의 방법은 그 상황 속에서 적합한 것이다. 그런 잣대로 다른 문화를 평가하는 자세야말로 성숙하지 못한 자세이다.

쥐 5마리, 목회자를 위한 사랑의 마음

다섯 마리의 쥐를 준비한 한 장로의 성숙한 섬김과 사랑의 마음이 부럽다. 매사를 너무 계산적인 머리로 생각하곤 하는 나의 모습이 비쳐지기 때문이다.

8. 자식이 모두 열네 명입니다.

"저의 자식은 모두 열네 명입니다."

매홍손 깊은 산속의 카렌 마을에서 사역하시는 투 목사님의 말씀이다. 자식이 얼마나 되는가에 대한 질문을 던진 후 들은 예상치 못한 숫자였다. 그 대답을 들으니 가족사가 더욱 궁금해졌다. 질문을 통해 그 대강을 알 수 있었다.

이 만남이 있었던 2013년을 기준으로 투 목사님의 나이는 67세였고, 사모님은 60세였다. 목사님 본인이 24세 때 결혼했는데 당시 사모님의 나이는 17세였다. 큰 아들이 42세이며, 막내는 16세로 올해 고등학교를 졸업한다.

가만히 계산해 보니 결혼한지 1년 만에 첫 아들을 낳고, 평균 1.8년마다 한 명씩 낳은 셈이다. 첫째와 막내는 26년 차이였다.

정작 감동을 받은 것은 그의 자녀들에 관한 것이었다. 자녀들 가운데 6명은 목회자로 사역하며 부모의 뒤를 따르고 있다. 이것은 투 목사님 부부가 부모로서의 모범뿐만 아니라, 목회자로서 좋은 역할 모델을 보여주었기 때문이다.

투 목사님은 1972년 신학교를 졸업하고 난 뒤 지금까지 전도인과 담임목회자와 목사로, 41년 차 목회자의 길을 걷고 있다. 지금까지 그의 전도로 모두 48가구의 카렌족이 예수를 영접하여 믿는 가정이 되었다고 한다. 평생에 한 명도 전도하지 못한 사람이 적지 않은데 48가구이면, 적어도 200명이 넘는 사람들이 그를 통하여 예수를 만났다고 볼 수 있다. 편안하지 않지만 가치 있는 부모의 삶을 보면서 그를 뒤따르고 있다.

어떻게 그 많은 자식을 키워왔는지 모르겠다고 한다. '과연 키울 수 있을까?' 하고 고민도 많이 했다고 한다. 그런데 지금 자녀들이 나름대로 잘 자라서 각자의 자리에 있다고 한다. 그는 모든 것이 하나님의 은혜라고 고백한다. 기근도 있었고, 재정적인 어려움도 있었다. 그런데 돌아보면 하나님께서 때마다 함께 하셨고, 먹이시고, 입히셨다고 한다.

"10명의 자녀가 부모를 못 모시지만, 1명의 부모가 10명의 자녀를 기른다"는 카렌 속담이 있다. 투 목사님의 삶은 한 아버지와 목회자로서 육체적인 자식들뿐만 아니라 영적인 대가족을 기른 이 시대의 진정한 아버지 상을 보여준다.

14명의 자녀를 둔 투 목사님

문명의 이기를 최대한 누리고도 가정이 병들고, 무너지는 소리가 가득한 이 시대에 물질적인 풍요함은 없지만 진정한 가정의 의미를 누리고 사는 투 목사님의 모습은 우리 모두를 위한 아버지의 상이다.

9. 생년월일을 잘 몰라서…

"태어난 달을 모른다면 우기, 건기, 겨울로 나누어서 기록하면 되겠네요."

태국 카렌침례총회 운영위원회 회의에서 나눈 대화의 한 부분이다. 이것은 총회 소속 목회자들의 자료를 정리하는 양식을 설명하는 대목에서였다. 적지 않은 목회자들의 생년월일이 들쑥날쑥 하거나, 어떤 경우에는 없는 경우도 있었다. 이유는 본인의 정확한 생일을 모르기 때문이다. 그래서 대충 적다 보니 이런 일이 발생한다.

카렌 소수민족 교회 지도자들

달은 모르지만 태어난 계절을 알 터이니 이곳의 구분에 따라 삼 계절인 우기, 건기, 겨울로 나누는 정도라도 하라는 것이다. 자신의 생일을 정확히 모르는 사람이 지도자가 될 수 있을까? 일반적인 경우는 불가능할 것이다. 생일날짜를 모르기 때문이 아니라, 그런 날도 모르는 사람이 지도력에 필요한 사항을 기억하고 정리하는 것은 불가능하다고 느끼기 때문이다.

그런데 이곳에서는 가능하다. 이곳에서 목회자가 되었다는 것은 지도력을 검증 받았음을 의미한다. 본인이 목회자가 되겠다고 결심해서 목회자가 되는 경우는 거의 없다. 성도들이 목회자를 선정하는데, 특별한 경우가 아니면 그들 가운데 목회자로 적합한 사람을 뽑고, 노회나 총회에서 임명한다. 그 가운데 나이가 든 분들은 본인의 생일을 제대로 기억하지 못하는 것이다.

과거에는 사실 생일을 기억할 필요가 없었다. 생일을 따로 챙길 상황도 아니었다. 주민등록증을 만들 때 필요하지만, 나중에 만든 경우는 대충 적는 경우가 많다. 기억이 나지 않기 때문이다.

지금은 시대가 변하여 많이 달라졌다. 생일도 챙기고, 여유도 생기고 있다. 소수부족이지만 회의 중에 노트북을 가져오기도 하고, 선교사도 없는 태블릿 PC를 가져온 지도자도 있다. 그런데 이들이 다루는 내용 중에 기억 못하는 생년월일 대신 기억나는 계절로 적어보자는 것이다. 정보사회의 흐름에 따라 최신 기종을 사용하는 지도자도 있지만, 그들이 다루는 내용의 일부와는 잘 어울리지 않는 것 같다.

흥미로운 것은 어울리지 않는 두 모습이 자연스럽게 공존한다는 점이다. 생일을 기억하지 못한다고 하여, 우습게 보거나 무시하지 않는다. 그 부모들 세대에는 흔한 일이기 때문이다. 그런 분들이 지난 40년간 괄목할만한 교회의 성장을 이루었다. 숫자도 많이 성장하였을 뿐만 아니라, 건강하게 현장에 잘 토착화된 교회구조를 만들었다. 많은 문명의 이로운 도구를 가지고도, 의존적인 교회현장과 비교하면 매우 대조적이다.

가난하고, 배우지 못했지만 이들 속에 흐르는 건강한 교회의 DNA는 가장 많이 배운 사람도 배워야 할 내용들이다. 생일을 기억하지 못하는 것만 보고 우습게 여긴다면, 그 자체가 가벼운 인격의 수준을 보여주는 것은 아닐까? 사실 우리가 생일을 기억하는 것은 우리의 기억이 아니라, 부모들이 알려준 것임을 생각하면 진짜 생일을 기억하지 못하는 것은 동일한데 말이다.

10. 지뢰 희생자들의 찬양

실명은 기본이고, 팔과 다리가 아예 없는 희생자도 있었다. 모두가 지뢰폭발의 희생자들이었다.

미얀마에서 정치적인 이유로 태국의 국경지대로 피신해 온 카렌 난민 중 약 5만 명 정도가 살고 있는 '매라' 난민촌의 한 모습이다. 지뢰 희생자들을 위한 카렌 장애인 복지회(Karen Handicapped Welfare Association)에는 모두 14명의 지뢰 희생자들이 등록하여 도움을 받고 있다.

이들이 지뢰에 희생당한 이유는 다양하다. 미얀마 군과의 전투과정에서 매설된 지뢰를 건드려 희생되는 경우도 있다. 일부는 지뢰를 발견하여 제거하다가 원치 않은 아픔을 겪기도 했고, 일부는 평범한 농부로 농사지역을 오가다가 설치된 지뢰와 접촉하면서 고통을 받기도 했다. 지뢰를 건드려 폭발하면 대개 실명이 되거나, 손이나 발등에 손상을 주어 평생을 장애인으로 살아가야 한다.

희생자들은 처음 얼마 동안은 총체적 공황현상을 겪는다. 잠도 안 자고, 먹지도 않고, 멍하니 앉아 있기만 한다. 일정 기간이 지나면 새로운 상황을 이해하게 되지만, 과거의 정상적인 삶을 살수가 없다는 것은 평생 짊어져야 할 무거운 짐이다. 이들을 위한 후원자가 지원을 하여 '카렌 장애인 복지회'가 운영되고 있다.

14명의 희생자들은 1주에 3번 나와서 기도, 성경암송, 성경공부를 하고, 세계 뉴스를 담당자를 통하여 듣게 된다. 이들을 방문하면 두 가지 놀라운 점을 느낀다. 첫째, 인사이다. 이들은 손이 대개 없어서 악수를 할 수 없기에 손목이나, 어깨 등의 다른 신체를 만져주면, 악수하는 것 이

지뢰 희생자들의 찬양

상의 교감이 이루어진다. 둘째, 이들은 영혼으로 찬양한다. 노래의 가사를 들어보니, 하늘의 소망에 관한 것이다. 예수님께서 평화를 주셨다는 찬양을 한다.

육체의 눈은 어두워졌지만, 영혼의 눈이 새롭게 된 사람들이다. 여전히 무거운 짐은 남아 있고, 장애의 몸은 평생 같이 가야 하지만, 하늘의 소망을 영혼의 눈으로 보고 있다.

대조적인 사람들이 있다. 육체의 눈은 온전하지만 영혼의 눈이 어두운 사람들이다. 영혼의 눈은 있지만 희미하게 보는 사람들도 적지 않다. 초라한 무대였지만, 영혼을 압도하는 찬양이 울려 퍼진다.

5장

카렌 디아스포라: 흩어진 카렌족 이야기들

1. 부모님은 다시 돌아오고 싶어합니다.
2. 너무 슬프네요.
3. 한 민족 6국가
4. 흩어지고 모이고
5. 미국 시민권을 포기한 나와폰의 이야기
6. 헤어져 살아야 하는 신혼부부
7. 미국에 갈 것입니다.
8. 미국에서 꼭 만나요.
9. 스웨덴으로 돌아가지 않고 태국국경에 살기로 했습니다.
10. 질문이 있는데요.
11. 잘 지내고 있나요?
12. 핀란드 학생의 눈물
13. 처음 스웨덴에 도착한 이후 밤마다 울었습니다.

카렌 디아스포라:
흩어진 카렌족 이야기들

카렌족은 미얀마와 태국에 있었던 소수민족이다. 그런데 2005년 UN과 서구국가들에 의해 시작된 '재정착 프로그램'을 통하여 태국 국경에 있었던 카렌 난민들이 세계의 각지로 흩어지게 되었다. 흩어짐은 선교적 관점에서 하나님 나라가 확장되는 섭리의 과정이다. 갑작스럽게 찾아온 카렌의 흩어짐이라는 변수를 통해 카렌족들은 전혀 다른 상황을 만나고, 그 속에서 예기치 않은 이야기들을 듣게 된다.

1. 부모님은 다시 돌아오고 싶어합니다.

"부모님은 다시 돌아오고 싶어합니다."

무또라는 신학생의 이 한 마디는 그가 살아온 27년의 시간이 얼마나 불안정했는가를 함축하고 있었다. 그는 카렌 난민이었지만 노르웨이의 도움으로 난민자격을 취득하여 노르웨이 시민권자로서 치앙마이에 있는 실로암 신학교에서 공부하는 2학년 학생이다.

김보순 선교사는 실로암 신학교에서의 2학년을 대상으로 상담학 강의를 한다. 그래서 수강생 모두는 김 선교사와 상담을 한다. 김보순 선교사와 태국어로 상담을 하는데, 무또는 태국어 구사가 불가능했다. 아내인 김보순 선교사의 부탁으로 무또의 상담 시간에 카렌어 통역을 하면서 그의 인생여정을 들을 수 있었다.

그는 1990년 태국 국경에 있는 퀴꺼로 난민촌에서 태어났다. 부모님은 1984년 미얀마 군이 마을을 공격했을 때에 '꼬모라'라는 카렌군의 요새에 피난했다가 그곳에서 결혼하게 되었다. 위로 누나와 형은 미얀마 땅인 꼬모라에서 태어났다.

1980년대 말 미얀마 군의 공격으로 꼬모라에서 살기가 어려워 태국의 '퀴꺼로'라는 난민촌에 들어오게 되었다. 그는 형과 누나와 달리 태국에 있는 난민촌에서 태어났다. 그런데 1994년 이후 카렌군에 대한 미얀마 군의 공세가 강화되면서 국경에 위치해 있던 퀴꺼로도 몇 번의 공격을 받았고 희생자가 발생했다.

난민을 관리하던 UN의 기관(UNHCR)과 태국 정부는 안전한 장소에 새로 캠프를 만들었는데 '움뻬앙'이었다. 그의 가족은 1999년에 움뻬앙 캠프로 이주했다. 2005년 이후 태국 국경에 있었던 난민 문제가 국제적으로 주목을 받으면서 서방 국가들이 이들을 난민으로 받기 시작했다.

그의 가족은 2007년 노르웨이 정부의 도움을 받고 난민자격을 취득하고 노르웨이로 이주하여 국적이 없던 무또 가족은 노르웨이 시민권자가 되었다. 2016년 부모의 제안을 받고 그는 내가 섬기고 있는 태국 치앙마이의 실로암 신학교에 입학했다. 카렌어로 공부를 할 수 있었기 때문이다. 2018년 3월이면 특별 과정을 졸업하고 노르웨이로 돌아간다.

돌아가면 어떤 일을 하기 원하는지 질문하자 그는 부모님 이야기를 했다.

"부모님은 미얀마에 있는 고향으로 돌아오고 싶어합니다."

부모는 고향으로 돌아오면 셋째인 무또와 같이 갔으면 한다고 했다. 현재 아버지는 노르웨이에서 돼지농장 관리를 하고, 어머니는 학교에서 청소를 한다. 노르웨이어가 여전히 힘들지만 부모님은 열심히 일을 해 집도 장만하고 다섯 명의 자녀들과 같이 지낸다

그렇지만 그의 아버지와 어머니 안에는 여전히 고향에 대한 그리움이 깊이 남아 있다.

"난민촌은 자유가 없지만 날씨가 좋았고, 노르웨이는 자유는 있지만 날씨가 너무 춥습니다."

무또와 김보순선교사

열대지방에 익숙한 그의 가족에게는 노르웨이는 너무 추운 곳이었다. 무또의 모국어는 카렌어이고, 미얀마어도 잘하지만 무또의 국가인 노르웨이어는 아직도 서툴다고 한다.

무또의 계속되는 이야기에는 자기 민족이 당한 아픔과 안정되지 못했던 27년 인생 여정의 슬픔이 배어 나온다. 신학교에서 공부를 하면서 많이 성숙해졌고, 필요한 것을 배우는 시간이었다고 고백했다. 부모님은 고향으로 돌아가고 싶어도, 미얀마의 정치상황을 생각하면 아마 오래 동안 기다려야 할 것이다.

앞으로 그는 어떻게 살아갈 것인가? 노르웨이에서 어느 정도 살다가 부모와 같이 미얀마에 갈 수도 있다. 아니면 전혀 예상치 못한 길을 갈 수도 있다. 그런데 한 가지 불확실한 여정 가운데 가장 확실한 것은 영원한 길 되신 예수님이 그와 동행하신다는 사실이다. 그가 사연 많은 27년의 인생에서도 이렇게 건실하게 자란 것은 그 분이 동행하셨기 때문임이 분명하다. 그도 그 사실을 믿고 있을까?

2. 너무 슬프네요.

참 당황스러운 순간이다. 갑작스런 연락도 그렇지만 통화를 하다가 갑자기 침묵이 이어졌기 때문이다. 미국에 사는 카렌여성인 '와포'라는 여성과의 통화 중에 발생한 상황이다.

'와포'라는 카렌 여성이 페이스북을 통해 친구 요청을 했다. 기억이 잘 나지 않았지만 일단 친구요청을 허락했다. 하루 뒤에 급하게 연결을 요청하는 그림 메신저를 보내왔다. 영어로 문자 메시지를 나누었다. 미국의 중부에 있는 네브라스카주의 링컨이라는 도시에 산다고 한다. 나를 기억하고 있으며 한국 사람들을 그리워한다고 말했다(Yes I remember u and I miss all Korea people).

매라 캠프에서 난민으로 살았다고 하는데 여전히 기억이 나지 않았다. 아무래도 문자로는 안될 것 같아서 통화를 했다. 그래도 솔직히 기억이 가물거렸다.

이어서 몇 장의 사진을 보내 주면서 "그 속에 있는 사람을 아는가?"라고 질문했다. 그러면서 꼭 만나고 싶으니 연결을 해 달라는 것이었다(Please help me I want to connect with him). 사진을 보니 '엄회재 집사님'이었다.

선명히 기억하는 분이다. 2004년부터 3년간 계속하여 매라 난민캠프를 방문해 주신 분이다. 한국을 방문할 때 그 집에서 잠도 잤기 때문에 잘 알고 있었다. 그런데 2008년경 갑작스런 암 진단이 나왔고 2년 정도 사시다가 주님 품으로 가셨다. 1980년대 말에 서울에 있는 모 대학교의 총학생회장을 하신 분이셨는데, 조용하고, 섬세하게 잘 챙기시던 분이다.

그가 세상을 등지고 주님 품으로 갔다고 하니 갑자기 통화가 중단이 된 것이다. 잠시의 침묵 뒤 그녀의 말이 여전히 머리에 맴돈다.

"너무 슬프네요."

고마움과 그리움의 마음으로 꼭 다시 만나고 싶었는데, 이제 다시 볼 수 없다는 사실이 너무 슬펐던 것이다. 마음을 정돈시킨 뒤 와포가 이야기 한다.

"엄 집사님은 저를 딸처럼 사랑해 주셨습니다. 그 분 때문에 얼마나 힘을 얻었는지 모릅니다."

그의 말을 들으니 엄 집사님이 대화 중에 했던 이야기가 생각이 났다. 그는 '매라' 카렌 난민 캠프에 가면서 그곳에 있는 아이들을 너무 안타까워했다. 뭔가를 해야 하겠다는 이야기는 몇 번 했다.

그리고 몇 명의 아이들을 양녀로 삼고, 관심을 가지며, 지원을 해 준 것이다. 엄 집사님은 이 세상을 떠났지만 와포에게는 그가 준 사랑이 그녀가 간직한 집사님의 사진처럼 여전히 선명히 남아 있었다.

그녀는 2019년 현재, 29세이고 2007년에 미국에 도착하여 13년째 미국생활을 하고 있다. 언어나 환경, 문화에 대한 적응도 어려웠을 그녀는 지금 직원 다섯 명을 거느린 규모 있는 식료품점(Grocery store)을 운영하고 있다. 최근에는 새로운 식료품점을 오픈하여 사업을 확장했다. 그리고 미국에서 건실한 가정을 이루어 미국생활에 잘 정착했고, 세 명의 아이들도 잘 자라고 있다.

"이렇게 살게 된 것은 하나님의 은혜입니다."

통화를 하면서 그녀는 진심으로 하나님의 은혜를 고백했다. 미국으로 건너간 카렌 난민가운데 이렇게 빨리 안정적인 사업을 하는 경우는 매우 드물다. 그녀는 통화 중 꼭 자신의 사업장을 방문해 달라고 했다.
 미국에 처음에 가서 학교에 다닐 때는 엄 집사님과 연락이 되었다고 한다. 하지만 그 뒤로는 자리 잡는데 바빠 연락이 잘 이루어지지 않았다고 한다. 이제 자리를 잡고 난 뒤 본인이 청소년임에도 소망 없이 살았던 난민촌 시기에 힘이 되어준 엄집사님을 만나 감사하고 싶었던 것이다. 그렇게 만나고 싶었던 엄 집사님이 주님 품에 안겨 이 세상에서 만날 수 없음을 슬퍼했다.
 한 사람의 역할과 부르심을 생각한다. 모든 사람은 이 세상에서 누구도 대신 살아주지 못하는 자신만의 길이 있다. 그 길은 길 수도 있고 짧을 수도 있지만 가치와 의미가 있다.
 엄회재 집사님은 짧은 40여의 인생을 사시고 주님 품으로 갑자기 갔다. 그렇지만 그의 인생 가운데 꼭 감당해야 할 일을 했다. 그것은 소망이 없이 고립된 난민촌에 살고 있던 한 생명을 격려하고, 사랑하고,

함께 해 준 것이었다. 신비한 것은 시기적으로 그의 생명이 암세포가 퍼져가면서 연약해 가고 있었지만 한 소녀는 그를 통하여 생명의 기운이 자라서 세워지고 있었던 것이다.

그리고 전혀 상상할 수 없었던 일이 벌어졌는데 미국 정부가 그녀를 난민으로 받아 준 것이다. 그리고 어려운 정착단계를 이겨내고 안정된 삶을 살면서 주어진 길을 가고 있다.

그녀가 하나님의 은혜라고 고백하는 이유는 그녀가 자리를 잡았기 때문이 아니라, 하나님의 살아계심과 은혜주심을 온전히 체험했고, 지금도 그 과정 중에 있기 때문이다.

그녀에게 엄 집사님의 사랑과 돌봄이 없었다면 어쩌면 전혀 다른 인생을 살고 있을지도 모른다. 하나님은 섭리 가운데 둘을 만나게 하셨고, 꼭 필요한 힘을 꼭 필요한 시간에 공급받게 해 주셨다. 엄회재 집사님은 그의 인생에서 그가 서야 할 부르심의 자리를 지켰다.

나는 지금 주어진 부르심의 자리에서 잘 살고 있는지를 돌아본다. 지금 건강하고 남들보다 조금 더 배웠다고 해서 부르심의 자리에 잘 있다고 할 수 없다.

하나님의 잣대는 사람들의 기준과 다르다. 스데반 집사의 순교는 세상 기준으로 보면 너무 허망한 것 같지만, 이로서 선교운동이 구체화 되는 계기가 되었다. 엄회재 집사님의 죽음은 너무 아쉽지만, 사연 많은 한 소녀가 건실한 하나님의 자녀로 자라는데 꼭 필요한 도움의 자리를 살았다.

내가 주님 앞에 서면 무엇이라고 하실까? 그녀에게 슬픔을 준 통화이지만 나에게는 내가 누구인가를 돌아보는 통화이다. 더불어 '와포'의 남은 인생의 길에서 그녀가 엄 집사님에게 받았던 사랑을 꼭 필요한 자리에 나누고, 사람을 회복시키는 삶을 살길 기대한다. 하늘에 계신 엄 집사님도 그 모습을 보면서 같이 기뻐할 것이다.

3. 한 민족 6국가

껩께우교회의 예배 광고시간에 담임인 '치크' 목사가 방문한 손님들을 소개한다. 다양한 국가에서 온 카렌인들을 소개하는데, 모두 6개국에서 온 카렌족들이 한 교회에 모였다. 스웨덴, 노르웨이, 미국, 호주, 태국 국경과 태국의 카렌들이다. 특별히 약속을 한 것도 아닌데, 한 자리에 모여서 예배를 드린다. 예배 참석 숫자가 80명 정도 되는 그리 크지 않은 교회에 이렇게 다양한 국적을 가진 카렌인들이 함께 예배 드리는 광경은 익숙한 모습은 아니다.

2004년 이전까지 카렌은 대부분 미얀마와 태국 그리고 태국 국경에 있었다. 외국에 나간 카렌은 소수였다. 그 중에서 가장 불쌍하고 안타까운 카렌은 태국 국경의 난민촌에 있는 카렌이었다. 왜냐하면 미얀마 군의 공세가 강화되면서 1984년부터 사지를 넘어 태국에 있는 난민촌에 들어올 수 밖에 없었기 때문이다. 고향을 떠나 국가도, 자유도, 직업도, 미래도 없었던 이들이었다.

그런데 어느날 갑자기 이들은 세계에서 가장 선진국 나라의 시민이 되었다. 2005년 부터 북미와 유럽의 국가들이 국경에 있는 카렌들을 난민으로 맞아들이기 시작했기 때문이다. 미얀마 군부의 정치, 군사적 희생자로서 소망 없이 난민촌에서 살던 약 10만의 카렌들은 '재정착 프로그램'이라는 정책을 통하여 선진국의 시민이 되었다.

이들 중 일부가 연말연시를 맞이하여 가정과 고향을 방문하기 위해 온 것이다. 사실 그들 중 일부는 그들의 고향을 갈 수 없다. 지리적 고립과 도로사정이 여전히 어렵기 때문이다. 이들 대부분은 그들이 오랫동안 살았던 난민촌을 방문한다고 한다. 여전히 외부와 접근이 제한된 미묘한 곳이다. 하지만 그들에게는 수십 년 또는 십 수년을 몸담았던 곳이다. 여전히 그들의 친척들과 지인들이 있다. 편안함과 자유와는 거리가 있는 곳이지만 그들에게는 평생 잊을 수 없는 자리이다.

이들이 방문한 껩께우교회는 치앙마이의 외곽지대에 태국 카렌족들이 만든 공동체 안에 있다. 카렌 난민들과는 정치적으로 완전히 구분되는 태국의 카렌으로 구성된 교회이다. 이들은 미얀마와의 긴 세월에 걸친 대립 관계에서 발생한 긴장과는 거리가 멀다. 태국을 제외한 5개국에서 온 카렌족들은 미얀마인들에 대하여 불신을 넘어 증오의 마음을 쉽게 해결하지 못하고 있다. 왜냐하면 1949년부터 시작된 독립운동을 위한 미얀마와의 전투가 아직도 끝나지 않고 있기 때문이다.

반면 태국에 살고 있는 카렌들은 태국의 시민으로 사는 것이 편하고, 왕을 존경하며, 태국 사회에서 큰 갈등 없이 지내고 있다. 태국 사회에 진출하여 정착의 과정을 걷고 있다. 그렇지만 이들도 본래는 대부분 태국 평지가 아니라 산지의 미개발 지역에서 살았었다. 변화의 양상은 다르나 큰 변화를 경험했다는 점에서는 공통된 점도 있다.

예배 후 교제와 나눔 시간에 국가적 다양성과 다르게 민족적인 공통성, 그리고 신앙적인 하나됨이 흐른다. 이야기를 나누다 보니 나의 카렌어 선생님인 매기의 조카와 손주가 왔다. 처음 대하지만 가까운 친척처럼 반가웠다.

뉴욕에서 온 카렌은 내가 자주 방문했던 매라캠프에서 왔다고 하며 한국에 있는 카렌 난민을 소개해 주었다. 왜냐하면 한국에 간 카렌 난민들이 매라 캠프에 있었기 때문이다. 페이스북 메신저로 화상 통화를 연결하니 얼굴을 서로 알고 있었다. 이들은 같은 매라캠프의 같은 지역에 있었다. 한국인이 미국과 한국에 살고 있는 카렌을 연결하니 신기하고 묘한 느낌이 든다.

스웨덴에서 온 청년들은 꼭 스웨덴에 방문하기를 요청한다. 와서 카렌에 대한 이야기를 해 달라고 한다. 짧은 시간이었지만 변화하는 카렌에 대한 이야기를 들려주었기 때문이다.

이런 만남에 어떤 의미가 있을까? 난민촌이라는 약자와 절망의 장소에서 강자와 부의 장소로 옮긴 행운아의 이야기로 결론짓기에는 너무 특별한 과정과 사연들이 있다. 그들에겐 흩으시고, 모으시는 하나님의 섭리가 들어가 있다. 세상에 꼭 필요한 하나님의 사랑은 선교적 공동체를 통하여 드러난다. 그 공동체는 강하고, 부유하고, 배운 자들의 공동체일 필요는 없다. 약하고, 부족하고, 무지한 공동체도 선교적 공동체가 될 수 있다. 사도행전에서 이방인을 향한 교회 공동체는 로마제국에서 대부분 약자였고, 주변인들이었다. 하나님은 그들을 통하여 하나님의 사랑과 능력을 더 선명하게 보여주었다. 6개국으로 흩어져 있다가 껩께우교회에 모인 소수민족 카렌의 모습은 사도행전의 하나님이 오늘도 민족들을 계속 인도하심을 보여주는 증거이다.

4. 흩어지고 모이고

한 여인의 등장으로 조용하던 집의 분위기가 약간은 소란스럽기까지 하다. 후웨이남옌 교회에서 예배를 드린 후 '뽀로' 목회자 집에서 사람들을 기다릴 때, 목회자의 셋째 딸 나린다가 들어온 것이다.

그녀를 처음 만난 것은 두 달 전에 신학교에서 주일 예배를 드릴 때였다. 한 여인과 두 딸이 늦게 들어오는데, 카렌 전통 의상을 입고 있었지만 예사롭지 않았고, 두 딸이 혼혈이어서 눈에 들어왔다. 셋째 딸 '나린다'는 얼굴을 처음 보지만 6년 전에 신학교 기숙사 건축 모금을 할 때, 그녀의 이야기를 여러 교회에서 소개했던 사람이다. 그녀의 아버지 '뽀로' 전도사는 후웨이남옌 교회 담임목회자로, 목회자훈련원에서 훈련을 받았기에 2년 동안 가까이 지냈던 분이다. 6년 전 신학교 기숙사를 건축할 때 '뽀로' 전도사를 통해 스위스에 시집간 딸 이야기를 듣고 건축헌금에 대한 도전을 했다. 그리고 스위스에 있는 딸이 그 소식을 듣고 선뜻 10,000바트를 헌금했다.

제법 오래되었지만 헌금에 대한 고마움을 표했더니, 반갑게 인사를 하면서 두 딸에게 핀잔 겸 도전을 주었다. 한국 사람도 카렌말을 하는데 그의 딸들도 모국어인 카렌어를 해야 한다는 것이다.

2주 전에 갑자기 연락이 왔는데 교회 첫 추수 감사행사가 있으니 아내와 같이 와달라고 초청을 했다. 아버지인 '뽀로' 사역자에게 연락을 하면서 참석하여 신학교 관련 이야기도 하겠다고 했다. 사실 나의 주목적은 감사절 행사 참석보다는 신학교 운영을 위한 모금에 있었다. 예배 중간에 신학교 관련 나눔의 시간을 주었다. 변화하는 카렌과 태국 상황, 이에 따른 새로운 리더십의 필요와 신학교의 역할, 그리고 성도들의 역할과 책임을 나누었다. 기도와 헌금을 통하여 그리고 좋은 예비자원들을 보내달라고 하면서 정리했다.

예배 후에 풍성한 잔치를 한 후, 목회자의 집에서 기다리는데, 나린다가 들어왔다. 그냥 혼자 온 것이 아니라, 동생들과 같이 왔다. 일단 본인은 2019년 부터 3년 동안 매년 12,000바트(400불)를 후원 한다고 했다. 도울 곳이 많기 때문에 일단 3년 하는데 더 많이 할 수도 있다고 한다. 그리고 같이 온 동생에게도 헌금 제안을 한다. 동생도 주저하지 않고 작정을 한다. 매달 500바트 씩 1년에 6,000바트(200불)를 한다고 했다. 적은 액수가 아니어서 그녀에게 "너무 부담되지 않겠는가?"라고 했더니 괜찮다고 했다.

이어서 나린다는 마침 찾아온 동생의 남편인 제부에게 헌금에 대한 도전을 준다. "사람을 세우는 중요한 일에 제부 가족도 같이 참여 하시지요" 머뭇거리던 제부도 1년에 6,000바트를 후원 하기로 약정했다.

예배를 마친 직후 교회에서 그녀의 아버지인 '뽀로' 목회자는 가장 먼저 약정 했는데 1년에 1,500바트(50불)를 5년 하기로 했다. 액수가 많지는 않지만 그의 사례와 상황을 고려하면 결코 적은 액수가 아니다. 그의 월 사례비가 1,300바트이니 그의 한 달 사례비보다 많은 것이다.

가난하지만 분에 넘치는 헌신을 한 아버지 신앙의 DNA가 딸에게 고스란히 전달되어 있었다. 한 가족이 신학교를 위하여 1년에 약 800불을 하기로 한 것은 이들의 형편과 상황을 생각하면 마게도냐교회 같은 헌신이다.

세계는 지금 경제적, 사회적, 정치적 이유 등으로 많은 사람들이 본인의 고향을 떠나 흩어지고 있다. 이런 현상은 태국 카렌의 시골마을에도 직접적인 영향을 주고 있다. 후웨이남옌이라는 카렌 마을에 있는 '뽀로' 목회자의 가정은 그런 흩어짐의 대표적인 케이스이다. 한 딸은 스위스로, 한 아들과 사위는 한국 노동자로 갔다. 사위는 사업을 위하여 치앙마이의 한 지역에 살고 있다. 집에는 교육대학을 마친 딸이 고향에 있는 학교에서 가르치기 때문에 돌아왔고, 나머지 식구들은 다 흩어졌다. 나린다는 스위스가 처음 이주한 곳은 아니었다. 가기 전에는 치앙마이에서 성경공부를 했고, 싱가폴에서 영어공부를 한 후 다시 치앙마이로 돌아왔다. 치앙마이에서 일을 하던 중에 스위스 남자를 만나서 그곳으로 간 것이다.

흩어짐은 위기이지만 기회이다. '나린다'라는 여성은 스위스에 가서 살지만, 신앙을 굳건히 지키고 있다. 그리고 같은 민족의 문화와 언어를 발전시키고, 변화하는 후세들의 신앙교육을 담당할 신학교 발전 소식을 들었을 때 주저하지 않고 적극적으로 참여한다. 심지어 동생들도 격려하여 적지 않은 헌금작정을 참여하도록 했다. 사실 신학교를 잘 모르고, 직접적인 관계도 없지만, 이들의 미래를 세우는 지도자를 키우는 일에 바로 반응한다. 어쩌면 그녀가 흩어져 살면서 민족에 대한 소속감을 더 느끼고 있었기 때문일지도 모른다.

오늘은 흩어진 사람들이 다시 모였다. 스위스와 태국의 도시로 흩어졌다가 다시 만났다. 흩어져 있지만 카렌이라는 민족의 정체성과 하나님에 대한 신앙을 잘 간직하고 살아가고 있었다. 카렌 민족의 미래를 이끌어갈 지도자양성을 위하여 같이 헌신을 다짐하였다. 이렇게 모이는 기회가 드문데, 하나님께서 예비하신 자리임을 느낀다.

4시간 걸려서 집으로 오니 어둑해진 저녁시간이다. 아내와 식사한 후에 한국에 간 '뽀로' 목회자의 사위와 통화를 한다. 만난 적은 없지만 반갑게 인사를 나누었다. 한국 영암에서 생활을 하는데, 오늘 가족들을 만난 이야기를 했다. 그리고 흩어짐의 목적에 대하여 나눈다. 그는 집을 지을 만한 정도의 돈을 마련하면 오겠다고 하는데 나는 그에게 다른 도전을 준다. 그것은 그곳으로 인도하신 하나님의 뜻을 생각하는 것이다. 30여 명의 타이인들이 같이 일을 하는데 아무도 믿지 않는다고 한다. 그들에게 빛을 비추어야 한다고 도전했다. 그리고 한국 고용주에게도 빛된 삶을 사는 것을 보여줘야 함을 도전했다. 그가 그렇게 살 수 있도록 기도해 달라고 부탁한다. 하나님의 인도하심으로 빛 된 삶을 살기를 기도했다.

이제 모인 식구들은 다시 흩어질 것이다. 고향의 상황과 전혀 다른 곳이지만 지켜야 할 것이 있다. 그것은 신앙과 민족정체성이다. 그것은 폐쇄적 정체성이 아니라, 그곳에 속한 사회와 국가의 정체성과 하나님 나라의 정체성을 가지는 것이다. 유대인 디아스포라를 통하여 바울의 중요도시에서 사역을 예비하셨던 하나님은 오늘도 동일하게 일하신다.

흩어지게 하고, 다시 모이게 하는 과정을 반복하며 복음을 흘려 보낸다. 포로로 잡혀가 흩어졌던 이스라엘의 흩어진 자들은 초기 기독교 확장에 가장 중요한 교두보 역할을 했다. 오늘 많이 흩어진 이주민들의 역사는 우연한 것이 아니다. '뽀로' 목회자와 그의 딸 '나린다'는 어떻게 흩어지고 모여야 할지를 보여주는 좋은 예이다.

5. 미국 시민권을 포기한 나와폰의 이야기

22세의 '나와폰'이라는 여자 청년의 말은 믿을 수가 없었다. 합법적으로 미국에 들어가 영주권을 받고, 미국인으로 살아갈 수 있었는데 차 멀미 때문에 포기했다고 한다. 어찌 믿을 수가 있겠는가?

그녀의 가족은 태국에 살지만 국경 분쟁의 소용돌이 속에서 전쟁의 아픔을 가지고 살아왔다. 그녀의 복잡한 가족 관계도 모두 전쟁의 후유증이다. 그녀의 아버지는 어머니의 첫 남편이 아니다. 어머니의 첫 남자는 미얀마 카렌족으로 아무런 죄도 없었는데, 음식을 구하기 위해 숲속으로 갔다가 미얀마 군에 의해 살해되었다. 이후 어머니는 카렌 군인이 지키는 안전한 카렌 지역으로 피신했다.

1994년 태국 출신의 카렌족 아버지가 그곳에 갔다가 어머니를 만나 결혼하고 '나와폰'을 낳았다. 그런데 그녀는 병원이나 집에서 태어나지 않았다. 미얀마 군의 공격을 받아 카렌의 기지가 함락되어 피신하던 중 길가에서 태어났다. 핏덩이를 안고, 부모는 일주일 걸려서 태국 국경의 매라모 캠프에 도착했다. 그렇게 해서야 생명을 유지할 수 있었다. 이후에 두 명의 동생이 태어났고, 이들 가족은 외부와 차단된 매라모 난민촌에서 살아왔다.

그렇게 살다가 8년 전쯤 '나와폰'이 14살 때 가족에게 정말 특별한 기회가 있었다. 난민 자격을 취득하여 미국으로 이주하여 미국인으로 살 수 있는 기회였다. 재정착 프로그램(Resettlement program) 이라는 프로그램인데, 당시 UN 난민기구인 UNHCR과 미국정부의 협력으로 태국 국경의 카렌 난민들에게 그 기회를 준 것이다. 하지만 전혀 예상치 않은 일로 인하여 포기하고 말았다. 그것은 차멀미였다. 당시 '나와폰'은 14세, 둘째는 12살이고, 막내는 9살이었는데, 매라모 난민촌에서 중간 지점인 매솟까지 가는 동안에 엄청난 멀미를 했다고 한다. 막내 동생은 거의 실신할 정도였다.

모든 절차를 마쳤기 때문에 이제 그곳에서 방콕으로 8시간 정도 버스를 타고 가서 미국행 비행기를 타기만 하면, 미국에서 영주권을 얻어 자유롭게 살수 있었다. 그러면 지금까지 살아온 비참한 난민이 아니라, 세계에서 가장 강한 미국의 시민이 된다.

그런데 차멀미가 너무 심하여 더 이상 움직이지 못하게 되자, 어쩔 수 없이 미국행을 포기하고 말았다. 사회와 격리된 난민촌에서 태어난 아이와 어머니는 차를 타본 적이 없었기에 멀미를 견딜 수 없었던 것이다.

그 뒤로 몇 년 동안 서양국가에 난민자격을 얻어 이주할 기회가 있었지만, '나와폰'이 17세 때 가족이 의논하여 미국이나 서양에 가지 않기로 했다. 이제는 가고 싶어도 가지 못한다. 더 이상 UN과 미국이 그럴 기회를 주지 않기 때문이다. 태국의 카렌 난민을 위한 재정착프로그램이 사실상 종료되었기 때문이다. 부모님은 아쉬워하지만 어쩔 수가 없다.

동생 때문에 미국생활을 포기한 나와폰

그런데 이제 '나와폰'은 미국이 아닌 한국으로 가고자 한다. 왜냐하면 '나와폰'은 태국 카렌총회의 주관 하에 한국에 있는 태국인들의 선교를 위하여 자비량 선교사로 갈 준비를 하게 되었기 때문이다. 그런데 그녀는 태국에서 평생을 살았지만 태국말을 거의 못한다. 카렌 난민촌에서 살면서 카렌 학교를 졸업하고, 이후에도 카렌 공동체에서 살았기 때문이다.

그런데 대견하게 한국어 시험과 기술 시험을 통과하여 마지막 단계에 와 있다. 특별한 일이 없으면 내년에 한국에 자비량 선교사로 가서 일하면서 태국인을 위한 사역을 할 것이다. 그녀가 한국에 간다는 것은 지금까지 살아오면서 경험한 인생의 과정을 정리하고 가는 것이 아니다. 그 동안 그녀가 살아온 과정은 전쟁의 아픔과 기회를 잃어버린 박탈과 다른 사회와의 단절로 고립된 생활이었다. 그것은 그녀로 하여금 모든 것을 포기할 수도 있을 만큼 큰 벽들이었지만 그것을 이겨내고 지금까지 잘 서 있다. 그렇기 때문에 그녀의 다음 이야기가 더욱 기대가 된다. 미국은 아니지만 한국에서 예상치 못한 일들을 할 것이라는 소망이 있다. 하나님의 섭리 안에서 그녀의 이야기는 아직 끝나지 않았기 때문이다. 하룻밤을 집에 재우면서 아내와 같이 나눈 '나와폰'의 삶에 대한 이야기는 참 오랫동안 기억에 남을 것이다.

6. 헤어져 살아야 하는 신혼부부

"12월이면 다시 남편을 만날 수 있습니다."

지난 2018년 1월 5일에 결혼한 '치포'라는 24세의 여성의 말이다. 마땅히 남편과 신혼의 즐거움을 누리면서 살아야 하겠지만, 그럴 수 없는 처지가 되었다.

그녀는 10년 전인 2008년에 태국의 서부 국경에 위치한 매라 난민촌에 들어왔다. 어머니와 같이 들어왔을 때 그녀의 나이는 14세였다. 2005년 이전에 들어온 그녀의 형제, 자매 중 일부는 미국으로 난민자격을 취득하여 떠나갔다. 난민수용소 생활 10년인 그녀의 소망은 이곳에서 먼저 떠난 가족처럼, 이곳을 떠나 자유로운 제 삼국에 가는 것이다. 그런데 지난 1월 5일, 그녀는 인생에서 가장 추억에 남을 행사를 치렀다. 결혼을 한 것이다.

남편은 그녀가 난민촌에서 고등학교에 다닐 때 사귀던 형제였다. '소모'라는 형제는 2015년에 호주 정부의 난민자격을 취득하여 호주로 떠나야 했다. 남편인 '소모'는 호주에 간지 2년이 되어 영주권을 취득했고 자동차 정비공으로 살고 있다. 친구지간으로 시작한 그들의 사랑은 비록 헤어져 산지 몇 년이 되었지만 변하지 않았다. 그래서 지난 2018년 1

월 5일에 남편이 이 난민촌으로 와서 결혼식을 올리게 되었다.

이들 부부는 매라 난민촌에서 약 2주 동안의 생활을 하다가 결국 남편은 호주로 돌아갔다. 이제 이 신혼 부부는 원하지는 않지만 서로 떨어져 살아야 했다. 자유의 나라 호주에서 사는 청년이지만, 자유가 없는 난민촌 처녀를 잊을 수 없었다. 그래서 자유도 없고 직장도 얻을 수 없이 외부의 지원으로만 살아가야 하는 처녀와 결혼을 했다.

하지만 이들 부부는 앞으로 어떻게 될 것인가? 모든 것이 불확실하다. 그래도 서로가 위로를 받는 것은 남편이 잠시 이 난민촌으로 와서 얼마 동안 함께 생활하는 것이다. 남편은 난민촌으로 올 수 있지만, 아내는 호주로 갈 수 없는 형편이다.

이들은 거의 1년 만에 만나게 될 것이다. 그리고 잠시 함께 살다가 남편은 다시 호주로 돌아갈 것이다. 사랑하는 아내 '치포'는 아직 같이 호주로 갈 자격이 없기 때문이다.

지금 이들이 기대할 수 있는 방법은 앞으로 2년 뒤에 남편이 호주 시민권을 얻은 후 '치포'를 초청하는 것이다. 시민권을 취득하면 가족을 초청할 수 있는 자격이 되기 때문이다. 하지만 그렇다고 바로 갈 수 있다는 보장은 없다.

어쨌든, 이들 부부는 서로 떨어져 살아야 했다. 사랑하는 부부이지만 서로 헤어져 살아야 하는 것은 사랑의 시련이기에 참음도 필요하다. 그 이후에 지루한 기다림의 시간이 필요하다.

지금 매라 난민촌에는 이와 비슷한 부부가 많다고 한다. 가족 중에 한 사람이 시민권을 획득하여 초청을 했지만, 해당 정부가 허락해주지

홀로 남은 신혼 생활

않기 때문이다.

그런데 다시 복잡한 상황이 벌어지고 있다. 태국 정부와 UN은 지금 카렌 난민캠프를 정리하고 난민들을 본국으로 송환할 계획이다. 이렇게 된다면 카렌 난민들은 미얀마로 돌아가야 한다. 그렇다면 이들의 미래는 더욱 불확실해진다. 난민촌에 있으면 UN이 신분을 인정해 주지만, 미얀마 정부는 어떤 결정을 내릴지 불투명하기 때문이다.

난민촌에 갈 때마다 '치포' 가족을 방문한다. 우리 딸들과도 서로 알고 지내기 때문에 '치포'의 일이 그저 남의 일처럼 다가오지 않는다. 그들을 떠나며 마지막 기도하기 전에 격려한다.

난민촌에 갇혀 있었던 카렌 난민들이 미국과 호주 등 자유의 나라로 가게 된 것은 하나님의 섭리였다. '치포'의 신혼이 홀로 기다림의 시간이지만 하나님의 섭리를 소망하며 기다리자고 격려한다.

이들의 처지가 안타깝고 불확실할수록 예수님의 위로와 격려가 그만큼 필요하다. 하늘의 위로를 통하여 외로움을 넘어 소망과 격려를 나누는 '치포'를 기대하며 기도한다.

7. 미국에 갈 것입니다.

"미국에 갈 것입니다!"

'애애' 라는 54세의 중년 카렌 여성은 간절함을 담은 목소리로 대답했다. 이것은 그녀가 살아온 사연 많은 세월의 아픔을 토해내는 말이기도 하다. 그녀는 2008년 태국의 국경에 위치한 매라 카렌 난민촌에 들어왔다. 올해로 10년이 되었다. 놀랍게도 그녀의 아버지는 '이동길'이라는 한국인이다.

일제시대 징용으로 끌려가 군인으로 미얀마 전선에 참전했다가 그녀의 어머니인 카렌 여성을 만나 그곳에 정착하여 살다가 세상을 떠났다. 언니의 이름은 'Bee Be Lee' 라고 한다. 아버지의 성(Lee)을 여전히 사용하고 있다.

그녀의 아이들은 모두 8명이다. 그 가운데 위로 네 명은 난민자격을 취득하여 2007년에 미국으로 이동하여 정착했다. 나머지 4명 중 한 명은 태국 카렌족과 결혼하여 살고 있고 세 명은 같이 난민촌에 있다.

1990년 이후 전투가 확대되어 카렌 지역의 많은 학교들은 정상적인 교육이 불가능했다. 그나마 태국의 카렌 난민촌의 학교는 열악하지만 공부는 가능했다. 그녀는 위의 네 자녀를 전쟁으로 미리 매라난민촌에 피신간 언니에게 보낸 것이다. 언니를 통하여 2004년에 UN에 등록된 자녀들은 미국 난민신청 자격이 주어졌다. 2013년 이주 6년만에 큰 딸이 미국 시민권을 취득하여 가족을 초청할 수 있게 되었다. 바로 초청하여 5년이 지났지만 지금까지도 심사가 통과 되지 않아 기다리고 있다.

그런데 현재 UN과 태국정부 그리고 카렌 난민을 지원하는 단체들은 2년 이내에 현재 난민촌을 폐쇄하고 난민들을 미얀마로 돌려보내려는 계획을 준비하고 있다. 특별한 일이 없으면 2년이 되기 전에 이곳을 떠나 미얀마로 가야 한다.

"이제 멀지 않아 미얀마로 돌아가야 하는데 어떻게 하실 계획이신가요?"

이런 질문에 대하여 "미국에 갈 것입니다"라고 대답했다. 이곳이 폐쇄되기 전에 미국 가족의 초청이 수락되기를 바라지만 장담할 수는 없다. 지금 미국의 분위기로는 쉽지 않을 것 같다. 미얀마 군으로부터 당한 그녀의 경험을 생각하면 안전이 보장되지 못하고, 믿을 수 없는 미얀마로는 도저히 가고 싶지 않을 것이다. 자유도 없고, 이동도 어렵고, 일도 없지만 이곳 난민촌이 그녀에게 더 편하다.

"미국도 한국도 아픔과 슬픔 그리고 낙심과 어려움이 있습니다."
"모든 눈물을 씻어 주실 예수님이 오기까지 완전한 나라는 이 땅에 없습니다."

친한 가족이어서 속에 있는 이야기를 나누었다. 10년 넘도록 만나지 못한 네 명의 자녀들에 대한 그리움은 미국에 가면 해결이 될 것이다. 자유롭게 다닐 수 있고, 직장도 얻을 수 있고, 더 이상 무시 받지도 않을 것

한국인 아버지를 둔 카렌 난민 애애와 두 딸

이다. 그렇지만 그녀가 살아온 54년의 세월 속에 쌓아온 사연들과 아픔들은 미국에 간다고 해서 해결되지 않는다. 질곡의 세월은 어디서나 이어질 수가 있다.

"진리가 너희를 자유케 하리라."라는 말씀이 그녀의 남은 삶 속에 흐르기를 소망한다.

8. 미국에서 꼭 만나요.

태국의 '딱'도에는 '매라'라는 카렌 난민캠프가 있다. 그곳에는 미얀마 군의 공격으로 피신할 수 밖에 없었던 미얀마 출신 카렌족 난민들이 2019년 현재 4만여 명 정도 된다. 이들은 전쟁의 과정에서 고향을 등질 수 밖에 없었고, 많은 사연과 아픈 이야기들을 가지고 있는 카렌족들이다.

동시에 드라마틱한 변화를 경험하는 사람들도 있다. 오늘 만난 '애애'와 그의 딸 '포'가 그런 경우이다. 그녀를 알고, 만난 것이 10년이 지나고 있지만 이렇게 밝은 모습으로 웃는 경우는 처음이다. 그리고 확신

에 찬 목소리로 이야기를 한다.

"미국에서 꼭 만나요"

한 번이 아닌 세 번이나 미국에서 만나자고 이야기를 한다. 기구한 그의 인생만큼이나 많은 아픔을 가진 매라 난민촌을 떠나 미국으로 갈 시점이 다가온 것이다. 그녀의 아버지는 한국인이다. '이동길'

그는 일본 식민지시대에 징용으로 끌려갔다가 미얀마 전선에 투입되었고, 그곳에서 카렌 여성을 만나 사랑에 빠졌다. 그리고 고향으로 돌아오지 않고, 미얀마에서 살다가 그곳에서 세상을 떠났다. 그의 8명의 자녀들은 평화롭게 살수 없는 시대를 살았다.

미얀마와 카렌의 전투로 인해 그 자녀들 가운데 일부가 '매라'캠프로 들어왔다. 1996년부터 '매라'캠프를 방문하면서 카렌 난민과 관련된 사역을 하게 되었고 자연스럽게 그 가족을 알게 되었다. 아버지가 한국인이라는 동질성이 아무래도 그 가족과 가깝게 해준것 같다.

2005년 이전에 온 카렌족은 UN과 미국을 비롯한 서방국가들의 협력 속에서 난민자격을 취득하여 12개의 나라로 흩어져 정착했다. 그녀의 8명의 자녀 가운데 4명이 그런 혜택을 받게 되어 미국에 있는 뉴욕과 노스캐롤라이나에 정착했다.

그렇지만 '애애'는 2008년에 이 캠프로 왔기에 자격이 안 되어 그 혜택을 받을 수가 없었다. 방법이 하나 있었는데, 그녀의 자녀들이 미국 시민권을 얻고 초청을 하는 것이었다. 이제 그녀의 자녀들이 미국에 가서 시민권을 얻었다. 이제 미국으로 가게 되는 마지막 절차를 기다리고 있다.

이전에 방문하였을 때 간절한 마음으로 표현한 그녀의 이야기가 생각난다.

"미국에 꼭 갈 것입니다."

이제 그녀의 소망이 이루어질 때가 되었다. 그가 그렇게 바랐던 아이들과 미국에서 함께 사는 것을 생각만 해도 그저 기분이 좋고 기대가 된다. 2020년 1월 경에는 갈 수 있을 것이라고 한다. 어쩌면 올 12월에 갈 수 있다고 한다.

같이 살고 있는 여섯째 딸 '포'(Has K'Pru Paw)와 이야기를 나눈다. 그녀는 올해 25세이며 이제 한 살을 갓 넘긴 아들 제스퍼가 있다. 포는 나의 큰 딸인 예인과 친구이기도 하다. 방문 때마다 동행하여 자연스럽게 알게 되었다.

그녀는 어머니 '애애'와는 또 다른 여정이 기다리고 있다. 왜냐하면 그녀는 미국으로 가지 않고 호주로 갈 예정이기 때문이다. 그녀의 남편도 매라캠프에 있었는데, 그는 호주를 선택하여 그곳에 정착했기 때문이다. 둘은 오랫동안 사귀다가 약 두 해전 남자 친구가 휴가를 얻어 난민촌에 왔고, 결혼을 한 후 그녀는 임신을 했다. 남편 없이 홀몸으로 아기를 낳고 키운지 벌써 1년이 넘었다. 아이가 1년 6개월이 되면 비행기를 탈 수 있다고 한다. 내년 4월이 되면 아들이 1년 6개월이 넘어 비행기를 탈 수 있게 되기에 호주로 가게 된다.

국적이 없이 국경을 헤매다가 난민촌으로 들어온 그녀의 가족은 이제 새로운 국적을 취득할 것이다. 8명의 자녀 중 5명은 미국으로 갔고, 병으로 같이 지내고 있는 막내도 미국으로 갈 예정이다. 지금 같이 살고 있는 '포'는 호주로 가고 한 명의 자녀는 자격이 안 되어 태국에 계속 거주할 예정이다.

그렇게 되면 3개국에 흩어진 8명의 자녀들이 같이 만나기는 매우 어려울 것이다. 어쩌면 불가능할지 모른다. 너무 멀리 떨어져 살 것이기 때문이다. 그래도 지금은 그녀가 살아온 56년의 인생 가운데 가장 소망 가득한 시간들이다.

"미국으로 가서 5년 뒤에 한국에 가려고 합니다."
"가능하면 오 선교사님 댁도 방문할 것입니다."

태국의 국경에 고립된 난민촌에 있지만 그녀의 마음은 이미 미국을 넘어 한국까지 가고 있었다.

"한국에 가면 사촌들을 만나고 싶지 않으세요?"

약간 짓궂은 질문을 했다. 그녀 아버지의 모국인 한국에 가면 아버지의 조카들 즉 그녀의 사촌들이 있기 때문이다.

"사촌들을 만나면 말이 통하지 않고 이해가 안 될 텐데…. 그렇지만 만나고 싶습니다."

이어지는 그녀의 말이 마음에 와 닿는다.

"미얀마에 살 때에는 아버지와 같은 한국인들을 만나고 싶었는데 만나지 못했습니다. 그런데 이렇게 고립된 난민촌에 있으니 한국인들을 만나게 됩니다. 하나님의 은혜가 크고 신기합니다."

어려움 중에도 하나님에 대한 믿음이 그녀의 깊은 곳에서 흐르고 있다. 동족인 한국인이 이렇게 방문하여 나누는 것을 그런 신앙의 관점에서 보고 있다. 그녀가 이 땅에서 살아온 56년의 삶은 만만치가 않았다. 미국에 간다고 해서 모든 문제가 해결되지 않을 것이다. 또 다른 어려움과 곤란한 일들을 만날 것이다. 영어를 전혀 하지 못하고, 무학력인 그녀의 미국 생활이 행복하지만은 않을 것이다.

그렇지만 외부와 고립되고, 통제되는 이 난민촌과는 전혀 다른 삶임에는 분명하다. 적어도 현재와는 다른 삶을 그녀의 방식으로 꿈꾸는 것이다. 그것은 그녀가 고백한 것처럼 '하나님의 인도하심과 은혜'가 여전함을 미리 맛보는 것일 수도 있다. 내년 1월에 다시 캠프를 방문하면 그 때 다시 만나자고 하였다.

"어쩌면 그 때는 제가 없을지도 모릅니다."

밝게 웃는 애애 애애와 딸 포 그리고 한살된 외손자

어쩌면 오늘이 이렇게 난민촌에서 만나는 마지막 날이 될 수도 있다. 어느 때보다도 헤어질 때 잡는 그녀의 손에 힘을 느낀다. 마지막이 될지도 모르는 만남 때문일 것 같다. "미국에서 꼭 만나요"라는 그녀의 기대처럼 미국이나 한국에서 만나지 못할 수 있다. 그렇지만 사연 많은 그녀의 인생 가운데 늘 동행하신 하나님 안에서 언젠간 만날 것이다. 그 때에 듣게 될 그녀의 다음 이야기들이 기대가 된다.

9. 스웨덴으로 돌아가지 않고 태국 국경에 살기로 했습니다.

스웨덴은 세계에서 가장 풍요롭고 안정된 국가 중 하나이지만 미얀마와 태국의 국경은 세계에서 가장 불안정한 곳 중 하나이다. 1949년부터 시작된 미얀마 군과 카렌 군의 충돌은 2012년 휴전으로 소강상태가 되었다. 하지만 대치중인 것은 여전하다. 그런데 71세의 한 카렌 노인은 풍요로운 스웨덴에서의 생활을 포기하고, 태국과 미얀마의 국경으로 돌아왔다.

> "아버님은 이제 스웨덴으로 돌아가지 않고 태국과 미얀마 국경에 살기로 했습니다."

애투토(Eh Toot Taw)라는 스웨덴에서 온 카렌 학생이 아버지에 대해 한 이야기이다. 그의 아버지가 풍요로운 스웨덴에서의 삶을 정리하고 척박한 국경으로 온 것은 그만한 사정이 있었다.

그의 가족은 어쩔 수 없는 상황으로 인하여 고향을 등져야 했다. 그의 아버지 '포게'는 1948년에 카렌이 지배했던 지역인 6여단의 '떠끄키'라는 깊은 산속에서 태어났다. 2001년 그의 가족은 전혀 예상치 못한 변화를 강요 받았다. 그의 고향을 떠나야만 했다. 왜냐하면 미얀마 군의 공격으로 마을에서 더 이상 살 수 없게 되어 태국의 '딱'도에 있는 '노포'라는 캠프로 피신해야 했다. 3일 동안 걸어서 도망쳐 태국 국경에 도착했다고 한다. 그리고 그곳에서 국적도, 자유도, 직업도, 미래도 없는 난민으로서의 삶을 살았다.

그의 가족은 2006년 전후하여 전혀 예상치 못한 대 변화를 경험하면서 난민촌을 떠났다. 누구도 생각해보지 않았던 스웨덴으로 이주했다. 왜냐하면 미주와 호주 그리고 유럽에 있는 국가들이 난민들을 받아 주었기 때문이다. 그 가족은 스웨덴을 선택하여 큰 형이 먼저 2005년에 갔고 2006년에 나머지 가족도 스웨덴으로 정착했다.

북유럽 선진국인 스웨덴에서의 생활은 학교를 다녀본 적도 없는 부모님에게는 쉬운 일이 아니었다. 처음 2년 동안은 스웨덴어를 배웠지만 일을 할 수 있는 상황이 아니었다. 언어도 부족하고, 몸도 자주 아프고, 나이도 많았다.

　특히 유럽의 북부에 위치한 스웨덴의 추위는 열대지방에서 57년을 살아온 아버지에게는 혹독한 날씨였다. 자녀들이 안정적으로 자리를 잡았다. 차도 사고, 집도 장만했다. 그리고 손녀와 손자들이 태어나서 그들을 돌보는 것도 나름 재미있고 유익했다. 스웨덴 시민권을 가짐으로 처음으로 국적도 얻었다. 그리고 스웨덴 정부에서는 부부에게 한 달에 약 1,200불 정도의 노령연금을 주기 때문에 경제적으로 문제가 전혀 없었다. 2014년 스웨덴은 세계에서 노인복지가 가장 잘 된 나라라고 한다. 한국은 당시 세계에서 67위라고 하니, 노인들이 꿈꾸는 나라였다. 하지만 이 부부에게는 세계에서 가장 잘된 노인복지가 감정으로 다가오지 않았다. 왜냐하면 전혀 다른 날씨와 상황들이 고향을 더욱 그립게 했기 때문이다. 이들에게는 스웨덴을 떠나 태국의 국경으로 돌아가는 것이 그들의 유일한 소망이 되었다.

　그리고 2년 전인 2017년에 애투토가 태국 치앙마이에 있는 학교에 입학을 할 때 같이 태국으로 입국했다. 그것은 잠시 방문을 하는 것이 아니라 영구히 돌아온 것이었다. 어머니는 담석수술을 받고서 국경으로 오기로 했다. 왜냐하면 태국에 와서 수술을 받으면 추가비용이 들기 때문에 무료로 치료를 받고서 온다고 한다.

　아버지가 돌아왔지만 고향으로 돌아가지는 못한다. 3일이나 걸어야 했고, 건강이 허락하지 않는다. 무엇보다도 그곳에 그의 형제 자매들이 없다. 그의 형제 자매들은 2001년 전쟁의 상황에서 태국으로 피신했지만 난민촌으로 가지 않고 태국 카렌마을에 정착하였다. 정식 태국 시민권은 없지만 그 지역에서 거주 할 수 있는 허락을 받고 농사를 지으면서 살고 있다. 가난하지만 형제 자매들이 같이 지낸다는 것이 무엇보다도 큰 위로이다.

이제 아버지는 외국에 거주하기 때문에 스웨덴 정부에서 주는 노령연금이 반으로 줄어든다. 스웨덴에서의 풍요로운 삶은 이제 다시 꿈꿀 수도 없다. 외국에 거주하고, 연락이 두절되면 연금이 안 나올지도 모른다고 한다. 태국에 들어올 때 필요한 비자는 이미 기한을 넘겼다. 스웨덴 여권을 들고 다시 태국의 공항에서 출국할 수 없다. 불법체류자가 된 것이다.

사실 그에게 있어서 국경과 고향은 행복한 추억만이 있는 것은 아니다. 8명의 자녀 중 3명을 하늘나라로 먼저 보내야 했다. 한 아이는 미얀마와 카렌의 전투과정에서 사망했고, 다른 아이는 야자수나무에서 야자열매를 따다가 떨어져서 세상을 떠났다고 한다. 막내는 말라리아에 걸렸는데 약을 구할 수 없어서 먼저 보내야 했다. 깊은 산에서 화전을 하는 삶이란 넉넉함과는 거리가 먼 삶이었다.

그렇지만 풍요로웠던 스웨덴에서의 삶보다는 척박한 태국과 미얀마의 국경에서의 삶이 훨씬 행복했다. 형제 자매들과 같이 살 수 있고, 그의 언어로 이야기하고, 그가 즐겨 먹었던 음식을 먹고, 무엇보다도 날씨가 좋았다.

그의 삶은 이제 옛날과 비슷한 삶으로 돌아왔다. 닭을 키우고 형제들의 텃밭을 돌본다. 모국어로 예배를 드리고, 찬양을 드린다. 그는 이제 행복하다. 세계 최고의 노인복지 국가가 제공하는 프로그램으로 채울 수 없는 인간의 필요가 있다. 그는 척박한 태국과 미얀마의 국경에서 그것을 채움 받고 있다. 그것은 고향의 맛이 그곳에 있기 때문이다.

그가 행복하다고 해서 그의 마음이 모두 태국의 국경으로 옮겨간 것은 아니다. 그의 4명의 자녀들은 스웨덴에 살고 있고 한 아들은 태국에서 공부를 한 후 스웨덴으로 돌아가야 하기 때문이다.

그의 소원은 적어도 한 아이는 교회에서 하나님의 일을 하는 것이었다. 사역자가 되어 유럽으로 이주한 카렌족의 신앙을 돌보고 카렌 문화를 유지하는데 드려지길 원했다. 이것은 그가 하나님을 사랑하고 민족을 소중히 여기는 순수한 마음이 있기 때문이다.

애투토가 치앙마이에 있는 실로암 신학교에서 공부를 하게 된 것은 아버지가 원했기 때문이기도 하다. 그는 유럽에 있는 카렌교회 연합회의 청년회장으로 섬기다가 왔다. 아버지의 신앙이 대를 잇고 있다.

풍요로운 스웨덴을 떠나 척박한 태국과 미얀마의 국경으로 이주한 '포게' 노인은 성경의 한 인물을 떠올리게 한다. 야곱이다. 창세기 49장에 보면 야곱이 열두 자녀를 축복한 이후 명령한다.

"그가 그들에게 명하여 이르되 내가 내 조상들에게로 돌아가리니 나를 헷 사람 에브론의 밭에 있는 굴에 우리 선조와 함께 장사하라"

29절에서 고향을 향한 야곱의 마음을 읽을 수 있다. 이집트의 영화와 풍성함과 유명함도 그의 고향을 향한 마음을 사라지게 할 수는 없었다.

우리에게 또 하나의 고

고향을 사모하는 카렌 스웨덴 디아스포라

향이 있다. 영원한 본향 주님의 나라이다. 그 나라가 현재에 임했고 마지막 날에 완성될 것이다. 우리 모두는 이런 면에서 나그네이다. 영원한 고향으로 향하고 있다. 주님의 나라는 이 세상 모든 것을 상대화 시키고 기준이 된다. 영원한 고향, 하나님 나라를 사모하는가? 이 땅의 풍요로움과 애착이 혹시 본향을 향한 사모함을 약하게 하고 있지 않은가? 아니면 이 땅의 넉넉함을 하나님나라보다 더 귀하게 여기고 있지 않은가? 풍요로운 스웨덴보다 척박한 태국의 국경을 택한 '포게' 노인을 통하여 우리에게 영원히 사모할 고향이 있음을 다시 생각하게 한다.

10. 질문이 있는데요.

전화를 보니 메신저로 메시지가 왔다. '가영'이라고 하는 카렌 여학생에게 온 것이다. 본래 이름은 '애쭈포'이고 집에서는 '마므'라고 부르지만 친구들은 가영이라고 부른다. 그는 '매라'라는 태국 국경의 난민촌에서 2000년에 태어나 그곳에서 살다가, 2016년 11월에 한국으로 이주했다. 한국정부가 처음으로 '재정착난민제도'(Refugee Resettlement Support Program)를 통하여 받아들인 89명의 카렌 난민 중 한 명이다.

'재정착 난민제도'란 "A 국가에서 B 국가에 보호를 신청, C 국가에 영구적인 주거권을 받고 재정착하는 것"이다. 한국에서는 2013년 7월에 이와 관련된 규정을 담은 '난민법'이 제정되었고 2015년 최초로 실시되었다. 소위 '선진국'이 된다는 것은 세계의 인권문제 해결에 참여해야 함을 의미하며, '재정착 난민제도'를 시행하는 것은 이런 면에서 매우 상징적인 의미가 있다. 왜냐하면 이제 한국도 선진국으로서 세계의 분쟁과 갈등의 문제를 해결하는데 참여하고 있음을 보여줄 수 있기 때문이다.

그 대상자가 내가 섬기고 있는 카렌족이고 1996년부터 비교적 자주 방문하였던 '매라'카렌 난민촌이 대상이 되었다. 2015년 12월 23일에 최초로 4가족 22명이 왔고, 2016년 11월 2일 7가족 34명이 두 번째로 들어왔는데 두 번째로 올 때 '가영'이도 같이 왔다.

2018년 6월에 한국 부평에 있는 카렌난민 공동체를 방문했을 때 하룻밤 잠을 잔 곳이 '가영'이네 집이었다. 그녀에게서 연락이 온 것이다.

"하이"

"안녕하세요"

"물어볼 게 있어요"

두 시간을 사이에 두고 메시지를 보낸 것을 보니 뭔가 궁금해 하고 있음을 알 수 있었다. 이제 한국에 간지 2년 6개월 밖에 안 되었지만 이렇게 한글로 메시지를 보내는 것이 귀엽고, 잘 적응하는 것 같아 좋았다. 그렇지만 아무래도 직접 통화를 해야 정확한 목적을 알 수 있을 것 같아서 통화를 했다.

이야기가 길어져 39분 51초 동안 긴 통화를 했다. 그녀는 그녀의 미래에 하고 싶은 일이 있는데 그것이 가능한지, 그리고 어떻게 하면 좋을지를 알고 싶어했다. 많은 대화는 카렌어로 했다. 한국어는 아무래도 전문적인 용어가 어렵기 때문이었다. 통화 시작부터 그녀가 던진 첫 질문은 의사에 관한 질문이었다.

"한국에서 의사가 되려면 어떻게 하면 되나요?"
"의사가 되려면 수학을 잘 해야 되나요?"

이야기를 하면서 가영이가 의사가 되어 아픈 사람들을 돕고 싶어 한다는 것을 알았다. 의사가 되기 위한 방법은 대학교의 의예과에 가는 방법이 있고, 대학을 졸업하고 의학전문대학원에 입학하는 방법이 있다고 알려주었다. 의예과, 의학전문대학원이라는 단어가 익숙하지 않아서 어려운 단어 같다. 한국에서 가장 경쟁률이 높은 과라고 했다.

만약 외국인이라면, 또는 탈북민과 같은 예외적인 경우는 특별전형으로 갈 수 있을지 모르겠다고 했다. '특별전형'이라는 단어도 그녀에게는 낯선 단어였다. 의예과보다는 차라리 '간호학과'는 어떨까 제안했다. 아무래도 난민들에게 특별전형이 주어진다면 간호학과는 가능성이 높지 않을까 하는 생각 때문이었다.

그런데 대화는 다시 '수학'으로 갔다. 수학을 잘해야 의사가 될 수 있는가를 질문한다. 수학이 너무 어렵다는 것이다. 단어도 내용도 어려워서 수학시간은 힘들다고 했다. 당연한 것이다. 중학교 3학년까지 매라난민촌에 있는 카렌학교를 졸업했다. 그리고 부평에 있는 고등학교에 입학했는데, 처음 대하는 한국어로 공부한다는 것이 너무 힘들었을 것이다. 게다가 수학이나 국어 등은 그 내용도 너무 힘겨운 과목들이다. 메시지를 한글로 쓴다고 해서 이해가 되는 것이 아니기 때문이다.

이번 달부터는 인천에 있는 산업고등학교에 위탁교육을 하기 시작했다. 기술을 배우기 위함이라고 한다. 부평에 있는 인문계 학교에서는 '가영'이의 미래를 고려할 때 현재 학교보다는 산업계 학교에서 기술을 배우는 것이 좋다고 방향을 정한 것 같다. 이런 상황에서 의예과를 입학하는 것은 너무 높은 산이라는 느낌이다.

대화를 하면서 그녀에게 현재 가장 필요한 것이 무엇인지, 그리고 그의 부름의 자리가 무엇인지를 생각한다. 그것은 어느 대학 어느 과를 가느냐보다 더 근본적인 질문이기 때문이다. 하나님께서 가영이를 부르시고 사랑하시며, 그녀의 인생을 섭리 가운데 인도하시고, 동행하신다고 말해 주었다. 그러면서 필요한 것은 격려와 위로였다. 대화를 한 후 다음날 메시지로 격려해 주었다.

"지금까지 이렇게 해 온 것도 너무 잘한 것이란다."

나는 태국어를 1년 반 배우고 카렌어를 2년 배웠지만, 아직도 이해가 안 되는 상황들이 있다고 했다. 특히 초기에는 도대체 이해가 안되어 힘든 상황들이 많았다고 했다. 그런데 지금까지 2년 반 동안 학교생활을 꾸준히 한 것 자체도 보통이 아니라고 했다. 일단 졸업만 해도 잘한 것이라고 격려를 해 주었다. 그리고 하나님이 얼마나 가영이를 사랑하고, 관심을 가지는지를 나중에 메시지로 보냈다.

"하나님은 가영이만 갈 수 있는 특별한 인생의 길을 준비해 놓으셨단다."

이에 대하여 답이 왔다.

"감사해요. 아주 많이 감사해요"

그녀에게 있어 태국 국경에 있는 카렌 난민촌인 '매라'에서 2000년에 태어났다는 것은, 소망도, 미래도 없는 인생이라는 뜻이었다. 그곳은 국가도, 자유도, 노동의 권리도, 이동의 자유도, 시민권도 없었기 때문이다. 그런데 이제 가영이는 한국에서 한국 시민이 되어가는 중이다. 이것 하나만으로도 그녀는 큰 감사를 하고 있었다.

그런데 단지 신세가 풀렸다는 의미가 아니라 더 큰 부르심의 자리가 있음을 나누었다.

2016년 한국에 난민으로 정착한 가영

"앞으로 가영이가 한국과 카렌 중간에서 중요한 일을 할 것이야. 기대가 된다."

이 글에 감사하다는 답이 바로 왔다. 그리고 하나님 안에서 할 수 있음을 이야기하였다.

"하나님안에서 예비된 길… 하나님 나라와 카렌과 한국을 위해… 쉽지 않겠지만 하나님의 능력으로…"
"감사합니다. 너무 감사합니다."

반복되는 가영이의 감사를 통해 특별한 인생이 준비되고 있음을 느낀다. 하나님의 섭리와 인도하심은 신비하고 오묘하다. 소망이 없이 국경에서 고통 받았던 무국적 카렌난민들이 세계로 흩어졌다. 그 중에 일부가 한국에 정착 중이다. 한국에서 정착하며 살아간다는 것은 일반적인 한국 사람보다 훨씬 큰 삶의 무게가 있다. 동시에 그들은 한국인과 다른 고난과 아픔과 갈힘을 경험했고 이겨왔다. 그런 길을 걸어왔기에 그들은 한국인들에게 줄 수 있는 메시지가 있다. 풍요하지만 만족하지 못하는 것과는 대조적인 삶이기 때문이다. 더불어 여전히 국경에 남아 있는 그들의 민족들을 위한 섬김과 나눔의 역할이 있다. 연결과 나눔의 자리이다. 그 길은 굳이 의사가 되지 않아도 된다. 부르신 그 자리에 있으면 된다. 하나님의 자녀로서의 주님의 풍성함을 경험하면 가능하다. 가영이의 계속되는 감사의 고백은 하늘의 풍성함을 지닌 고백으로 다가온다.

11. 잘 지내고 있나요?

"잘 지내고 있나요?"

기억이 확실하지 않은 인물에게 페이스북 메신저로 연락이 왔다. 일단 받고, 얼굴을 보고, 목소리를 들으니 기억이 난다. 3년 전에 한국에 난민으로 정착한 '무사'(Mu Say)라는 카렌 여인이다.

지난해 6월 한국 방문 때 방문한 부평에 있는 카렌교회의 교우로서 교회의 중심역할을 하고 있었다. 한국에서 그들의 삶이 진행되고 있는지 알고 싶어서 일부러 토요일에 갔다. 카렌교회는 교우들 가운데 가장 좋은 집에 잠자리를 준비해 주었다. 가영이라는 한국 이름을 가진 딸이 있었는데 그 엄마 이름이 '무사'였다. 다음 날인 주일 예배 때에는 설교와 성찬 인도를 했다. 성찬은 한국에 카렌 목사가 없어서 오랫동안 할 수 없었기에 특별히 고마워했다.

숙소를 제공했던 집의 여성도 무사가 전화를 걸어왔다. 전화한 이유를 물으니 특별한 이유는 없다고 답했다. 잘 지내고 있는지 궁금했다고 한다. 그러면서 한국 날씨가 춥고 아들이 아파서 살짝 걱정이라며 기도를 부탁했다.

특별한 주제는 없었지만 두루 이야기를 나눈다. 아무래도 여러 가지로 불편한 점들이 있을 것이다. 이제 본인은 한국어를 배우는 것을 거의 포기했다고 한다. 시험을 통과해야 시민권을 받을 요건이 갖추어지는데 너무 어렵다고 한다. 그래도 그녀는 한국에서 난민 자격이므로 법적으로 신분상의 문제는 없다. 일상생활에 관한 이야기도 나누었다. 한국에 온 후 그녀의 중요 단어는 '감사'가 되었다고 한다. 한국에 정착하고 산다는 것이 주님의 은혜라고 했다. 주안에서 열심히 살라고 하고 통화를 마무리했다.

이들은 한국에서 합법적으로 난민자격을 준 독특한 경우이다. 왜냐하면 한국정부가 주관하여 난민들을 집단적으로 받은 경우는 이들이 처음이었기 때문이다. 정부는 한국사회에 잘 정착할 수 있도록 다양한 방법을 통하여 돕고 있었다. 그 중 하나가 한 곳에서 같이 살 수 있도록 안내한 것이었다.

그래서 현재 89명의 카렌난민은 부평역을 중심으로 함께 공동체를 이루어 살고 있다. 무사의 집은 제법 규모가 있는 아파트로서 방이 세 개이고 응접실도 적지 않다. 토요일 밤 늦게까지 한국 정부의 주선으로 온 자원봉사자가 학습을 도와주고 있었다.

이제 반년이 지났지만 그 집에서 나눈 그들의 이야기는 여전히 머리에 남아 있다. 그녀에겐 세 명의 자녀가 있었다. 그 가운데 본인과 남편 그리고 큰 딸은 멀지 않은 농장에서 일을 한다. 두 명의 자녀는 지금도 학교를 다니고 있다.

세 명이 일을 하기 때문에 수입이 약 500만원 이상인데, 십일조는 매라 난민촌의 모교회로 보내고 있다고 한다. 외부와 고립된 난민촌이지만 그들의 마음은 여전히 연결되어 있었다. 나머지는 집세와 생활비 저축 등으로 나누어 비교적 건실하게 살고 있었다.

매라 캠프에 있었으면 미국에 난민으로 갈 수 있었을 텐데 왜 안 갔는지를 물어보았다. 왜냐하면 그곳에 있었던 대부분의 카렌들은 미국 정부에 의해 난민으로 미국에 정착했기 때문이다. 그의 가족은 미국으로 가는 모든 행정절차를 마무리 했었지만, 국경에서 전투가 발생하여 남편이 전장에 자원하여 참전했다고 한다. 미국으로 가는 것보다 동족의 고통과 아픔을 두고 갈 수 없었기 때문이다. 다음에 신청하려고 했을 때는 이미 기회가 사라져서 미국으로 갈 수가 없었다.

그렇지만 한국에 온 것도 하나님의 은혜이고, 감사하다고 한다. 한국에는 날씨가 춥고 말이 통하지 않아서 불편한 점도 있지만 주위에서 너무 많이 도와주어서 큰 어려움은 없다고 한다. 세 명이 직장에 다니기에 경제적인 어려움도 없다. 그러면서 정성스럽게 음식과 잠자리를 준비해 주었다.

그녀가 왜 나에게 전화를 했을까 생각해 보았다. 한국에서의 상황들을 나누고 싶었던 것 같다. 자원봉사자가 열심으로 도와서 일상생활을 하는데 불편하지 않고 잘 정착하고 있다. 그렇지만 이방인으로 여전히 뭔가 거리감이 있을 것이다. 아주 중요한 일은 아니지만 자기의 언어로 들어줄 한국 사람이 있다는 것이 아무래도 편했던 것 같다. 그래서 용기를 내어서 페이스 북 메신저 화상통화를 한 것이다.

우리 모두는 누군가의 도움이 필요하다. 그리고 상황에 따라 도움

5장. 카렌 디아스포라: 흩어진 카렌족 이야기들 227

한국에 재정착한 무사 가족

을 주고 도움을 받는다. '무사' 가족이 생소한 땅 한국에서 정착하는데, 여러 도움을 받았고 안정적으로 정착을 하고 있다. 그렇다고 해서 그들의 마음속에 있는 정서적 안정의 도움까지 채워지지는 않았다. 단지 이들을 만난 선교사이고 멀리 타국에 있지만 그들의 언어로 나눌 수 있다는 것이 그녀에게는 일반 도우미와는 다른 느낌으로 다가왔을 것이다. 그것은 동일한 민족은 아니지만 이제 한국인이 되어가는 과정에서 그 중간에 선 중재자와 같은 위치일 수 있다. 이런 면에서 그들의 모국어는 정서적 연결고리 역할을 하는 것 같다.

우리에게 오신 예수님을 생각한다. 우리와 하나님의 중재자로 인간으로 오셨다. 인간의 육체와 언어와 감정을 온전히 가지신 분이시다. 단순히 언어만이 아니라 온 삶으로 인간의 모든 존재를 경험하셨다. 그런 주님을 대하는 우리의 모습은 어떤가? 진심으로 감사를 표현하고, 깊이 있는 대화를 나누고 있는가? 급할 때만 찾아서 문제를 해결하고 나면, 나와는 상관없는 이처럼 대하진 않았던가?

일상의 평범함은 주님의 은혜와 공급하심 때문이다. 어려운 일을 당하면 평범함의 가치가 얼마나 귀한 것인가를 느낀다. 일상의 평범한 생활 속에서 주님과 깊게 교제하며, 주님의 뜻을 찾고 따르기를 소원한다. 특별한 일이 없어도 연락을 했던 '무사'의 마음은 다시 한 번 하루하루 지내는 평범한 날들이 주님의 은혜임을 돌아보게 한다.

12. 핀란드 학생의 눈물

아침 예배시간에 사회를 보던 핀란드에서 온 '쎄마' 학생이 갑자기 눈물을 흘린다. 사회자가 설교자의 설교 내용을 다시 정리하는 과정에 감정이 북받쳐 올랐던 것 같다. 설교는 형과 동생인 에서와 야곱의 내용을 통하여 하나님의 부르심과 역할에 대한 책임을 나누는 내용이었다. 설교 내용은 감정을 자극할만한 것이 없는데 눈물을 흘려서 무슨 일이 있는가 궁금하여 만나서 이야기를 나누었다.

잠시 만나서 듣고자 하였던 만남은 한 시간이 되었다. 주로 쎄마 학생이 이야기를 하면 나는 듣고, 공감해 주는 시간이었다. 그녀의 삶을 들으면서 왜 그렇게 눈물을 흘렸는가를 이해하게 되었는데 그것은 '잊혀진 존재로서의 서러움'이었다.

그녀는 1990년에 미얀마의 깊은 카렌 마을에서 둘째로 태어났다. 그녀가 6살 때 미얀마 군의 카렌에 대한 공세가 강화되면서 그녀의 마을도 미얀마 군의 공격을 받았고, 더 이상 살 수가 없어서 국경을 넘어 태국의 난민촌으로 들어왔다. 그녀는 태국 중부의 '탐힌'이라는 난민촌에서 10년을 살았다. 모두가 힘든 삶을 살았던 시대이다. 자유도, 직장도, 이동도, 시민권도, 미래도 없었다.

그런데 2008년 국제사회와 UN의 재정착 프로그램으로 16살 때 핀란드로 이주했다. 갑자기 국적도 없었던 '쎄마' 가족은 유럽의 선진국인 핀란드에서 난민으로 새로운 삶을 시작했다. 그리고 핀란드 시민이 되었다.

고립된 무국적가족이 선진국의 시민이 된다고 해서 모든 문제가 해결되는 것이 아니었다. 핀란드에서의 삶은 정부의 배려와 도움이 있었지만 그렇게 쉽지 않았다. 16세의 사춘기 소녀가 전혀 다른 언어와 문화를 이겨내는 것도 어려웠다. 그런데 가장 큰 어려움은 날씨였다. 열대지방에서 태어나 자라다가 간 핀란드는 동토의 땅으로 추울 때는 영하 20도 내외가 계속된다. 추위보다 더 힘들게 한 것은 겨울의 어둠이었다. 11월부터 4월까지 햇빛을 볼 수 있는 날은 얼마 되지 않는다. 그리고 그 시기에는 핀란드의 위치가 북극과 멀지 않기 때문에 밤이 낮보다 훨씬 길다. 어둠이 길어지니 예상치 않은 증상이 나타났다. 우울증이었다. 이것은 단지 날씨만이 원인은 아니었을 것이다. 낯선 곳에서의 문화적응과 날씨, 어둠 그리고 개인적인 기질도 한 몫 했을 것 같다.

그러면서 그녀는 자신의 가족관계를 이야기 했다. 그녀는 4자매 중 둘째였다. 자매들의 나이는 한 살 반 정도의 차이가 있었다. 현재 큰 언니가 29세, 본인이 28세, 밑에 있는 동생은 26세 막내는 22세이다. 넷째는 살았다면 현재 24세였을 텐데 난민촌에서 3살 때 병으로 세상을 떠났다. 언니는 첫째로서 부모와 친지로부터 사랑을 받았다고 한다. 막내 동생은 막내이기 때문에 자연스럽게 식구들로부터 돌봄을 받았다고 한다. 바로 밑 동생은 자기 주장이 강했기 때문에 크게 울고, 떼를 써서 부모가 그의 필요를 먼저 채워주었다고 한다. 본인은 둘째로서 그냥 제대로 돌봄을 받지 못했다고 말했다.

난민으로 있을 때 그들에겐 모든 것이 부족했던 시기였기에 돌봄과 사랑을 받았다고 해도 그리 차이는 없었을 것이다. 하지만, 인간의 삶에서의 경쟁과 서열관계는 풍족함과 궁핍함에 관계없이 자매들에서도 적용되는 것 같다. 인간의 자유와 권리가 극단적으로 제약된 난민촌에서도 그 관계는 유지되었다.

핀란드에서 발생한 우울증으로 인해 그녀는 잠을 제대로 자지 못했고, 의료진과 약물에 의존해야 했다. 다행히 쉼과 의료진들의 안내와 약물을 통하여 상태는 호전이 되었다고 한다. 핀란드에서 간호조무원으로 일하는 그녀는 작년 2018년 핀란드에 있는 카렌들을 돕고 싶어서 신학을 공부하기로 하고 태국 치앙마이에 있는 실로암 신학교에 들어왔다. 이곳에서는 공부에서나 동문들과의 관계에서 별 문제 없이 잘 보내고 있다. 부모들이 걱정을 했지만 카렌이라는 공동체가 그녀에게는 더 안정적인 면들이 있었던 것 같다.

그녀의 이야기를 들으면서 오버랩 되는 한 존재가 있다. 바로 그녀의 민족인 카렌족이다. 왜냐하면 그녀의 삶과 카렌족의 형편이 여러 가지 면에서 공통점이 있기 때문이다. 그것은 고난과 소외 그리고 잊혀진 존재라는 것이다.

미얀마와의 관계에서 카렌은 경쟁과 긴장과 충돌의 과정을 거치면서 고난과 주변인으로 전락했다. 태국과는 호혜적인 협력과 상생의 관계에서 변두리의 잊혀진 존재로 변해버렸다. 그녀는 민족의 고난과 아픔이 최고조에 달하였을 때 온 몸과 삶으로 그것을 경험했다. 그리고 가정이라는 또 다른 세계에서 소외와 열등감을 느껴온 것이다.

이야기가 진행되는 동안에 공감을 해 주고, 마지막에 개인적인 경험과 느낌을 말해 주었다. 그리고 아픔을 나누어줘서 고맙다고 했다. 이렇게 이야기하는 것 자체가 이미 잊혀진 존재라는 아픔을 이긴 증거가 아니겠냐며 격려해 주었다.

그의 길지 않은 28세의 인생에서 주변인과 열등감, 그리고 소외와 아픔이라는 단어는 실제가 되어 계속 따라다녔다. 그런데 그녀의 이야기는 그것으로 마무리되지 않는다. 왜냐하면 또 한 존재가 더 강력하고도 확실하게 동행하기 때문이다. 그것은 한 존재를 잊지 않으시는 하나님의 섭리와 경륜 그리고 화목케 하시는 예수님의 이해할 수 없는 끈질긴 사랑이다.

11년 만에 다시 카렌공동체로 와서 신학공부를 하는 것은 그녀 안에 화목자이며 회복자이신 예수님의 영이 있음을 보여준다. 그리고 예수님처럼 화목케 하는 그 길을 앞으로 담담히 걸어가기를 기도한다. 선교사 앞에 자신의 아픔과 경험을 나누는 한 시간은 그녀가 그런 화목자의 길을 가는 큰 여정 중에 한 부분일 것이다. 이야기하다가 중간에 눈물을 흘리는데 그것은 서러움과 아픔의 표현보다는 회복과 정돈이 된 마음이라는 느낌이 왔다. 왜냐하면 눈물 가운데 맑은 미소가 드러났기 때문이다.

13. 처음 스웨덴에 도착한 이후 밤마다 울었습니다.

"어머니는 참 험악한 삶을 살았습니다. 1년 동안은 밤마다 매일 울었습니다."

학교 사무실 옆에 잠시 쉬고 있는 스웨덴에서 온 '요셉'과의 가벼운 인사가 예상치 않게 길게 이어졌다. 그와의 이야기를 통해 그의 인생에서 감당해야 할 무게가 얼마나 크고, 그 가운데 하나님의 사랑이 얼마나 집요하게 흐르고 있는가를 느꼈다.

요셉은 1992년 깐짜나부리 '통파품'군의 카렌 공동체에서 태어났다. 그의 아버지는 카렌 군인이었고 어머니는 카렌 군을 도왔던 여성이었다.

"저의 어머니는 16살 때 원치 않게 태국 국경으로 건너와야 했습니다. 왜냐하면 외할아버지가 미얀마 군에 의해서 죽임을 당했기 때문입니다."

남은 가족들은 죽을 수도 있는 위험에 노출되었고, 안전을 위하여 급하게 태국 국경으로 넘어왔다고 한다. 미얀마와 카렌과의 전투는 한 가정의 평화를 송두리째 뺏어갔다. 그의 가족은 태국의 중서부에 있는 깐짜나부리의 '통파품'이라는 국경으로 피신하여 정착했다. 그 때부터 그의 어머니의 인생은 가정에서 누리고 경험해야 할 보호와 평안과는 거리가 먼 삶이 시작되었다.

그의 어머니는 22세 때 카렌 군인이었던 아버지를 만나 결혼했다. 가정을 꾸려 살아가는데 아버지는 무책임한 사람이었다고 한다. 아버지는 마약과 음주 그리고 노름과 다른 여성과의 외도 등으로 어머니를 거의 돌보지 않았다고 한다.

"저는 1992년에 태어났는데 아버지를 본적이 없습니다."

어머니가 본인을 임신했을 때 아버지는 어머니를 버리고 떠났다. 그것만으로도 큰 아픔이었는데, 더 큰 아픔이 기다리고 있었다. 어머니는 이미 있는 세 명의 아이들을 돌보는 것도 힘든 상황이어서 뱃속에 있는 자신을 지우기 위해 여러 번 약을 먹었다고 한다. 그의 생명은 실로 사망의 음침한 골짜기를 아슬아슬하게 지나면서 시작되었다.

"본인을 유산시키려고 하였던 어머니에 대한 원망은 없었나요?"
"저는 어머니의 입장을 이해합니다. 한 여인에게는 다른 길이 없었겠죠. 위에는 3명의 자녀들이 있는데 뱃속에 있는 아이를 낳고 살아갈 자신이 없었을 겁니다. 어머니는 참 험악한 인생을 살았습니다. 참 불쌍합니다. 어머니는 가족 안에서 따뜻함과 행복을 경험하지 못했습니다."

지금은 담담하게 이야기하지만 그는 뱃속에서부터 죽음과 삶의 경계를 경험했다. 그것을 받아들이지 않으면 안 되는 불가항력적 상황이었다. 가장 아끼는 새 생명을 지우고자 했던 한 여인의 무게까지 다가온다.

어머니의 식구들이 그녀를 격려하여 다시 마음을 고쳐먹고 본인을 낳았다고 한다. 아버지는 그가 7살 때 세상을 떠났다고 한다. 가까운 사람에게 큰 짐과 아픔을 주고 갔다.

"아버지는 죽었는데, 저의 마음속에는 아직도 죽지 않고 남아 있습니다. 무엇인지 잘 잡히지는 않지만 내 안에 아버지에 대한 어떤 무엇이 있습니다."

뭔가 해결하지 못한 질문들이 있는 것이다. 어머니를 그렇게 만든 아버지, 자신을 떠나 버린 무책임한 아버지에게 뭔가를 따지고 싶었을 것이다. 재혼한 새 아버지도 친아버지보다 더 낫지 않다고 한다.

"새 아버지는 중국계 미얀마인이었습니다. 그는 불교도이고 술 중독증이었습니다. 사람에게는 두 가지 모습이 있는데, 어머니는 그저 그의 좋은 점만 보고 재혼했다가 지금까지 험한 삶을 살고 계십니다."

지금도 매일 술을 취하도록 마신다고 한다.

"어머니는 새 아버지에게도 제대로 사랑 받지 못했습니다."

그의 이야기를 듣고서 나의 어머니와 가족 이야기를 해주었다. 왜냐하면 나의 어머니의 삶이 그의 어머니처럼 험악한 인생을 살았기 때문이다. 아픔을 짊어지고 사셨던 어머니에 대한 애틋한 상호간의 마음이 서로를 묘하게 연결해주는 끈이 됨을 느낀다.

그의 일생의 중요사건을 적으면 간단하다. 그는 1992년 태어났다. 그리고 1997년에 카렌 난민 캠프에 들어왔다. 2007년에 '재정착프로그램'을 통하여 스웨덴에 난민으로 갔다. 2017년에 태국 치앙마이에 있는 실로암 신학교에 공부를 위해 왔다. 그렇지만 그가 태어날 때부터 이후 걸어온 길은 대부분 위협과 결핍과 불안정이 복잡하게 얽혀있다. 그의 삶에 대한 공감과 동의는 그의 경험과 느낌을 계속하여 풀어내게 했다.

그가 스웨덴에 이주할 때 나이가 15세였다. 그는 1년 동안 밤마다 울었다고 한다. 사춘기가 한참인 나이였다. 그의 기대와는 다른 새로운 세계에 왔고, 친구도 없고, 전혀 다른 환경 등으로 밤이면 눈물이 났다고 한다. 화목함과는 거리가 먼 그의 가정의 환경도 그를 더욱 힘들게 했을 것이다. 7년 동안 통신과정 공부와 실습 등을 하면서 기초정착과정을 거쳤다. 2015년에 시민권을 받았고, 2년동안 식당과 음식 관련 회사에서 일했다. 그리고 돈을 모아서 그립던 태국으로 왔다. "신학교에 오니 너무 좋았습니다." 참 오랜만에 깊은 안정을 맛보았다고 한다.

이제 그는 3학년을 마무리하고 있다. 내년 실습을 하면 2021년에 일단 스웨덴으로 돌아갈 계획이다. 어머니의 원함으로 2년 동안 스웨덴에 있는 카렌 교회에서 사역을 하고 다시 태국으로 돌아올 예정이다.

그 이후로는 다시 스웨덴에 가고 싶은 마음이 전혀 없다고 한다.

"스웨덴을 떠나 4년이 지나면 국적이 말소가 됩니다. 그렇지만 저는 다시 가지 않을 것입니다."

그의 국가정체성은 묘하다. 50%정도는 태국 카렌 정체성도 있고 나머지 50%는 카렌 국가 정체성이 있지만 스웨덴 국민의 정체성은 전혀 없다고 한다. 유일하게 법적으로 국민자격을 준 스웨덴에 대한 소속감은 없다고 하니 참 안타까운 일이다.

어머니도 내년이면 태국으로 다시 돌아올 예정이라고 한다. 이곳에 오면 어머니는 다시 스웨덴으로 돌아가지 않을 것이라고 한다. 감사한 것은 화목하지 않은 가정이었지만 동생 또한 하나님을 너무나 깊게 사랑하여 내년에 신학교에서 공부를 할 예정이라고 한다. 그것은 불행한 환경 가운데에서도 하나님의 사랑이 그 가운데 강한 들풀처럼 끊어지지 않음을 보여준다.

스웨덴에 있을 때 그는 한번 자살 충동을 강하게 느꼈다고 한다. 너무 지치고, 불행하고 소망이 없어 보였기 때문이다.

"그 때 하나님을 생각하면서 다시 살아야 하겠다고 생각했습니다. 하나님의 사랑과 은혜가 있기에 저가 지금까지 살고 있습니다."

하나님의 은혜가 아니었으면 어머니가 몇 번 약을 먹고 유산을 시도했을 때 죽었을 것이라고 한다. 하지만 하나님은 그를 상하지 않고 태어날 수 있게 해 주셨다고 그는 고백한다. 그는 예레미야 1:5을 언급했다.

> "'내가 너를 모태에 짓기 전에 너를 알았고 네가 배에서 나오기 전에 너를 성별 하였고'라는 말씀은 바로 저를 위한 말씀입니다"

이 말씀대로 그를 살리시고 보호하셨다고 간증한다. 그의 인생에서 보이지 않는 너무 중요한 한 분이 있음을 안다. 그분은 예수님이시다. 인간의 연약함과 상황의 결핍, 그리고 실수와 한계 속에서도 예수님은 그를 놓치지 않으셨다. 그가 여전히 목회자로 살고자 하는 소원함은 십자가에서 우리의 질고를 짊어지신 예수님의 끈질긴 사랑이 여전히 흐르고 있음을 의미한다.

그들의 이야기들은 이 땅에서 '해피엔딩'으로 마무리 될 것 같지는 않다. 그들이 지금까지 살아오면서 훼손된 감정과 어그러진 관계의 아픔이 너무 크기 때문이다. 하지만 그들에게 하나님 나라의 존재는 영원한 소망을 준다. 국적을 준 선진국 스웨덴도 그들에게는 결코 편안한 곳이 아니다. 고향과 같은 태국은 그에게 국적을 허락하지 않았다. 그들이 태어난 미얀마의 카렌 지역은 쉽게 돌아갈 수 없다. 나그네인 그들의 인생에서 희미하지만 가장 확실한 나라는 하나님의 나라이다.

이야기를 마무리하면서 격려를 해주었다.

"남들 같으면 포기할 것 같은 인생을 이렇게 살아주어서 고맙고 대견하네요. 이렇게 이야기하는 것을 보니 기대가 되고, 좋은 사역자가 될 것입니다."

그는 오래 기억에 남을 대답을 한다.

"나를 이곳에 보내신 분은 하나님입니다. 소위 불량한 아이들에게 맘이 갑니다. 그들에게 가서 도와주고 싶고, 그들에게 하나님의 사랑을 전하고 싶습니다."

이렇게 말하는 그의 모습에서 '상처 입은 치유자'의 모습이 흘러나오고 있었다. 그것은 하나님의 나라가 그 안에 이미 시작되고 있음을 보여주는 것이다.

6장

이해할 수 없어서
질문을 남긴 이야기들

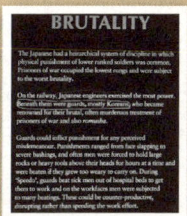

1. 무국적 카렌족 '쎄포'의 장례식
2. 전쟁의 상흔들
3. 전쟁과 카렌 군인 '유와' 이야기
4. 고향까지는 6일 여정길입니다
5. 죽음의 자리에서 마무리하고, 시작하고
6. 하나님의 은혜가 있으니
7. 두 아이는 죽고 한 명 남았습니다.
8. 쓰나미와 인간
9. 한 남자 세 여인
10. 일본인 기술자, 한국인 경계병

이해할 수 없어서
질문을 남긴 이야기들

하나님 앞에 가끔 질문을 한다. 선교지에서 때로 이해가 안 되는 당혹스러운 상황을 만나기 때문이다. 하나님 앞에 가야 답을 들을 수 있을 것 같다. 답을 못 들어도 해야 할 일이 있다. 그것은 그들과 동행하는 것이다. 그런데 때로는 동행조차도 못하는 원망스러운 상황들이 있다. 주님의 긍휼하심을 소원하는 날들이 많다.

1. 무국적 카렌족 '쎄포'의 장례식

오늘 참석한 장례식은 어느 때보다 여러 가지 생각을 하게 했다. 고인은 미얀마의 카렌반군 지역에서 살다가 예기치 않은 사고를 당해,

그곳에서 수 백km 떨어진 태국 북부지역의 묘지에 묻힐 수 밖에 없는 사연이 있었기 때문이다.

지난 금요일 아침 신학교에서 예배를 마치고 난 뒤 한 교수가 광고를 했다. 사고를 당한 미얀마 국경의 카렌 주민을 위해 우리 학생들이 가서 헌혈을 하여 도와주었지만, 결국 어제 목요일에 세상을 떠났다는 것이다. 노회장인 '싱콘' 목사가 토요일에 장례식이 있다며 같이 가길 청했다.

장지는 태국 한 시골의 기독교 묘지였다. 조금 늦게 도착했는데, 30여 명의 조문객들과 가족들이 모여 장례의식을 진행하고 있었다. 너무나 단촐한 장례식이었다. 고인이 미얀마에서 태어나서 자랐고, 태국에는 전혀 연고지가 없었기 때문이다. 아무도 그를 모르지만, 치앙마이에 사는 카렌 기독교인들이 사랑과 긍휼의 마음으로 참여했다.

장례식을 끝내고서야 상황을 정확히 알 수 있었다. 약 열흘 전에 이 부부와 몇 사람들이 같이 소를 방목하기 위하여 가던 중 변을 당했다. 카렌반군이 매설한 것으로 추정되는 지뢰를 이 주민이 밟은 것이다. 그 지뢰는 파괴력이 매우 컸다. 그 자리에서 이 주민은 두 다리가 잘렸고, 온 몸에 심한 상처를 입었다. 같이 가던 부인과 다른 사람들도 피해를 당했지만 심하지 않았다.

급하게 배와 차를 이용하여 태국 국경의 매사리앙 병원에 후송했다. 그렇지만 그곳에서 조치할 형편이 못되어, 치앙마이에 있는 제법 규모가 큰 병원으로 후송되었다. 며칠 동안 생명은 유지했으나, 결국 지난 목요일에 사망하고 말았다.

고인의 묘비에는 1964년 1월 출생했고, 2012년 6월 21일 주님 품으로 갔다고 새겨져 있었다. 47세의 젊은 나이로 세상을 너무 빨리 떠났다. 더구나 평생을 무국적으로 살다가, 죽어서도 고향으로 돌아가지 못하고, 태국 북부 지역의 시골 묘지에 묻혔다.

참석한 식구들을 보니 마음이 더욱 아프다. 부인과 여섯 명의 자녀들이 '사랑하는 부인과 아이들로부터' 라는 화환을 들고 고인의 마지막 길을 보낸다. 앞으로 사랑하는 남편과 아버지의 무덤을 찾는 것이 이들에게는 쉬운 일이 아니다. 국적이 없기 때문이다. 안타까운 것은 최근 미얀마의 상황이 급변하면서, 평화의 분위기가 계속되면 이들도 당당한 미얀마의 시민으로 평화롭게 살 날이 얼마 남지 않았기 때문이다.

여전히 소망이 있는 것은 '쎄포'라는 이 카렌족은 영원한 나라의 시민으로 살고 있고, 앞으로 그 나라에서 만나겠지만 남은 식구들은 그때까지 살아야 할 일이 쉽지 않다. 남아 있는 식구들을 위하여 할 수 있는 것이 거의 없다. 큰 아들이 난민촌에 있는 신학교 1학년에 다닌다고 하는데 등을 쓰다듬어 주는 것 외에는 할 일도 없었다.

우리는 한국 국적을 가지고 외지에 와 살고 있다. 우리에게는 당연한 일이지만, 우리 주위에 그렇지 못한 이웃들이 적지 않다. 영원한 나라의 시민권으로 살아가지만, 이 땅의 시민권도 필요하다. 영원한 시간에 비하여 우리의 인생은 길지 않지만, 그 시간을 당당하게 살아가는 것도 어떤 이들에게는 쉽지 않다.

예기치 않은 지뢰폭발로 가장을 잃은 슬픔을 겪은 가족에게 시민권이라도 있었으면 하는 아쉬움이 컸다. 왜냐하면 앞으로 이들은 우선 아버지와 남편에 대한 그리움을 채워줄 태국 북부지방의 무덤 방문도 쉽지 않기 때문이다. 영원한 소망으로 채워지길 기대하지만, 그렇지 않을 수도 있다. 우리의 질고를 짊어지시고, 그렇게 사셨던 주님의 위로를 진심으로 소원하는 날이다.

2. 전쟁의 상흔들: 대통령이 되고 싶습니다.

> "저는 대통령이 되고 싶습니다. 왜냐하면 카렌 대통령이 되어서 버마족을 이기고 싶거든요."

"앞으로 꿈이 무엇인가요?"라는 질문에 대한 미얀마의 깊은 오지인 매라어키 카렌 학교에 다니는 어린 학생의 대답이다. 한 학생만 그렇게 대답하는 것이 아니라, 여러 학생들도 같은 대답을 한다. 장래희망을 묻는 질문에 대한 어린이들의 대답에서 전쟁의 상흔이 전혀 다른 모습으로 남아 있음을 본다. 모두들 천진스럽게 자라고 있으나, 그들의 가슴에는 미얀마군에 대한 증오가 불타고 있었다.

이렇게 증오에 찬 대답을 하는 것은 그들이 자라온 환경 때문이다. 그들은 전쟁 속에서 자라왔다. 직접 전투 상황에서, 또는 피난처에서 항상 두려움과 공포 속에서 살았고, 더구나 버마족으로부터 심한 차별을 받으며 살아왔기 때문에 가난과 전쟁의 공포와 민족적 차별을 태어나면서부터 경험했다. 미얀마 카렌 모든 지역에 이런 긴장이 있는 것은 아니다. 국경은 미얀마 군과 카렌 군의 충돌이 빈번했던 지역으로 매라어키 마을이 바로 그 위치에 있었기 때문이다.

전쟁과는 상관없이 민족의 갈등과는 상관이 없는 천진스러운 생명들은 세상에 태어나면서 부모와 국가로부터 받아야 할 것들이 있다. 정신적으로 신체적으로 자유를 누리면서 성장할 권리와 교육을 받을 권리를 갖고 있다. 그러나 이들에게는 그러한 권리가 제대로 주어지지 않았다.

그들은 정치적으로 타 민족의 지배를 받아야 했고, 사회적으로 불안했고, 경제적으로 가난했으며, 그래서 정상적인 교육의 혜택을 누리지 못했다. 공교육을 통하여 자기를 개발하고, 자기 선택권을 주장할 수 있는 지적, 정신적, 경제적인 여유를 가져야 하는데, 그렇지 못했다.

1949년부터 시작된 미얀마와 카렌의 전쟁은 매라어키 마을도 영향을 주었다. 카렌 정부의 관할 지역이었지만, 자체적인 분열과 미얀마 군의 공세로 인하여 마을을 떠나 피난을 가야 했다. 일부는 태국에 있는 난민촌으로 갔고, 일부는 밀림 속으로 들어가서 직접 전투를 피했다. 2012년에 평화회담 결과로 휴전이 되었고, 그리운 마을로 돌아왔다. 그렇지만, 휴전이 되었다고 해서 안정이 찾아온 것은 아니다. 특히 그들과 부모세대가 경험한 민족적 갈등은 어린 아이들에게도 크게 영향을 주어 쉽게 아물지가 않았다.

전쟁론에서 클라우지비츠는 '적군을 섬멸하고자 하는 마음'이라는 압축된 단어로 전쟁의 흉폭함을 표현했다. 그는 개화되고, 교양 있는 사람들도 상대를 향한 피 끓는 증오를 품고 총을 쏘아 적을 격퇴할 수 있다고 말했다. 매라어키 의 어린이들도 이런 전쟁 와중에서 몸에 배인 미얀 마에 대한 증오 감정이 상 흔으로 남아 있다.

매라어키 학교의 전쟁의 상흔을 가진 아이들

어린이들이라면 순수 함으로 온 세상과 민족을 사랑하고 품어야 할 것이다. 그런데 이들은 어렸을 때부터 파괴적인 민족 증오의 에너지를 거침없이 표현한다. 가슴 아픈 일이지만 어쩔 수 없다. 이스라엘의 예언자였던 이사야 선지자가 선포한 이사야 2:4 말씀이 절실히 다가온다.

> "그들의 칼을 쳐서 보습을 만들고 그들의 창을 쳐서 낫을 만들 것이며 이 나라와 저 나라가 다시는 칼을 들고 서로 치지 아니하며 다시는 전쟁을 연습하지 아니하리라"

예수님이 다시 오시는 날에 이루어질 새 세계를 기다린다. 그 날이 오면 버마족과 카렌족 사이의 민족 증오도 더 이상 없을 것이다. 평화의 날이 미래의 그날뿐만 아니라 오늘 이 시간에도 시작되기를 소망하며 살아간다.

하나님과 인간의 화해자로 오신 예수님의 십자가 사건만이 증오와 회한을 용서와 치유로 바꿀 수 있다. 그러므로 예수를 믿는 제자들은 평화의 길잡이가 되어야 한다. 그들이 부르는 찬양은 민족 증오의 한

켠에서 시작된 평화의 메시지가 되어야 할 것이다.

3. 전쟁과 카렌 군인 '유와' 이야기

전쟁은 인간의 연약함을 가장 극명하게 드러나게 하면서, 인간 세계를 비극적으로 몰아간다.

2008년 3월 29일에 만난 '유와'라고 하는 카렌 군인의 이야기는 굴곡 많은 한 인간의 사연이 얼마나 깊은가를 보여준다. 그는 현재 매솟 근처의 매라 캠프의 경비를 맡고 있는 4명의 자녀를 둔 48세의 가장이다. 지금도 일 년에 10일씩 세 번 정도 미얀마 지역에 있는 카렌민주연합군의 진지에서 장비를 관리하고 있다고 한다.

미국정부의 난민 재정착 프로그램으로 미국에 난민 자격으로 들어갈 자격이 있지만, 그는 미국으로 가는 대신 고국인 미얀마의 카렌 주에 돌아가고 싶어서 아직까지 기다리고 있다.

그가 미얀마 군과 전투를 시작한 것은 놀랍게도 그의 나이 불과 13세 때였다. 지금이 48세이니 35년 동안 군인으로 월급을 받지도 않고, 특별한 지원 없이 오직 민족을 위해 자신을 바칠 준비를 하고 있다.

그의 나이가 15살쯤 되었을 때였다. 전투는 밤, 낮으로 거의 매일 두 차례 이상 지속되었다. 한 번은 진지를 방어하는 전투에서 150여 명의 미얀마 군인을 사살하는 동안 카렌 군인은 불과 3명만 희생되었다는 무용담을 이야기하기도 했다.

치열한 전투 후엔 열대지방의 더운 날씨로 시신들이 부패하기 시작하여 식사를 거의 하지 못할 때가 많이 있었다. 또는 밥을 하면 적에게 자신의 위치가 발각되기에 어쩔 수 없이 맨 쌀을 씹고 물만 마시면서 식사를 대신한 적도 여러 번 있었다고 한다. 그가 군인이 된 지 5년이 지난 18살에 군인 12명을 책임지는 분대장이 되었는데, 그 가운데 10명이 전투에서 목숨을 잃었다.

무엇이 이 사람에게 이런 결심을 하게 하였는가? 그리고 이런 헌신으로 얻을 수 있는 것이 무엇인가? 이 두 질문의 답은 하나다. 카렌 민족의 독립 또는 자치권의 확보이다. 하지만 이에 대한 보장은 없다. 아니 그 실현 가능성은 지금까지 정황으로 볼 때 갈수록 멀어지고 있는 느낌이다.

카렌 군인들에게 지급되는 무기와 탄약의 보급량을 한창 때와 비교하면 다섯 배나 감소했다고 한다. 그만큼 상황이 열악해졌다는 것이다. 이것이 이들이 미얀마 군에 대한 섣부른 공격을 하지 못하게 하는 주원인이라고 한다. 그럼에도 불구하고 그는 남들이 그렇게 가고 싶어 하는 보장된 미국행을 포기하고, 보장할 수 없는 고향 땅에 가기를 소망하고 있다.

이런 이야기를 들으면서, 이 카렌족 군인 '유와'의 마음에 남아있는 상처와 분노, 그리고 고통이 얼마나 클까 생각한다. 지금이라도 무기만 있으면 자기 땅을 빼앗은 미얀마 군인들에게 복수하고 싶다고 서슴없이 말했다.

누가 '유와'의 상처를 아물게 할 수 있을까? 그리고 1949년부터 시작된 전쟁으로 인한 이들의 기막힌 사연과 슬픔과 아픔을 싸맬 수 있을까? 누가 용서와 사랑으로 이들을 품을 수 있을까? 예수님 한 분 밖에 없으시다. 언제나 고통 받는 자와 함께 하시는 예수님의 평강이 '유와'와 카렌 땅 가운데 함께 하기를 소원한다. 그리고 눈물도 전쟁도 없는 하나님 나라가 오기를 기도한다.

4. 고향까지는 6일 여정길입니다.

내가 잘못 들었는가 해서 다시 한번 질문했더니 현재 일하는 곳에서 고향까지 가려면 6일은 걸린다고 한다. 직선 거리로는 400km 정도 밖에 안 된다. 미얀마의 열악한 도로 사정과 그 사이 험준한 산들과 강과 시냇물 등등으로 인해 교통을 이용하면 800km를 돌아 가는데 6일 정도 소요된다는 것이다. 그런데 그의 31년의 인생은 그의 집까지 가는 것보다 훨씬 복잡하고 비극적인 사건들로 구성된 여정이었다.

그 청년을 만난 것은 생각지 않은 일이었다. 며칠 전에 치앙마이에 있는 기독교 병원에 미얀마 카렌의 중요지도자가 수술을 받으려고 왔다. 그가 수술을 받은 후 병문안을 가서 이런 저런 이야기를 주고 받는 과정에서 마침 같이 온 청년과도 자연스럽게 이야기를 나눌 수 있었다. '데퓨'라는 청년이었다. 그에게 집에 가는 데에 얼마나 걸리는지를 물어보았더니 앞서 이야기한 대답이 나왔다.

태국의 매솟에서 국경을 넘어 파안까지(Paan) 버스로 가는데 하루, 파안에서 따웅구(Taungoo)까지 하루, 따웅구에서 로이꼬까지(Loikaw) 하루, 로이꼬(Loikaw)에서 파소까지 하루, 파소에서 모키까리 약 4시간,

마지막으로 모키에서 붸레코라는 고향까지는 길이 없어서 걸어서 가는데 하루 반 정도가 걸린다고 한다. 출발하여 6일째 되는 날에 집에 도착한다.

자연스럽게 왜 미얀마와 태국의 국경에 오게 되었는지 질문이 이어졌다. 31년의 길지 않은 그의 삶은 피신과 도망, 죽음과 슬픔 그리고 두려움에 늘 노출된 삶의 여정이었다. 그가 사는 지역은 2012년 1월 미얀마와 카렌 군의 휴전이 이루어지기까지 전쟁의 피해와 아픔을 고스란히 감당해야 하는 지역이었다.

미얀마 군인들이 마을에 나타나 불을 지르고, 약탈하고, 파괴했기에 1년에 4-5번은 안전한 밀림으로 도망쳐야 했다. 때로는 1년 내내 마을에 갈 수가 없었다. 미얀마 군인들이 어떻게 공격할지 모르기 때문이었다. 찻길도 없고, 논도 없는 오지에 있는 30호 정도의 작은 카렌 마을이었지만 전투상황은 아주 가까이 있었다.

그에게는 9남매가 있었지만 현재 남아 있는 가족은 4남매뿐이다. 5명은 미얀마 군의 공격과 긴장, 그리고 질병과 고립된 열악한 환경 등으로 세상을 떠났다. 가장 비극적인 사건은 2002년에 어머니가 아이를 낳다가 둘 다 세상을 떠난 사건이었다. 당시 미얀마 군의 공격으로 식구들은 마을을 피하여 밀림으로 갈 수 밖에 없었다. 어머니는 산달이 찼음에도, 집은커녕 지붕도 없는 밀림에서 아기를 낳을 수밖에 없었다. 비가 오기 시작했고 밤은 추웠다. 결국 아이는 사산되었고 어머니도 우기 밀림의 추위와 과다출혈로 세상을 떠났다.

새로운 생명의 기쁨을 나누어야 할 남은 식구들은 황망함과 큰 슬픔에 아무 것도 할 수 없었다. 도망하면서 급하게 가져간 정글 칼로 땅을 파고 막내와 엄마를 같이 묻는 것이 전부였다. 제대로 이별도 못한 것이다. 그 사건은 두려움, 분노, 슬픔, 원한 등으로 평생 잊을 수 없는 사건이었다. 14살의 장남이지만 여전히 어린 한 아이에게는 감당할 수 없는 시간이었다.

"하나님 앞에서 질문을 해보지 않았는가?"라고 질문했다.

"너무 생각을 많이 하면 힘듭니다. 그래서 과거는 생각하지 않고 미래를 생각하고자 합니다. 그렇지만 잊지는 못합니다."

그의 말을 들으면서 눈물을 참느라고 힘들었다. 담담하게 대답하는 그의 마음속에 있는 깊은 슬픔이 전해졌기 때문이다. 어찌 그것을 잊을 수 있을까? 어떻게 그 사건이 생각나지 않겠는가! 그는 그의 경험과 방식대로 그것을 피하고 싶었을 것이다. 그렇지만 그가 말한 것처럼, 깊은 곳에 선명하게 남아 있어 잊을 수가 없는 것이다.

그의 이야기가 이어진다. 그가 17세였을 때 처음으로 태국으로 왔다. 2005년에 매홍손에 있는 매라모 카렌 난민캠프에 처음 도착했다. 직선 거리로 300km도 되지 않는 거리를 한 주가 걸려 도착했다고 한다. 전투지역을 피해야 했고, 미얀마 군인을 피해야 했기 때문에 밀림에서 며칠 잠을 자면서 넘었다. 고향은 전투의 위험이 상존했고, 학교가 없어서 동생이라도 공부를 시키려면 국경을 넘어 난민촌에 와야만 했다. 동생을 데려다 주러 왔다가 본인도 공부를 할 겸 남아서 4년 동안 초등학교 공부를 했다.

그는 2005년에 매라모 난민촌에 거주하면서 UN에 등록 되었기에 그가 원하면 미국이나, 호주 또는 유럽에 있는 국가에 난민자격을 취득하여 이주할 수가 있었다. 그렇지만 그는 언어가 되지 않았고, 가족들은 여전히 미얀마에 있기 때문에 그는 전혀 다른 여정을 선택할 수밖에 없었다.

4년 동안 매라모 제1초등학교에서 공부를 한 이후 21세에 자원하여 카렌 군인이 되었다. 국가도 없는 카렌 군인은 미얀마에게는 반군이었다. 하지만 그가 자원 입대를 한 데에는 그만한 이유가 있었다. 그가 17세가 되기까지 미얀마 군의 공격과 파괴적인 약탈, 그리고 어머니와 동생의 죽음 등 비극적인 경험을 했다. 이러한 경험은 그에게 본능적으로 동족을 지키는 결정을 내리게 했다.

현재 그는 세 가지 연관된 일을 하는데, Free Burma Range 라는 의료임무, 카렌 군인 그리고 카렌 정부의 직원이었다. 모두가 급여가 없는 봉사직이다. 이런 일은 국가에서 영웅으로 대접받고 마땅한 지원을 받아야 하지만, 그가 사랑하는 카렌 정부는 그를 도울만한 힘이 없다.

고향을 방문하고 돌아오는 경비가 약 160불 정도인데, 급여가 없기 때문에 부서의 책임자가 1년에 한번 고향 방문을 위하여 도와 준다고 한다. 급여도 없고, 희생도 하지만 자기 민족을 지키고 돌볼 수 있기 때문에 만족한다고 한다. 여자친구를 사귈 시간도 없을 정도로 바쁘다고 농담 반, 진담 반 이야기한다. 그는 여전히 결혼을 하지 않은 총각이다.

인생의 목표가 무엇인가에 대한 질문에 대해 그는 미얀마 카렌이 안정 되고, 자유롭게 살 수 있는 삶을 소망한다고 답했다. 그것을 위해 희생을 하는 데에 가치가 있다고 한다.

지금 그의 마을은 안정을 찾았다. 그렇지만 미얀마 군인들의 파괴적인 약탈과 공격에 대한 기억으로 주민들은 여전히 두려움이 있다고 한다. 2년 전에 미얀마 시민권을 얻게 되어 이제는 자유롭게 미얀마를 다닐 수 있게 되었고, 양곤도 한 번 다녀왔다고 한다. 2012년 미얀마와 카렌의 휴전 이후 군사적 충돌은 현저히 줄어들었지만 그 안의 긴장과 두려움이 없어진 것은 아니다

이어 그는 아버지에 대해 이야기했다. 현재 57세이고, 교회 장로로 섬기고 있다고 한다. 그의 나이 40세에 사랑하는 아내와 막내 아이를 비가 내리는 밀림에서 허망하게 보내고, 지금까지 홀몸으로 있다.

아버지는 여전히 하나님을 사랑한다고 한다. 믿는 가정에서 태어나고, 지금도 열심히 교회를 섬기는 장로이다. 도저히 잊지 못할 이별의 큰 슬픔과 비극적인 사건들이 있었지만 그는 하나님을 향한 신앙을 굳건히 지키고 있었다.

그의 나이 31세, 길지 않은 인생 여정을 들으면서 그 안에 해결 못한 사연들과 잊지 못할 슬픔들이 이어지고 있음을 알게 되었다. 그의 고향까지 가는 길보다 훨씬 복잡하고 힘이 든 여정이다.

또 한 인생의 여정을 생각한다. "내가 곧 길이요"라고 하신 예수님의 인생여정이다. 이사야는 이사야 53:2-3을 통해 예수님의 모습을 놀랍게 표현한다.

"고운 모양도 없고 풍채도 없은 즉 우리가 보기에 흠모할 만한 아름다운 것이 없도다. 그는 멸시를 받아 사람들에게 버림 받았으며 간고를 많이 겪었으며 질고를 아는 자라"

6일 걸려 방문한 마을에서 화전을 돕는 데퓨

57세의 아버지 '투예' 장로와 31세의 청년 '데퓨'의 인생을 누가 위로할 수 있으며, 누가 동행할 수 있을까? 나는 그가 경험했던 슬픔과 비극의 골짜기를 생각하면 한참 먼 인생이다. 바로 예수님만이 그들의 인생여정에 동행하면서 위로하고 힘을 줄 수 있을 것이다. 그것은 예수님의 인생여정이 평안하고, 영광스럽고, 유명하셨기 때문이 아니다. 멸시, 간고, 질고를 아는 예수님이시기 때문이다.

'투예' 장로는 9명 중 5명의 자녀를 잃었다. 사랑하는 아내는 비를 가릴 집이나 거처가 아닌 밀림에서 아이를 낳다가 세상을 떠났다. 하지만 그는 여전히 교회의 중직자로 섬기고 있다. 데퓨는 장남으로 가족의 슬픔과 비극을 어린 나이부터 무력하게 지켜보고 왔지만 지금은 민족을 위해 담담히 그의 길을 가고 있다. 그리고 하나님에 대한 사랑과 그에 대한 소망을 여전히 품고 있다.

2019년 현재 26살인 동생은 신학교를 졸업하고 마을 교회에서 담임목회자로 섬기고 있다. 9살 때 어머니가 비참하게 세상 떠나는 것을 지켜보았던 그는 그 자리에서 머물지 않았다. 다시 일어나서 주어진 길을 담담히 가고 있다. 이것은 인간의 간고와 슬픔을 아시고, 버림받았던 예수님이 그들 안에 여전히 동행하고, 힘을 주고 있기 때문이리라.

"모든 눈물을 그 눈에서 닦아 주시니 다시는 사망이 없고 애통하는 것이나 곡하는 것이나 아픈 것이 다시 있지 아니하리니"(계 21:4)

하늘에서 이미 이루어진 새 하늘과 새 땅이 이 땅에 이루어지기를 소원하는 날이다.

5. 죽음의 자리에서 마무리하고, 시작하고

연말 연시는 온통 죽음을 생각하면서 보냈다. 갑작스럽게 신학교 학생이 세상을 떠났기 때문이다. 2018년 12월 29일, 방콕에서의 팀 모임을 마친 후 11시간 운전하여 치앙마이로 올라오는데 갑자기 전화가 왔다. '므뢰'라는 신학생 3학년이 아침에 세상을 떠났다는 것이다.

지난 12월 27일 신학교 전도캠페인을 마치고, 고향에 있는 교회에서 성탄절 행사와 연말연시 행사를 위해서 새벽 4시에 오토바이로 치앙마이를 출발했다. 그런데 사거리에서 신호등을 무시하고 오는 차와 충돌해 뇌에 중상을 입어 이틀 동안 병원에 있다가 오늘 사망했다는 것이다.

다른 무엇보다도 그 학생의 죽음과 관련된 일들이 우선이라고 생각되어 그 일정에 맞추었다. 30일 마지막 주일 예배는 그 학생의 유족들을 만나기 위해 신학교의 교회로 갔다. 사망신고와 경위에 대한 처리를 위해 그 지역의 목사와 친척들이 그곳에서 예배를 드린다고 했기 때문이다.

오토바이를 운전했던 학생 '뽀로'는 멀쩡했다. 몇 번 굴렀지만 병원에 입원하지 않아도 될 정도였다. 기적이었다. 그렇지만 그가 받은 정신적 충격과 부담은 엄청났을 것이다. 둘은 어릴 때부터 단짝 친구였다. 신학교도 같이 들어왔는데 마지막 모습을 아무런 도움도 주지 못하고 지켜보아야만 했다. 여러 교인들이 그에게 찾아가서 위로해 준다.

"너의 책임이 아니다. 부담 갖지 말아라."

나는 특별히 할 이야기가 떠오르지 않아서 그저 등을 만지고 함께 해 주었다. 장례식이 1월 1일 화요일이어서 2018년 마지막 날인 12월 31일 월요일 오전에 장지로 출발했다. 6시간을 운전하는 동안 동행한 미국선교사 카일과 여러 이야기를 나누었지만 마음속에는 죽음에 대한 한 부분이 계속 남아 있다.

오후 늦게 티와타에 도착하니 장례식을 주관하는 '암폰' 목사가 나에게 장례식 설교를 부탁했다. 무슨 말로 이 상황을 설명하고, 하나님의 뜻을 나눌까 계속 고민했다. 사실 이런 상황에 대한 질문을 한다면 딱히 답할 말이 없는 것이 사실이다. 사실 이성적으로는 이해하지 못한다. 어쩌면 주님 나라 갈 때까지 질문을 가지고 갈 것 같다.

사람의 눈으로 볼 때는 '므뢰'에게 하나님께서 꼭 맡겨주신 역할이 있을 것이 아닌가 하는 의구심이 들기도 한다. 그의 능력이나 성품, 그의 자세는 예비지도자로서 매우 보기 드문 믿음직스러운 신학생이었기 때문이다. 영어도 눈에 띄게 잘하고, 음악에도 소질이 있었다. 더군다나 그날 친구의 교회에서 송구영신예배를 드리기 위해 그는 새벽 일찍 길을 재촉하다 변을 당하고 말았다.

1월 1일 새벽에 일어나 기도를 하고 일찍 장례가 있는 마을로 갔다. 부모님을 만났다. 사실 할 이야기는 거의 없었다. 남다른 은사와 태도를 가지고 있던 아들에 대한 이야기를 하면서 안타까움을 나눌 뿐이었다. 인도자인 '암폰' 목사가 오늘은 가해자 측 대표자인 태국인들도 온다고 하니 설교를 태국어와 카렌어로 준비해 달라고 한다. 한국어로도 이 상황에서 설교가 어려운데, 두 언어로 하라고 하니 부담이 더 된다.

장례식의 모습은 가난한 산골의 초라한 형색이 물씬 풍긴다. 사진들을 보니 대부분 신학생때의 모습이다. 아마도 어릴 때에는 사진을 잘 찍은 것이 없는 것 같다. 태어날 때 가난한 산골에서 태어나 풍족하게 살지 못하다가 이 세상을 떠날 때도 가난한 산속의 마을에 묻힌다. 사람의 눈에는 불쌍하고, 불행한 인생으로밖에 보이지 않는다.

그런데 드러난 이 모습이 전부가 아님을 안다. 그것은 슬픔과 이별의 아픔을 넘어선 영원한 하나님 나라의 소망이다. 시편 116:15의 말씀을 나누었다.

"경건한 자들의 죽음은 여호와께서 보시기에 귀중한 것이로다."

이것이 이 상황에 대한 모든 답은 아닐 것이다. 남아 있는 유족과 이 사건에 대한 질문은 여전히 있기 때문이다. 그렇지만 우리가 인생을 화려하고 멋지게 살았다고 할지라도 마지막에 하나님이 보시기에 귀중하지 않다면, 영원한 안식으로의 출발이 아니면 그것은 영원한 안타까움이라는 것이다.

그와 친하게 지내던 신학생 '애투토'가 하관을 하면서 마지막 인사 편지를 읽는다. 마무리하는 인사가 오래 기억될 것 같다.

> "므뢰, 우리의 사랑하는 친구야. 그대가 이 땅에서 해야 할 일을 다 하고 영원한 평안의 주님 나라로 갔구나. 천국에서 만나자."

그렇다. 그의 몸은 죽었으나 그의 삶은 불행하거나 불쌍하지 않다. 왜냐하면 "우리가 살아도 주를 위하여 살고 죽어도 주를 위하여 죽나니 그러므로 사나 죽으나 우리가 주의 것"(롬 14:8)이기 때문이다. 그러므로 우리는 이 땅에서 나그네이지만 "이는 내게 사는 것이 그리스도니 죽는 것도 유익"(빌 1:21)하기 때문이다. 친구의 말처럼 그는 하나님에게 받은 부르심의 자리를 착하게 살다가 본향으로 갔다.

남은 유족과 친구들을 위한 이별의 과정을 여러 사람들이 함께 해 주고 있다. '찐다'라는 교수 가정은 15,000바트(500불)라는 한 달 급여 이상의 조의금을 주었다. 일을 처리하기 위해 오고 가는 일정때문에 많은 돈이 필요했을 것이라고 생각했기 때문이다. 신학교에 있는 교회에서도 예배 후에 광고를 하니 적지 않은 조의금이 모아져 전달했다.

므뢰의 장례식에서

치앙마이에 가서 사건에 대한 처리를 해야 하지만 못 가는 어머니를 위하여 위임장을 준비해준다. 일부는 마지막 가는 '므뢰'를 위해 최선을 다하여 식장과 음식을 준비한다. 사건의 현장에 있었던 친구 '뽀로'에게 여러 사람들이 위로를 이어간다. 이런 노력과 헌신이 충분하지는 않겠지만 유족들이 다시 서게 하는 역할을 할 것이다.

'므뢰'는 1995년 10월 20일에 태어났다. 우리가 1995년 12월 19일에 선교사로 태국에 도착했으니 2개월 전이다. 23세를 살다가 갔다. 나의 선교사로서의 삶과 같은 인생을 살았기에 그의 죽음은 나의 삶을 되돌아보게 만들었다.

오래 풍족하고 건강하게 사는 것은 사람의 원함이지만, 더 큰 소망과 삶의 자리가 있다. 그것은 사나 죽으나 우리가 주님의 것이고 죽는 것도 유익함의 자세로 사는 것이다.

23세의 청년 '므뢰'는 그런 삶의 기억을 남기고 갔다. 그의 갑작스런 죽음은 나에게 그 사건에 대한 질문을 남기고 있지만, 영원한 소망과 부르심의 자리가 무엇인지를 선명하게 드러내주었다.

6. 하나님의 은혜가 있으니

낯익은 얼굴이 찬양대에 함께 있었다. 약 10년 전에 남편의 죽음으로 지치고, 힘든 모습을 했던 여인이었다. '이와'라는 여성인데 머리색이 나이에 비해 하얀색이어서 눈에 더욱 띄었었다. 남편은 평범한 카렌족으로 태국의 직업군인이었다. 그런데 갑자기 AIDS 환자가 되었고, 몇 달 생존하다가 세상을 떠났다.

그 남편은 그래도 신학교 예배에 곧잘 나오고 총회에서도 얼굴을 비추었던 교인이었다. 군인 특유의 음주가무 문화로 인해 AIDS 환자가 되어 그의 인생을 완전히 파탄으로 이끌고 말았다. '이와'라는 여인은 그 남편의 아내로서 그 무거운 짐을 다 짊어지고 가야 했다. 슬픔을 돌아보고, 추스를 여유도 없이 급박한 상황이 남아 있었기 때문이다.

왜냐하면 본인도 HIV 보균자가 되었고, AIDS로 발전하여 생명에 직접적인 위협을 받은 것이다. 초등학교 고학년의 두 아들을 혼자서 부양해야 했는데, 이 여인이 감당하기에 너무 버거워 안타깝고, 절망적인 상황이었다. 약 10년 전, 남편의 장례식 직후 지치고 고달픈 얼굴로 신학교 예배에서 본 것이 마지막이었다.

그런데 오늘 참 오랜만에 그 여인을 다시 만났다. 치앙라이에 있는 통푸라우 교회가 주관한 첫 추수감사예배에 우리를 초대한 자리였다. 그녀는 찬양대원으로 함께 하고 있었고, 얼굴도 평온한 모습이었다.

예배를 드리면서, 옆 자리에 앉은 목회자에게 그녀에 대해 질문을 하니 열심히 살고 있다고 한다. AIDS 약을 정기적으로 복용하고 있으

아픔 중에도 여전히 하나님을 사랑하는 이와 성도와 성가대

며, 자기 관리도 잘 하고 있다고 한다. 이곳에서 쌀이나 장사가 될 만한 물건을 가지고 치앙마이를 오가며 최선을 다하고 있다. 과거에 총회나 지방회 행사에 잡다한 물건을 가지고 와서 파는 등 열심히 사는 모습이 이어지고 있었다. 두 아이는 이제 장성하여 직장을 얻고, 자기 일을 잘하고 있다고 한다. 그들도 어머니와 같이 교회에 정기적으로 출석하면서 신앙인의 삶을 살고 있다. 본인은 여전도회도 열심히 하고 성가대도 열심히 참석하면서 직분을 잘 감당하고 있다. 절망의 터널을 통과한 것이다.

　여전히 그녀의 몸은 치료에 필요한 약물을 필요로 한다. 그리고 큰 질문은 아마도 여전히 남아 있을 것이다. 성실하고 신실한 삶이었는데, 남편의 병과 죽음, 그리고 그녀가 감당해야 할 삶의 무게가 쉽지 않기 때문이다. 하지만 그녀는 그 모든 것을 이기고 다시 섰다.

　소망이 없었던 '이와'라는 여인이 이제 다시 신실한 신앙인의 삶을 사는 모습은 하나님 나라가 연속상에 있음을 느끼게 해준다. "모든 눈물을 그 눈에서 닦아 주시니" 라는 말씀은 미래에만 적용되는 것이 아니다. 오늘도 동일하신 하나님께서 성도들의 아픔과 눈물가운데 함께 하시며 힘을 주시기 때문이다.

　목회자는 나와 대화하면서 그녀가 가장 많이 사용하는 말을 알려주었다.

"하나님의 은혜가 아니었으면 저는 죽었을 것입니다. 하나님의 은혜로 살아갑니다."

이것은 가끔 인사로 영혼 없이 나누는 '하나님의 은혜'가 아니다. 정말 하나님의 은혜가 아니면 죽었을 인생에 대한 깊은 신앙 고백이다. 오늘 퉁푸라우 교회에서의 첫 추수 감사예배는 그런 신앙이 다시 고백되는 자리인 것이다. 찬양대에서 함께하는 그녀의 차분하고 평온한 모습이 그 고백을 느끼게 해준다.

7. 두 아이는 죽었고 한 명 남았습니다.

시간은 기억을 흐리게 하지만 어떤 장면은 오래 선명하게 기억이 난다. 내겐 한 달 전에 방문한 한 가족의 모습이 그렇다. 무력감과 지친 모습의 한 가족이 허름한 '이뚜타' 난민병원 대나무침상에 앉아있었다.

"두 아이는 죽었고 한 명 남았는데 걱정이 됩니다."

22세의 아이 엄마 '레레와'의 슬픈 고백이다. 다른 두 명의 아이는 7개월 만에 조산하여 태어나자마자 죽었고 이제 혼자 남은 아이도 생명이 위태롭다. 감기가 걸려 병원에 왔지만 아이는 단순한 감기가 아니었다.

"간단한 감기로도 이 아이는 죽을 수 있습니다."

환자를 본 의사의 말이 '쇄래포'라는 아이의 상태가 얼마나 심각한지를 말해 준다. 심장판막증이었다. 감기가 발전하여 폐렴이 되면, 정상적이지 않은 심장의 작동에 문제를 일으켜 죽을 수 있다는 것이다.

'레레와'의 가족은 10년 전 미얀마 군의 압제를 피하여 이곳에 피신해 왔다. 깊은 산속에서 지낸 그는 그곳에서 초등교육을 받았지만 미얀마어를 못한다. '이뚜타'에 온지 몇 년 안되어 17세때 결혼을 하였고 아이를 낳는데 조산을 하는 바람에 첫 아이는 태어나자마자 세상을 떠났다. 그리고 다른 아이도 동일한 이유로 명을 달리했다.

'쇄래포'라는 아이도 세상을 이미 떠난 아이처럼 7개월 만에 태어난 조산아인데 태어날 때부터 심장에 문제가 있었다. 올해 3년 9개월인 아이는 병이 심각하여 언제까지 살지 모르는 상황이다. 한국에 있는 단체에 연결하면 절차가 필요하지만 치료의 길이 있다고 한다. 그런데 문제는 이들에게 시민권이 없다는 것이다.

이들이 머물고 있는 '이뚜타' 난민캠프는 마치 레레와의 가족과 같은 곳이다. 이곳은 미얀마와 태국의 국경에 위치했는데 국제법적으로는 미얀마 영토이지만 카렌이 관리한다. 12년전에 미얀마 군의 공격을 받은 무고한 카렌들이 부득불 고향을 등지고 피하여 자리를 잡은 곳이다.

급하면 바로 옆에 있는 '살라윈강'을 건너 태국으로 건너갈 수 있기에 이곳에 살고 있다. 그렇지만 그곳은 농사를 지을 땅이 거의 없고 3km 정도에는 미얀마 군 진지가 있어서 외부로 갈수도 없다. 모두가 고향으로 가고 싶지만, 미얀마 군인들에게 받은 상처가 깊은 트라우마로 남아 있어 고향으로 돌아가기를 두려워한다. 국제구호단체의 지원으로 아주 기초적인 의료시설이 있을 뿐이다. 작년 10월부터 식량지원도 중단되어 생존자체가 위협을 받고 있다.

레레와와 심장판막증을 가진 남은 아들

미얀마의 상황이 확실히 변했고, 국경의 소수부족문제도 휴전을 하여 좋아졌지만, 사각지대도 여전히 있다. 평화롭고 민주화된 미얀마를 소망하지만, 이곳의 상황은 가는 여정이 만만치 않음을 보여준다.

한달 만에 '레레와'를 다시 만났다. 다행히 아이의 감기는 회복되었다. 그렇지만 발육상태가 여전히 문제이다. 피부는 정상적인 색깔이 아니며 약간 부어있다. 심장상태가 좋지 않다.

왜 하나님은 이런 결핍된 장소로 무기력한 나를 인도하였을까? 이런 방문과 만남이 이들에게 무슨 의미가 있을까를 생각한다. 왜냐하면 결핍과 고통에 처한 이들에게 채워줄 수 있을만한 무엇인가가 내겐 없기 때문이다. 관계자들과 이야기를 하면서 가능성을 나눈다. 이들에게 만약 태국 시민권만 있었다면 문제는 쉽게 해결될 수도 있다. 그런데 현재로는 불가능하다. 미얀마 여권을 만드는 방법은 쉽지 않을 뿐만 아니라 그렇다고 문제가 바로 해결되는 것은 아니다.

"상한 자를 내가 싸매 주며 병든 자를 내가 강하게 하려니와"(겔 34:16)

고난을 짊어진 선지자 에스겔에게 나타난 하나님의 약속을 생각한다. 이 말씀이 이 상황에서는 어떻게 적용할 수 있을까? 민족적 약자의 슬픔과 아픔이 선명하게 나타난 난민 캠프에서 마치 그 난민촌의 축소판과 같은 이 가정은 어떻게 될까? 선교사의 고민과 기도가 시작된다.

8. 쓰나미와 인간

2004년 12월 26일 주일 태국 시간으로 오전 10시 35분, 인도양에 위치한 인도네시아의 수마트라 섬에서 일어난 강도 9.0의 강진의 여파로 역사상 가장 큰 자연재해 중 하나라고 여겨지는 엄청난 해일이 태국 남부를 강타했다. 이 해일로 인하여 아시아는 통곡하고 그 충격은 세계를 강타하였다.

12월 31일 약 20여 시간을 운전하여 선교사 전체가 피해지역을 방문했다. 피해지역에서 우리는 1월 4일까지 약 한주간 지원사역을 하고 돌아 왔다. 몸은 피해지역에서 1,500km 떨어진 북부 태국에 있지만 마음의 한 부분은 여전히 그곳에 남아 있다. 그곳의 장면과 사람들의 모습이 너무 선명하게 기억에 남아있기 때문이다.

먼저 방문한 곳은 태국에서 가장 큰 피해를 입은 카우락이라는 지역이다. 그 중에 특히 남켐이라는 마을의 피해는 엄청났다. 전체 1,000여 가구 중 온전한 가옥이 50여 채가 되지 않고 대부분의 집들은 집

터만 남긴 채 사라졌다. 전체 5,000여 명의 주민 중 약 2,000명의 주민들이 실종되거나 사망했다고 보고되었다.

도로 위로 올라선 큰 배와 휴지조각처럼 뒹구는 픽업 차량이 마을 주위에 널려 있다. 주인 잃은 돼지와 닭, 그리고 개와 오리들은 주인 없는 집터에서 아무것도 모른 채 먹이를 찾고 있다. 퀴퀴한 냄새가 마을에 진동하고, 구조대원들이 기구를 이용하여 현장을 정리중이다.

왜 이곳으로 주님이 인도하셨을까? 지금까지 배운 신학으로 쉽게 이해가 안 되는 장면을 보면서 인간의 연약함을 느낀다. 누가 그런 것처럼 하나님의 심판이라고 하기에는 너무 이들의 생명의 가치가 크다. 무너진 시설물들은 시간과 돈이 들어가면 다시 세워지겠지만, 무너진 마음들은 무엇으로 세울까? 인간의 슬픔을 아시는 예수님만이 이들의 아픔을 치료할 수 있는 유일한 분이신데 나는 그분의 역할을 얼마나 할 수 있을까? 기도가 절로 나온다.

"연약함을 도와주소서!"

2004년 12월 31일 해일로 인해 가장 피해가 심한 지역인 카우락 지역에서 피신한 사람들이 모여 있는 마을을 방문하는 중에 참 슬픔을 간직한 여인을 만났다. 바로 그날로부터 4일 전에 믿을 수 없는 일이 그녀에게 벌어졌다. 사랑하는 가족들이 해일로 인해 모두 세상을 떠나고 말았다.

페인트공인 남편은 해변의 시설물에 페인트칠을 하다가 변을 당했다. 사랑하는 세 자녀들은 마침 그날이 휴일이어서 학교를 가지 않고 아버지를 따라 나갔다가 같이 운명을 달리했다. 그녀의 아버지도 해일로 인하여 세상을 떠나고 말았다.

우리가 그녀에게 줄 수 있는 것은 밥을 할 수 있는 그릇이 전부이다. 무엇이라고 위로할 수가 없다. 하지만 그녀는 너무나 침착했다. 이러한 믿을 수 없을 정도로 침착한 자세는 이런 상황을 숙명으로 받아들이려는 시도라기 보단, 너무 큰 슬픔을 어떻게 표현하지 못하는 것은 아닐까? 이런 사연을 가진 이들이 이 여인 혼자뿐이겠는가!

그곳에서만 5,000명 정도가 세상을 떠났으니 이들의 아픔을 어떻게 이해하고 위로할까? 잠시 만나서 잠시 슬퍼하고 떠나는 우리의 한계를 보면서 더욱 예수님의 모습을 떠올린다.

"인생의 질고를 경험하신 예수님! 인간의 깊은 내면을 통찰하시는 주님! 당신이 치료하소서!"

생각지 않았던 일들을 해일 피해지원사역을 하면서 경험하게 되었다. 한국인 시신을 찾기 위하여 국립과학수사연구소의 법의관과 경찰청에서 온 지문감식반을 돕는 일에 참여하게 된 것이다.

전문가는 아니지만 상황이 허락하는 데로 사진촬영, 통역, 사진대조, 도구 전달, 마지막 시신정리 참관, 의견 제안 등의 임무가 선교사들에게 주어졌는데, 이 일을 하면서 수백, 수천 구의 시신을 가까이서 보게 되었다.

먼저 얼마나 많은 슬픔과 아픔이 이 시신들과 관련되어 있을까 생각해 보았다. 많은 관심과 사랑을 쏟으며 키웠던 귀중한 생명들과 급작스럽게 이별을 고한 이 사건은 가슴 저미는 슬픔과 아픔을 안겨주고 있었다.

또한 아무리 인간이 달에 유인 착륙선을 보낼 정도로 강한 존재라고 하지만, 자연재해 앞에 얼마나 무력한 존재인지에 대해서도 생각해 보았다. 과학기술의 발전으로 인하여 모든 것을 할 수 있을 것 같은 환상에 젖어 있지만, 한 순간의 해일은 우리가 그렇게 강한 존재가 아님을 깨닫게 한다. 더불어 사람은 결국 동일한 존재임을 생각한다.

동양인, 서양인, 남녀노소 할 것 없이 결국 죽음을 맞이하게 될 것이고 그 죽음의 모습은 차이가 없다는 것이다. 영혼과 생명이 떠난 육체는 냄새 나고, 변형되고, 부패되어, 사람들이 가까이 하고 싶지 않은 모습으로 변해간다. 생존했을 때는 인종과 국가, 지역에 따라 다른 존재처럼 보이더라도 결국엔 같은 모습으로 이 세상을 떠난다. 결국 우리를 만드신 이를 알고, 사는 것이 소망임을 상기했다.

부족하지만 이 일에 참여하면서 수없이 스스로 질문하게 된다. 나는 나의 인생을 정말 가치 있게 사용하고 있는가? 나의 육체를 위하여 너무 많은 시간과 돈과 기회를 사용하지 않은가? 영원한 나라가 이미 이 땅에 예수님으로 인하여 시작되었는데 그 나라를 위한 나의 관심이 너무 부족하지 않는가?

9. 한 남자 세 여인

한 가정의 일을 돌아보면, 가족 구성원들이 짊어지고 온 삶의 무게가 만만치 않음을 발견하게 된다. '왜코끌로'라고 하는 작은 산속 카렌 마을의 한 여성목회자의 가정이 그런 경우이다.

그의 어머니 '노디'라는 여성은 69세인데, 위암이 재발하여 식사도 제대로 못하고 있다. 외동딸로 그를 돌보아야 하는 '노미' 목회자는 본인의 농사일과 목회자의 일도 많은데, 일이 많아져서 힘든 상황이다. 그래도 다행인 것은 그녀의 어머니를 위하여 옆집의 당이모가 자주 와서 챙겨주고 있다는 점이다.

총회임원과 같이 방문을 하니, 그녀는 외부손님을 대접하느라 더욱 분주했다. 그렇지만 귀한 손님이라고 기쁨으로 맞아주면서, 성심으로 준비한다. 같이 식사를 나누며 자연스럽게 가정 이야기가 나왔다. 아버지의 이야기가 나오자, 서로 부자연스런 웃음으로 답이 막힌다. 그럴만한 사정이 있었다.

약 50년 전에 '노미' 목회자의 아버지가 먼 동네에서 와서 일을 하던 중 '노디'라는 여성과 만나서 결혼을 한다. 그 당시 그녀는 17세였는데, 한 딸을 낳고 난 뒤 쉽지 않은 인생을 살게 되었다. 그녀의 남편이 문제였다. 그는 아편에 중독되어 있었고, 가정을 제대로 돌보지 않았다. 결혼한 이후 얼마 지나지 않아서, 그는 엄마의 사촌언니에게 접근했다. 하지만 사촌언니는 그를 거부했다. 이에 아버지는 이혼을 하고, 고향으로 돌아가 버렸다.

몇 년 뒤 아버지가 왔는데, 다시 엄마의 사촌언니를 만나 결국 결혼을 했다. 두 아이를 낳았지만 역시 처음과 마찬가지로, 가정을 돌보지 않고, 떠나 버렸다. '노디'라는 여인은 다시 재혼했지만, 아이는 없어서,

외동딸인 '노미'를 두고 살았다. '노미'는 복잡한 가정환경에서 나타난 어려움과 아픔을 고스란히 짊어져야 했다.

친 아버지는 자신을 버리고 떠나 본인의 당이모와 재혼을 했다. 그 사이

한 남자, 세 여인

두 아이가 있으니, 사촌 겸 배다른 형제, 자매관계이다. 그리고 친 아버지는 떠나 버렸다. 남아 있는 세 여인의 삶은 왜곡된 가정의 아픔을 피할 수 없었다. 한 남자의 무책임한 행동의 결과였다. 그는 도저히 사랑받을 수 없는 남편이요 아버지였다. 서로 간의 관계도 건강하지 못할 수 밖에 없는 상황이었다.

그런데 오늘 세 여인의 모습은 서로에 대한 원망과 긴장과 아픔의 흔적보다는 격려와 돌봄과 하나 됨의 모습이 더 많게 보인다. 여전히 깊은 곳에는 아픔의 흔적이 남아 있겠지만, 그것이 최종점은 아니었다. 시간이 지나면서 그들의 관계가 새롭게 정돈된 것이다.

예수님의 화해를 생각한다. 세 여인은 복음의 화해와 용납을 삶에서 녹여내고 있다는 공통점을 지녔다. 여전히 자랑스러운 가정사는 아니고, 그 아픔의 흔적은 남아 있지만, 성령의 인도하심으로 그 모든 아픔을 넘어섰다. 마지막 날에 모든 눈물을 씻어 주실 예수님 임재의 한 기운을 지금 경험하는 것이다.

10. 일본인 기술자, 한국인 경계병

태국의 중서부지역에 '깐짜나부리'라고 하는 도가 있다. 이곳은 '콰이강의 다리'라는 영화의 배경이 되는 곳이어서 동서양의 많은 관광객들이 찾는 곳이다. 그곳에서 80km 북서쪽으로 올라가면, 태국과 미얀마를 잇는 420km의 군사전용 철도 기념관이 있다.

1943년 10월 16일 공사를 마치는데, 약 25만 명의 아시아 노무자와 6만 여명의 연합군 전쟁포로가 일본군에 의해 투입되었다. 이 가운데 11,000여 명의 전쟁포로와 75,000여 명의 노무자들이 목숨을 잃었다. 부실한 음식과 치료, 열대병과 중노동, 그리고 일본군의 고문과 학대가 원인이었다. 그렇게 희생된 전쟁포로와 노무자들을 위해 호주정부가 지원하여 개관한 기념관이다. 그런데 눈에 자주 띄는 단어가 있다.

'일본인 기술자들, 한국인 경계병들'

인권이 유린되고, 국제법이 무시된 이 철도 공사의 최대 피해자는 연합군 포로와 노무자들이다. 약 10만 명 가량이 타향에서 억울하게 목숨을 잃었다. 이들을 직접적으로 괴롭힌 것은 일본군 경계병이었는데, 대부분 한국인 징집병들이었다.

이것은 당시 일본제국의 군사문화와 아픈 한국의 역사와 관련이 있다. 한국의 강제 징집병들은 일본군의 가장 천대받는 대상이었다.

경계병의 대부분은 한국인 징집병들이었지만, 이들의 상관은 일본

군인들이었고, 가장 큰 영향력을 가진 군인들은 공병장교들인 일본인 기술자들이었다.

위에서부터 내려온 야만적인 위계질서에 당한 한국 징용병들은 그들의 한과 고통을 연합군 포로들과 노무자들에게 풀었다.

BRUTALITY

The Japanese had a heirarchical system of discipline in which physical punishment of lower ranked soldiers was common. Prisoners of war occupied the lowest rungs and were subject to the worst brutality.

On the railway, Japanese engineers exercised the most power. Beneath them were guards, mostly Koreans, who became renowned for their brutal, often murderous treatment of prisoners of war and also romusha.

Guards could inflict punishment for any perceived misdemeanour. Punishments ranged from face slapping to severe bashings, and often men were forced to hold large rocks or heavy tools above their heads for hours at a time and were beaten if they grew too weary to carry on. During 'Speedo', guards beat sick men out of hospital beds to get them to work and on the workfaces men were subjected to many beatings. These could be counter-productive, disrupting rather than speeding the work effort.

얼마나 연합군 포로들이 당했으면, '일본 기술자, 한국인 경계병'이라고 했을까? 식량으로 보급되었던 식사를 'Pop'(밥)이라고 했으니, 한국말이 왜곡된 전쟁의 역사 속에서 사용되었다.

한국 징용병들은 우리의 할아버지들로서 아픔과 한을 간직한 가해자와 피해자들이다. 원치 않은 전쟁터로 끌려 나온 이들은 일본군 지도자들과 포로들 사이에서 이용되었다. 그리고 대부분은 전쟁의 피해자로 고국으로 돌아오지 못하고 희생되었다. 죽어서도 외면된 사람들처럼 보인다.

인간의 탐욕으로 시작된 전쟁의 피해가 너무 크고 오래 간다. 지금도 전쟁의 소리가 멈추지 않는다. 영원한 평화의 나라를 소망한다. 눈물과 아픔과 다툼이 없는, 왕의 왕 되신 예수님이 통치하는 나라이다. 그 나라가 이미 우리 안에 시작되었으니, 이것이 가장 큰 세상의 소망이다.

7장

잊혀진 민족 카렌족

1. 카렌민족이란 누구인가
2. 미얀마 카렌족
3. 태국 카렌족
4. 태국과 카렌족과의 역사적 관계
5. 태국 카렌족의 사회적 상황
6. 태국 카렌족의 종교적 상황
7. 태국 카렌족의 정체성
8. 풍습과 가정
9. 카렌족의 전망

잊혀진 민족 카렌족

이 세상에는 사연 많은 민족들이 있다. 여러 원인으로 인해 그들의 지리적, 민족적, 역사적 과정에서의 아픔과 슬픔을 풀어내지 못한 민족들이다. 카렌족도 그런 민족 중 하나이다.

대부분의 한국 사람들은 카렌족에 대하여 들어본 적도 없을 것이다. 역사적으로 우리 민족과 조우할만한 사건이 없었고, 국제 질서에 영향을 줄 만한 세력도 아니기 때문이다. 카렌족은 태국과 미얀마 국경을 중심으로 흩어진 소수부족이다. 카렌에 대해 들어본 사람들은 목 긴 부족이라고 많이 이해한다. 아니면 문명과 거리를 두고 사는 미개하고 도움이 필요한 사람들로 인식한다.

내가 지난 20여 년간 경험하고 나누고 같이 살아온 카렌은 한 마디로 '가까이하고 싶은 사람들'이다. 손님을 대접하는 것을 자랑스럽게 생각하고, 자연과 더불어 살아가며, 높은 도덕률을 가지고 사는 사람들이다. 평화를 사랑하고, 겸손한 사람들이다. 그런데 이들의 상황을 깊이 들여다보면 단순하지 않은 그들의 이야기가 있다.

카렌의 현 상황을 고려할 때 잊혀진 주변부의 사람들이라는 표현이 가장 적합할 것 같다. 주변인과 잊혀진 존재들이라는 단어는 깊은 연관성이 있다. 사실 카렌족은 미얀마에 약 400만, 태국에 약 50만명 정도의 적지 않은 인구가 있다. 또한 그들은 태국의 북부와 중서부, 그리고 미얀마의 동부와 중남부 델타지역까지 광범위하게 흩어져 있다. 이 정도의 규모와 흩어진 영역을 고려하면 한 나라를 세울 수 있을 정도이다.

또한, 적어도 한 때는 미얀마와 태국의 역사에서 매우 중요한 역할을 했었다. 그렇지만 지금 이들은 그들의 상황과 역할이 전혀 고려되지 않은 채 잊혀진 존재가 되었다. 이들은 미얀마와 태국에서 변두리의 위치로 전락하고 만 것이다. 그런데 카렌의 또 다른 모습들이 있다. 그것은 그들의 교회역사 속에서 나타난 전도와 자립의 모습이다. 그리고 오랫동안 민족성을 유지하는 끈질긴 내성과, 세계로 흩어져 정착하는 이주민의 모습이다.

1. 카렌민족이란 누구인가

카렌은 국적, 인종, 사회적 상황들이 매우 다양하다. 카렌족은 단일

민족이 아니다. 다양한 민족 그룹이 하나의 카렌족으로 인식되고 있다. 가장 큰 그룹은 '스고카렌'이고, 두 번째는 '포카렌'이며, 세 번째는 '빠오'이며, 마지막으로 '카레니'이다. '카레니'는 모두 9개의 하부그룹으로 나누어지는데 그 중 하나가 목이 긴 카렌이라고 불리는 '빠동'이다. 모두 16개의 세부 언어로 구성되어 있다.

태국 카렌은 약 50만명 정도로 대부분 북부 태국과 서부 국경의 산지를 따라 흩어져 분포한다. 이것은 남북으로 약 600km 이상 되는 거리이다. 미얀마에는 400만 정도의 카렌이 있는데 미얀마의 동부 국경에 있는 카렌주와 카레니주는 물론 중부와 남중부 델타 지역에도 많이 흩어져 있으며 도시지역에도 많이 있다.

카렌족의 국적도 매우 다양하다. 미얀마 카렌은 미얀마 국적을 기본적으로 가지고 있고, 태국 카렌은 태국 국적을 가지고 있다. 태국 국경에 있는 약 10만명의 카렌 난민들은 국적이 없이 고향인 미얀마로 돌아가기를 고대하고 있다. 미얀마와 태국의 국경에는 카렌정부가 관리하는 지역이 있는데, 그곳의 카렌들은 시민권이 없는 경우가 많다. 이들은 2005년부터 시작된 카렌 재정착 프로그램으로 인하여 미국과 호주는 물론 유럽에 있는 다양한 국가에 난민으로 갔다. 그 중에 일부가 한국에 정착했다. 한국 정부는 2015년부터 2017년까지 3차례에 걸쳐 89명을 난민으로 받아들여 인천에서 한국 국적을 가지고, 비교적 안정적으로 정착하고 있다.

태국 카렌족은 대부분 산을 배경으로 하지만, 미얀마는 평지와 도시, 심지어 어촌에도 있다. 세계로 흩어진 카렌 난민들은 각 국가의 정책에 따라 지내는데, 대개는 노동자로 도시를 중심으로 있다. 태국 카렌은 매우 빠른 속도로 태국화 과정을 거치고 있고, 미얀마 카렌의 일부 또한 미얀마 사회에 완전히 동화되었다. 모국어 보다는 주류민족의 언어에 익숙해지고, 일부는 카렌어를 못하는 경우도 있다. 세계화와 도시화 그리고 세속화는 이들도 경험하는 새로운 현상이다. 이들은 지속적으로 변화를 경험하고 있다.

2. 미얀마 카렌족

미얀마에는 현재 약 400만 정도의 카렌이 있을 것으로 추정하고 있다. 이들은 모두 동일한 국가행정 하에 있는 것이 아니라, 상황, 지역, 역사에 따라 변화해 왔다. 상당수는 미얀마에 동화되어 살고 있다. 하지만 적지 않은 카렌족은 정서적으로 독립된 카렌을 소망하고 있으며, 국경의 일부에서는 카렌이 직접 통치하는 국가를 소망하고 있다.

카렌 민족주의자들은 카렌 민족이 중국 남부지방에 거주하다가, 미얀마 지역에 최초로 이주한 종족이라고 주장한다. 중국 남부지방이라 함은 운남성을 의미하는데, 이전에 고비사막을 통하여 몽고와 티벳을 거쳐 중국으로 넘어왔고, 결국 운남성까지 간 것이다. 카렌 민족이 그곳에서 미얀마로 처음으로 이동을 시작한 것은 B.C 1128년이며 3년 뒤인 B.C 1125년 처음으로 북부 미얀마에 도착했다고 한다. 둘째 그룹의 이동은 B.C 741년에 시작하여 B.C 739년에 미얀마에 도착했다고 한다. 이들이 미얀마에 도착한 그 해 즉 B.C 739년이 카렌 달력의 첫 해이다. 이것은 그들이 버마족보다 앞서서 미얀마에 정착한 원주민임을 보여준다. 그런데 이후 미얀마로 들어온 버마족이 카렌족을 몰아냈고 다시 정착한 카렌지역에서조차 버마족들은 카렌족을 몰아냈다. 19세기 영국이 미얀마를 식민지배 하면서 비로소 버마족의 압박에서 자유롭게 되었다고 한다.

카렌족들에 따르면 카렌족보다 뒤에 들어온 버마족들은 카렌족들을 원거주지로부터 몰아냈다고 한다. 카렌족들이 옮겨 거주지를 조성하면 버마족들이 그곳으로 진입하여 그들을 탄압했다는 것이다. 이러한 탄압의 역사가 버마족 중심의 왕조 시대에도 그치지 않고 계속 내려 왔다. 카렌족들은 굴욕의 역사를 살아왔다. 영국이 19세기 미얀마를 식민통치하기 시작하면서 비로소 카렌족들은 이러한 속박에서 해방되었다고 한다. 버마족으로부터의 핍박이 계속 이어져왔다는 것이다.

그런데 이런 관점은 18세기 이후 실제 미얀마의 역사에서 나타난 왕조들의 갈등과 투쟁과는 차이를 보인다. 당시 왕조들에게는 민족간의 갈등 뿐만 아니라 지역간 갈등도 매우 중요한 갈등의 요소로 작용했다. 당시 미얀마의 내륙을 차지하고 있는 버마왕국의 따웅우와 콘바웅왕조와 남부를 지배하였던 몬족 중심의 버고왕국 간 갈등은 민족 갈등이라기 보다는 지역갈등에 가깝다. 카렌은 이 과정에서 일방적으로 버마족과 갈등관계에만 놓였던 것은 아니다. 상황에 따라서 일부 카렌은 버마족 국가의 편에 서기도 했다. 같은 버마족 왕국이 충돌하기도 했다. 남부 몬족과 가까웠던 남부의 카렌족은 몬족 왕국인 버고가 콘바웅 왕조의 '알아웅퍼야' 왕에 의해 멸망을 당하면서, 타이 왕국인 사이암 왕국으로 피신하여 정착하게 되었다.

19세기에 들어와 미얀마가 영국의 식민지화되는 과정에서 카렌족과 버마족과의 갈등은 선명하게 드러난다. 이것은 모두 세 가지 원인과 관련이 있다. 첫째, 영국과 미얀마의 전쟁에서 카렌의 위치, 둘째, 미얀마를 식민통치할 때 민족이간 정책, 셋째, 2차세계대전 상황에서 일본 제국과 연합국과의 관계이다. 첫째, 19세기 영국과 미얀마는 세 차례의 전쟁을 한 이후 영국의 식민지하에 들어간다. 세 차례의 전쟁에서 카렌은 영국군에게 유리한 전쟁을 수행할 수 있도록 정보제공 등의 역할을 한다. 미얀마군이 전쟁 후 카렌에게 보복하면서 민족갈등관계가 급속하게 확대되었다. 둘째, 영국은 미얀마를 식민통치할 때 주민족인 버마족을 대항할 수 있는 소수부족을 우대했는데, 카렌이 그런 혜택을 받게 되었다. 이 과정에서 우대를 받았던 카렌은 상대적으로 제약을 받았던 버마족과 갈등의 골이 깊어졌다. 셋째, 일본 군국주의가 미얀마 전선에서 전쟁을 수행할 때 카렌은 영국편에서, 미얀마 독립을 꿈꾸던 버마인들은 일본 편에서 전쟁한다. 일본의 미얀마 진주 후 수 천명의 카렌족은 버마족들에 의해 희생을 당한다(Myaungmya 사건). 이 사건으로 인해 카렌족이 버마족에 대해 품고 있던 증오심을 심화시켰고, 미얀마의 독립 이후 카렌과 미얀마와의 투쟁에 직접적인 원인을 제공했다. 카렌은 영국 식민지 기간에 카렌 민족주의를 강화하는 단체를 만든다. 1887년 KNA(Karen National Association)가 대표적인 경우인데 이는 결국 독립, 또는 자치국가를 향한 길이었다. 1947년 카렌 전체를 포괄할 수 있는 KNU(Karen National Union)을 창설하고, 자체 군사

조직인 KNLA(Karen National Liberation Army)를 같이 만들었다. 1948년 미얀마는 독립했지만 소수부족 갈등은 해결되지 않았다. 결국 1949년 1월 카렌은 그들의 요구가 받아들여지지 않자 미얀마군과 전투하기 시작했다. 70년 가까이 된 내전이 지금까지 끝나지 않았다. 그때 그들의 국가 이름을 '꼬쑤레'라고 하는데 '악이 없는 국가'라는 뜻이다. 그렇지만 그들의 염원대로 악이 없는 땅이 아니라 전쟁과 증오심이 이어져온 땅이 되고 말았다. 초기에 카렌은 미얀마와 태국의 국경 남북으로 약 600km 이상 되는 땅을 사실상 통치했었다. 학교와 병원, 군대와 정부조직까지 유사국가로서 미얀마의 국경지대를 지배했다. 그렇지만 1963년부터 시작된 미얀마군의 새로운 전략인 Four cuts(네 가지 차단)를 통하여 카렌군과의 전면전이 아닌 후방을 공격하여 네 가지 중요한 요소인 음식, 재정, 정보와 모집을 차단하는 작전을 수행했다. 이런 작전은 효과를 보았고 미얀마군의 강화로 인해 1970년부터 태국으로 일부 카렌이 피난할 수 밖에 없었다. 1984년에는 태국으로 피난온 카렌이 다시 돌아갈 수 없을 정도로 국경의 상황이 악화되었다. 이후 태국으로 넘어오는 난민들은 계속 증가했고, 1994년 카렌의 중요한 군사전략 요충지가 함락되었다. 자체분열의 결과로 급격히 카렌 독립세력은 약화되었다. 약 15만의 카렌들이 태국 국경에 카렌 난민촌에 거주하다가 약 10만 정도가 난민 자격을 획득하여 미국을 비롯한 서구 세계에 이주했다.

현재 태국과 미얀마의 국경 주요지역은 미얀마군에 의해서 통제되고 있고, 소수의 지역만 카렌군이 관리하고 있다. 2012년 미얀마 정부와 카렌 정부는 휴전했다. 2015년 미얀마 정부와 기타 반군과의 휴전이 조인되면서 미얀마 일부지역을 제외하고는 전투가 중단되었다. 2015년 미얀마 총선에서 아웅산 수지의 '민주주의민족동맹'이 압승 하면서 소수부족인 카렌 문제의 실마리가 풀릴 수 있다는 기대감이 증폭되었다. 일부 난민들이 미얀마로 돌아갔고, 미얀마 정치상황의 변화가 있지만 미얀마 정부와 카렌 정부대표와의 협상은 큰 틀에서 합의를 이루지 못하고 있다.

이들은 영국식민지 시대에 정치적, 군사적, 사회적 영향력이 있었다. 영국군에게 충성했고 일본 군국주의를 몰아내는데 중요한 역할을 했다. 큰 희생을 치르면서 용맹스러웠던 카렌은 영국 현장지휘관으로부터 독립에 대한 약속을 받기도 했다. 그런데 2차대전이 끝나고 미얀마는 독립했지만 카렌은 잊혀진 존재가 되었고, 카렌 주의 자치를 위해 무기를 들고 투쟁했지만 계속 밀려나 국경의 주변부로 밀려나고 말았다.

미얀마 카렌의 대다수는 정서적으로 독립된 국가를 소망한다. 그렇지만 약화된 그들의 상황을 받아들여, 미얀마의 행정과 관리하에 도시와 시골에서 살아가고 있다.

3. 태국 카렌족

현재 태국에는 약 50만 정도의 카렌이 있다. 이들은 미얀마와 달리 태국 국적을 가지고 사는 것에 대하여 긍정적이다. 태국 왕의 사랑을 받고 있다고 생각하고, 태국 사회의 한 구성원으로 사는 것이 불편하지 않다. 주민족인 타이민족에 대하여 열등감이 있고, 그들에 대해서 배타적인 면도 있지만, 그러한 것들이 민족갈등으로 표현되지는 않는다. 오히려 과거역사를 보면 그들은 타이민족과 매우 밀접한 관계를 가지고 살아왔다.

카렌이 태국에 처음으로 등장한 것은 확실하지 않다. 태국 북부에서 처음으로 타이 민족국가를 세울 때 13세기부터 이미 평지에 카렌이 거주했다는 설도 있다. 그런데 이후 18세기 후반까지 카렌에 대한 기록이 없다. 그래서 카렌족의 태국 정착을 18세기 후반으로 보기도 한다. 확실한 것은 기록적인 면에서 볼 때 늦어도 18세기 말에 중부의 카렌은 태국에 정착했고, 1822년 상카부리의 지역책임자가 카렌족이었다는 것이다. 국제 정치적인 변화는 태국에서 카렌의 역할 축소를 야기했다. 현재는 산족 중 한 부족으로 인식되고 있다.

4. 태국과 카렌족과의 역사적 관계

19세기 이전, 타이민족 국가는 카렌족에 대해 서로간에 이익을 가져오는 방향으로 정책을 추진했다. 상대적으로 중앙에 비해 북부의 란나 왕국이나, 샨 왕국은 규모가 작았고, 산악지역에 거주하여 직접 통치하는 데 어려움이 많았다. 그러므로 북서부지방에서 영향력이 있었던 카레니(붉은 카렌)는 북부 타이 국가들과 대등한 관계를 갖기도 했다.

반면 중부의 경우는 서부국경을 담당하는 역할이 중요했다. 1822년부터 쌍카부리에 있는 사이암의 첩보국 책임자에 카렌족이 임명되어 버마군의 동태를 확인하고, 방콕으로 보고했다. 이런 관계는 동남아시아 국가들이 주위 국가들을 군주로 통치하던 만다라의 구조가 중앙 타이와 카렌족과도 적용이 된 것이다. 사이암을 중심으로 한 타이 국가들은 다양한 군주국들이었는데 카렌족은 규모가 작았지만, 지역적, 경제적 중요성 때문에 카렌족 지도자는 군주와 같이 세습되었다.

사이암이 1855년 영국과 보우링 조약을 체결한 이후 사이암 경제는 유럽 중심으로 변했다. 그 이전에 가치를 가졌던 물품들의 수요가 줄어들었다. 1883년까지 카렌 물품은 가치가 있었지만, 그 이후 가치가 떨어졌다. 영국이 미얀마를 식민통치하면서, 사이암과의 국경문제가 해결되자 19세기 말부터 국경수비대로서의 카렌의 역할은 약화되었다. 그렇지만 카렌은 여전히 사이암과 우호적인 관계를 맺고 있었다.

1880년대에 이르러 사이암의 주변 국가들은 프랑스와 영국의 식민지가 되었다. 이런 국제 정세변화로 인해 태국은 국내외에 새로운 변화를 요구 받았다. 국내 통치 체계에 대한 변화의 필요를 느껴 1899년에 지방 행정개혁이 완료되었는데, 이론적으로는 모든 지방 행정의 중앙집권화가 완성되었다. 1910년 사이암의 6대 왕 '와치라웃' 왕이 등극하는 해부터 서부국경은 더 이상 공격을 받을 염려가 없어졌다. 결국 카렌의 국경수비대 역할이 필요 없게 되었다. 버마와 사이암의 완충 지대에 있으면서 사이암과 우호적인 관계를 맺으며 태국 국가안보의 중요한 역할을 담당했던 카렌은 국제 정치 상황의 변화로 인하여 이전과 매우 다른 상황을 맞게 되었다. 사이암의 관심은 서부와 남부 그리고 북부의 식민지배자였던 영국과 관계설정이었다. 영국의 식민지로 들어간 미얀마는 더 이상 상대자가 아니었다. 미얀마를 상대하던 카렌족은 의미가 없어진 것이다. 한편 카렌을 긍정적으로 보았던 관리들도 없어졌다. 특히 새로운 권력층은 중앙화와 타이 정체성을 강조하면서, 소수 부족을 중부 타이에 통합하려는 정책을 가지게 되었다.

사이암의 민족주의 발전도 카렌의 위치를 약화시키는 계기가 된다. 태국의 정체성을 다룰 때 세 가지 중심이 되는 국왕, 불교, 국가라는 의식은 5대 왕인 쭐라롱꼰 왕 시대인 19세기 말에 서서히 태동했지만, 태국의 민족주의를 국가가 주도하며 제도적으로 발전시킨 왕은 6대 왕인 와치라웃 왕이다. 이런 민족주의는 타이 민족이 아닌 카렌에게는 타격을 주었다.

1923년은 중부의 카렌에 있어서 카렌의 위치가 약화된 것을 확인하는 중요한 해였다. 왜냐하면, 상카부리에서 25년간 군수(나이암퍼)로 있었던 마지막 카렌족 타치앙 프로(Tachiang Pro)가 은퇴를 한 해였다. 그 이후로는 카렌이 아니라 중앙 사이암에서 파견된 새로운 타이 군수가 임명되었다. 얼마 전까지만 해도 사이암 왕의 사랑을 받았던 카렌족은 국제 정치와 경제 상황의 변화로 인하여 타이 정부의 관심 밖으로 밀려났다.

1939년과 1940년은 태국의 소수 민족 정책에 있어서 중요한 변화가 있었다. 1939년 국가의 이름을 사이암에서 타이랜드로 변경했고 4, 5, 8차 문화 칙령에서 중국인과 소수 민족에 대하여 비우호적인 내용을 담았다. 19세기 이전에 있었던 소수 민족에 대한 호혜 관계가 아니라 타이 민족 중심의 국가 정체성을 강조한 것이다. 경제력을 가진 중국인들로 인한 토착민들의 어려움이 국가 위기로 이어지는 상황을 해결하고자 하는 정책들이 입안되었다. 이러한 타이 민족 중심의 정책이 간접적으로 카렌족에게도 영향을 준 것이다.

1949년부터 중국 공산화의 영향을 받아 인도차이나 지역에 공산화 운동이 확산 되었다. 이에 미국 정부도 태국 국경의 소수민족들을 관리해야할 필요성이 있다고 판단했다. 이전과는 다른 차원의 접근이었다. 1959년 '중앙 산족 위원회'(Central Hill Tribe Committee)가 세워져 태국 정부의 최초 소수 부족을 위한 국가정책이 시작되었고 산하에 이들을 담당하는 공공복지국이 세워졌다. 1969년에 처음으로 왕에 의해 고지대 발전 프로젝트라는 이름의 왕족 프로젝트가 시작되었다. 새로운 정책을 시행하는 중요한 부서는 국경 수비 경찰이었다. 이들은 소수 부족에게 표준 타이 언어를 가르치고, 태국 국기를 설명했다. 부처상을 세우고, 왕과 왕비의 사진을 걸게 했다. 이것은 카렌을 포함한 소수 부족을 동등한 자격으로 보기 보단 지도를 받아야 할 대상, 선도해야 할 외부인으로 보았음을 의미한다.

18세기 이후 타이국가에서 중요한 역할을 했던 카렌 민족은 늦게 태국으로 온 다른 소수 부족과 다른 위치에 있었다. 그런데 상황이 변하여 태국 관리들이나 태국인들은 카렌족을 이해할 때 과거 군주와 같이 이해하기보다는 다른 소수 부족과 같은 범주로 이해하게 되었다.

태국 정부가 1959년 소수 부족 정책을 본격적으로 다루는 출발점은 크게 세 가지 문제 해결을 목표로 하는데, 그것은 국가안보, 마약 문제 해결, 삼림 자원 문제 해결이다. 이러한 목표는 태국 사람들에게 소수민족은 문제 있는 집단이라고 오해하게 만들 소지가 있었다. 1950년대 일반적으로 태국인에게 있어 산족은 삼림 파괴, 양귀비 재배 그리고 위험한 이방인이라는 고정관념이 있었다. 카렌을 보는 관점도 예외는 아니다. 이런 과정에서도 타이 카렌인들이 태국 국민이라는 정체성을 가진 것은 주목할 만하다.

2003년 이후 태국 정부는 각 민족의 문화와 언어를 장려하는 정책을 취하고 있다. 학교에서 특별활동으로 카렌어 교육도 가능하며 금요일은 카렌 전통 복장을 입고 학교로 간다. 2000년 이후 태국 정부의 교육 정책이 중3까지 의무 교육과 고3까지도 정부가 지원하기 때문에 카렌도 교육 혜택이 그전보다 좋아졌다. 고등학교를 졸업하면 대부분 태국 사회로 들어가서 생활하게 되면서, 시골인 고향은 공동화 현상이 일어나고 있다. 갈수록 젊은 세대들은 태국으로 동화되는 속도가 빨라지고 있다.

5. 태국 카렌족의 사회적 상황

태국 카렌족의 사회적 역할은 크지 않다. 약 50만의 카렌 가운데, 대학교수가 3명 정도이고, 의사는 2명, 군인 장교는 아주 소수이다. 교육가 중 소수의 뛰어난 지도자를 제외하고는 태국 사회에서 카렌 민족의 역할은 미미하다. 대부분은 서민층과 하류층을 형성하고 있다.

카렌이 다수를 차지하고 있는 매홍손과 딱이나 치앙마이도의 일부 지역에서는 카렌족을 지도자로 세우기도 한다. 예를 들면 현재 매홍손의 도의회 부의장과 일부 도의원이 카렌족이다. 그렇지만 타이 민족의 다수를 이루는 곳에서의 카렌은 대부분 가난하고, 평범한 지역 주민으로 생활한다. 주 민족에서 리더십을 행사하는 경우는 드물다.

카렌족이 태국에서 가지는 정치적 역할은 미미하다. 매홍손에서 카렌 국회의원이 선출되기도 했지만, 지역적으로 카렌이 다수이기 때문에 가능했다. 카렌이 많은 지역에서는 도의원과 면의원도 적지 않다. 이것은 지방자치제의 일환으로, 선거할 때 카렌이 다수인 지역에서 가능하며, 다른 지역에서는 사실상 거의 불가능하다. 과거 19세기 말까지 카렌이 중요한 역할을 했던 것과 비교하면 정치, 군사적인 영역에서의 역할은 거의 없다고 할 수 있다.

태국 카렌족은 전통적으로 산간 지방에서 화전을 중심으로 한 경제활동을 했다. 일부는 저지대에 정착했다. 인구가 증가하고 정부의 삼림정책이 변하면서 전통적인 카렌 농사법은 여러 가지 면에서 제약을 받고 있다.

사실 카렌의 화전법은 반영구적으로 자연을 보호하며, 자연과 함께하는 방식이다. 이것은 그들이 지역적으로 산악지역에 거주했기 때문이다. 화전할 때 큰 나무는 일부만 자르고, 다른 나무들도 완전히 베지 않는다. 이렇게 하면 보통 7년이면 다시 큰 숲을 이루게 되고 화전을 계속할 수 있게 된다.

태국에서 카렌족의 경제적 역할은 매우 제한적이다. 태국 전체사회에서 가장 낙후된 지역 중 카렌족이 적지 않다. 최근에는 변화가 있지만, 카렌족은 전통적으로 '환금작물'보다는 쌀농사를 중심으로 하는 단순 농사가 주를 이룬다. 소수의 카렌족을 제외하고는 가구당 수입이 1년에 3,000불 내외이다. 카렌족이 밀집된 옴꼬이와 솜머이, 타송양 지역은 개인당 1년 수입이 1,000불에도 미치지 못한다. 도시화와 산업화 과정에서 노동자로 일하는 경우가 많으며, 젊은이들이 직장을 찾아 도시로의 이주하는 현상은 보편화되었다. 시골 지역의 경제 상황이 태국 전체 경제와 비교하여 매우 열악하기 때문이다. 도시에 이주하여 중산층을 이루는 경우가 있다. 이들은 경제적으로 산간지역에 있는 카렌들보다 상대적으로 안정된 경우이고 일부는 중산층에 진출하였다. 그렇지만 많은 경우는 도시에서 하류층을 이루고 있다.

6. 태국 카렌족의 종교적 상황

태국 카렌족의 종교는 전통종교와 혼합된 불교가 주류를 이룬다. 정확한 통계는 없지만, 대략 70%정도 이상이 불교도로 추정된다. 현재 태국 카렌족의 25퍼센트 정도가 기독교 신자들인데 이는 천주교와 개신교를 합한 숫자이다. 전통종교를 믿는 사람들 중에서 기독교로 개종하는 사람들이 점점 많아지고 있다.

카렌족의 신앙은 그들의 전통종교이다. 그렇지만 중부지역과 북부지역의 카렌족 일부는 오래 전부터 몬족 등의 영향을 받아 불교도였다. 불교 선교운동안 프라탐마짜릭 등으로 여러 지역 카렌족들이 불교 신자가 되었다. 2019년 현재 태국 카렌침례총회는 약 6만 2천여 명의 교인이 있다. 단일 교단으로서는 태국에서 가장 크다. 특히 카렌족을 위한 전도와 교회 구조는 매우 건실하다. 모든 지방회와 지역교회는 기본적으로 자립하며 자치한다. 태국의 기독교인이 전체 약 43만 명 정도임을 고려하면 약 15퍼센트 정도가 카렌침례교 소속이다.

북부 태국 최고의 고승으로 추앙받는 쿠루바 씨리위차이의 부모 중 한 명이 카렌족이다. 비록 혼혈이기는 하지만 카렌족이 북부 태국의 최고의 종교지도자였음은 주목할 만하다. 일부 카렌족 승려가 타이 마을에 위치한 절의 주지승으로, 그리고 불교선교운동인 프라탐마짜릭의 중요한 행정가로 진출하고 있으며, 불교 대학에도 많은 카렌족 대학생들이 공부하고 있다. 람푼과 프래 등의 일부 카렌지역은 그들의 공동체에서 불교를 정체성의 한 기둥으로 인식하기도 한다.

많은 카렌족의 '태국화'는 현재 진행형이다. 여기서 태국화라는 것은 태국 정부의 행정과 정치질서 안에서 지내고 있는 것에 대하여 부담을 느끼지 않고, 자연스럽게 살아간다는 의미다. 미얀마 카렌과 가장 대조적인 것이 이 부분이다. 미얀마의 많은 카렌은 자체적인 국가나 자치를 원하지만, 태국 카렌족은 그렇지 않다. 태국의 통치 아래, 특히 왕의 보호 아래 있다는 것에 대하여 긍정적으로 생각한다.

타이인이라는 또 다른 의미는 민족적인 동화의 의미보다는 불교를 신앙한다는 점에서 종교적인 의미가 있다. 카렌인들이 태국 불교 활동, 태국 불교의 분위기, 학교 교육과 국가지원 등 여러 통로를 통하여 불교로 개종하고 있다.

태국 사회에서 카렌의 역할은 카렌이 밀집된 지역에서는 영향력이 있지만 태국 사회 전체적으로는 미미하다. 반면 카렌 기독교는 기독교

비율이나 교회 구조를 볼 때 태국에서 중요한 역할을 차지하고 있다.

7. 태국 카렌족의 정체성

카렌족은 누구인가? 이 문제를 생각할 때 세 가지 중요한 사항을 전제한다. 큰 민족으로부터 억압을 받으면서 살아왔고, 배우지 못했지만, 높은 도덕성을 지키고 있다는 것이다. 이 가운데 두 가지 요소인 '억압받은 것'과 '못 배운 것'을 일종의 '고아 의식'(Orphanhood)으로 설명할 수 있다. 카렌족은 그들 자신을 민간 전승의 고아와 같은 존재로 강하게 인식한다. 그들이 고아처럼 빼앗기고 불안정한 존재라는 표현은 적절하다. 고아 정체성에 대한 의식은 불안정한 자신들의 삶과 경험과 관련한다. 이것은 큰 민족인 타이 민족과 버마 민족의 중간에 위치하게 된 역사적인 상황과 관련이 있다. 카렌족은 이 두 강대국의 세력다툼의 피해자가 되었고, 두 국가처럼 왕이나 정치제도나 넓은 영토를 갖지 못하였기에, 보호자가 없이 역사의 흐름을 타고 살아온 것이다. 이것은 이들의 전설 '잃어버린 황금 책'에서 잘 드러나 있다. '황금 책'을 받지 못한 결과로 어려움을 당하게 되었다고 믿는 것이다. 그런데 이러한 고아의식은 이들이 기독교를 받아들이는 중요한 동기가 된다. 약자이기 때문에 그들에게 친구로 찾아온 서양선교사들의 복음을 더 잘 받아들였다. 그래서 동남아 소승 불교권에서 가장 많은 기독교인들을 배출한 민족이 되었다.

8. 풍습과 가정

카렌의 정체성은 높은 도덕성에서 찾을 수 있다. 이것이 가장 두드러지게 나타나는 것은 가정이다. 카렌족은 전통적으로 모계사회이고 핵가족을 유지해 왔다. 결혼은 대개 연애결혼을 하는데 결혼 후 남자가 부인의 집에 가서 살다가 아이를 낳으면 분가한다. 이렇게 하다보면 결국 막내딸이 부모를 돌보게 된다. 정통적으로 일부일처제 카렌가정은 남자들의 역할이 크다. 일반 노동은 물론이고, 자녀양육과 음식 요리에 이르기까지 여성과 매우 평등한 관계를 유지해 왔다. 사회가 현대화되고 도시화되면서 카렌족도 태국 사회의 영향을 받게 되었다. 특히 청년들은 태국의 젊은이 생활을 따르면서 그들의 문화와 동화되어 가고 있다. 그렇지만 카렌마을에 살고 있는 카렌들의 가정은 여전히 견고한 편이다. 과거에는 15살쯤 되면 결혼했지만, 지금은 교육을 받는 기간이 길어지고, 또 젊은이들이 도시로 진출함에 따라 결혼 연령이 점차 높아지고 있다.

카렌족이 스스로 자랑스럽게 생각하는 풍습 중 하나는 손님 접대이다. 태국 국가에서 손님을 대접하는 민족을 언급했을 정도이다. 누구든지 외부인들이 오면 먼저 그들을 대접하기를 즐거워한다. 먼저 손님을 대접한 후에 주인은 나중에 식사를 한다. 지금은 갈수록 이런 풍습이 사라지고 있지만 여전히 손님을 대접하는 모습은 특히 교회행사에서 그대로 유지되고 있다.

태국에 살고 있는 카렌족은 그들의 전통 복장에 특별한 자부심과 애착을 갖고 있다. 공식적인 큰 행사에서는 전통 카렌옷을 즐겨 입는다. 결혼식, 자녀들의 대학졸업에서도 대부분의 카렌족은 카렌 전통복장을 입고 참여한다. 예배와 지방회와 총회에서는 거의 모두가 손으로 직접 짠 카렌옷을 입는데 그 모습은 화려하고 아름답다.

음식은 과거에서부터 기본적으로 쌀을 주식으로 하며 고추와 소금을 돌절구에 넣고 빻은 음식을 기본으로 했다. 그리고 과거에는 우기철과 추수 사이에 춘궁기가 오랫동안 있었지만 지금은 식량문제가 해결이 되었다. 그런 척박했던 상황에서 이들은 화전에 매우 다양한 곡식과 야채를 심었고, 자연에서 채취한 나물들과 동물들을 많이 이용했다. 지금은 농사방법이 발전하고 기계화되어서 이전보다 훨씬 풍성하며, 태국 음식도 많이 요리해 먹는다.

카렌 가옥은 본래 전통종교의 영향으로 대나무와 나뭇잎을 주로 사용했었다. 왜냐하면 자주 이사를 해야 하는 신앙배경이 있었기 때문이다. 지금은 나무와 슬레이트 지붕을 기본으로 하고 점차로 시멘트도 많이 이용하고 있다.

9. 카렌족의 전망

카렌을 볼 때 또 하나의 중요한 관점이 '조미아' 관점이다. 이것은 전통적인 관점으로 이해하는 제3 세계의 사람들과는 다른 관점이다. 낙후되고 미개하기에 외부의 도움과 가르침이 필요하다는 관점이 아니다. 한 마디로 자신들의 운명을 결정하고, 국가들의 노예 만들기 과정을 피하여 자신들의 공동체를 만들었다는 것이다. 카렌족은 19세기까지 노예사냥을 목적으로 한 전쟁을 피해 제국들로부터 자유로운 해방구를 스스로 만들어, 자신들의 문화와 언어와 농업구조를 주도적으로 이끌어 온 존재들이다. 카렌사회는 이런 두 가지 요소들이 같이 공존한다. 외부의 도움을 받아야 하지만 스스로 척박한 상황에서 생존했고, 자신들의 문화와 언어와 환경을 지켜왔다. 카렌 교회의 특징은 조미아 관점으로 이해하는 것이 적합하다. 왜냐면 미얀마와 태국은 물론 캄보디아와 라오스 그리고 베트남을 포함한 동남아시아 주대륙에서 가장 큰 기독교 인구를 가진 민족이 카렌족이기 때문이다. 특히 카렌 침례교회는 미얀마에 약 60만, 카렌국경의 자치지역에 약 10만 명, 태국에 6만여 명이 있다. 이들은 자민족 안에서 매우 성공적으로 전도하여 건실하게 성장, 자립, 자치하는 교회들이다.

그런데 이제 카렌 앞에는 이전 세대가 겪어보지 못했던 새로운 도전들이 있다. 글로벌화는 이들에게 영향을 주어, 시골에도 세계의 뉴스가 여과 없이 전파되고 있고, 세속의 물결이 거침없이 산지에도 스며들었다. 과거와는 다른 관점으로 세계를 보고 있다.

젊은이들을 중심으로 한 도시화는 매우 급속한 속도로 진행되고 있으며, 학교를 졸업하면 소수를 제외하고는 상당수가 도시로 이주하여 부모 세대와는 전혀 다른 삶을 살 수밖에 없다. 주류 민족인 타이 민족과 버마 민족의 영향을 받고 있는데 이것을 거부하기가 쉽지 않다. 국가의 시책, 의식의 변화, 교육과 외부인과의 접촉은 이런 주민족화를 더욱 가속시키고 있다.

전통 카렌 가옥에서 예배 드리는 목회자 가정

더불어 카렌의 문화와 언어 그리고 역사와 풍습을 유지, 발전시키려는 움직임도 카렌침례교회를 중심으로 이어지고 있다. 이것은 도전이면서 기회이다. 특히 교회가 화해시키고, 화목하게 하는 예수님의 공동체로서, 투쟁과 불신과 갈등을 극복하여 하나님의 나라를 이루어야 할 부르심이 있다. 그러기 위해서는 공동체가 고립되거나 소외되어선 안 된다. 평화로운 국가에서 주민족과 조화를 이루면서도 자신들의 민족 정체성을 유지하는 것이 이들의 주요 과제이다.

2005년 이후 태국 국경의 카렌 난민들은 재정착 프로그램이 시행되면서 서구권 국가들로 흩어졌다. 심지어 한국정부도 이들 가운데 89명(2018년 4월 현재)을 난민으로 받아들여 한국사회에 평화롭게 정착하고 있다. 약 10만 명 가까운 카렌족이 흩어진 이유는 약소민족의 아픈 상징인 난민촌에 있었기 때문이다. 이것은 우연한 사건이 아니다. 하나님의 섭리 가운데 세계로 흩어진 것이다. 이것은 믿는 자들이 세계에 복음을 전하는 예언이 성취되는 과정이다. 카렌은 전쟁과 아픔과 고난과 핍박을 경험하였기에 복음으로 이것을 극복한다면, 평화와 화해를 사모하는 이 세계에 예수님의 화목케 하심을 이 땅에 이루는 섬김의 역할을 할 수 있을 것이다.